Teske | Zen-Buddhismus

HARRY MISHŌ TESKE, Jahrgang 1958, ist Zen-Meister und leitet den Zen-Kreis Kiel mit dem Kai-An-Zen-Kutsu-Tempel. Er bildet dort Mönche, Nonnen und Laien in der Meditation des Zen-Buddhismus aus. 1991 wurde er in Japan von Saidan Ōi Rodaishi, dem Abt des Hōkō-Ji-Klosters, zum Zen-Priester ordiniert und übernahm 1996 die Dharmanachfolge von Rei Shin Bigan Rōshi. Mit ihm hat er 2003 den europäischen Zen-Orden gegründet.

Harry Mishō Teske

Zen-Buddhismus Schritt für Schritt

Eine Einführung

Mit 22 Illustrationen von Christian Meier

Reclam

2018 Philipp Reclam jun. Verlag GmbH,
Siemensstraße 32, 71254 Ditzingen
Umschlagabbildung: Christian Meier
Druck und buchbinderische Verarbeitung: Himmer GmbH,
Steinerne Furt 95, 86167 Augsburg
Printed in Germany 2018
RECLAM ist eine eingetragene Marke
der Philipp Reclam jun. GmbH & Co. KG, Stuttgart
ISBN 978-3-15-011153-6

Auch als E-Book erhältlich

www.reclam.de

Inhalt

1 Wie alles anfängt

Ja, also … wo und wie fange ich an? Um Ihnen das Thema Meditation, und speziell die Zen-Meditation, näherzubringen, gibt es schier unendlich viele Möglichkeiten, und ich werde es wohl nicht schaffen, für jeden Leser die richtige Gangart zu finden. Aber ich werde mein Bestes tun, und wenn es mir gelingt, den einen oder die andere für die Meditation zu gewinnen, dann habe ich mehr erreicht, als ich mir vor über 30 Jahren vorstellen konnte.

Um es gleich vorweg zu sagen, gibt es zwei Arten der Meditation: buddhistische und nicht-buddhistische Meditation. Und da ich buddhistischer Zen-Priester bin, sollte man vermuten, dass ich Ihnen auch buddhistische Meditation vermittele. Weit gefehlt! Die buddhistische Meditation wird sogar den weitaus schmalsten Platz in diesem Buch einnehmen, und das aus gutem Grund: Wir Europäer, und wahrscheinlich die meisten Menschen aus der westlichen Hemisphäre, haben es satt, einen Glauben gegen einen anderen einzutauschen. Wir sind Christen oder auch Atheisten, und plötzlich sollen wir Buddhisten werden?

Nein, Sie brauchen überhaupt nichts zu werden, um vollständige Erleuchtung zu erreichen. Absolut nichts, im wahrsten Sinne des Wortes. Die Erleuchtung erfordert es sogar, dass Sie jeden »-ismus« in Frage stellen, und das gilt genauso und ohne Abstriche für den Zen-Buddhismus.

Ich gehe jetzt einmal ganz einfach davon aus, dass Sie dieses Buch gekauft haben, damit ich Ihnen etwas über die Lehre des Zen erzähle.

Fangen wir also mit der grundlegenden Praxis, dem *Zazen*, dem Sitzen in Stille, an und beschäftigen uns mit dem, was im Zazen getan werden soll: gar nichts. Ja, Sie haben richtig gelesen, Sie sollen im Zazen wirklich gar nichts machen, einfach nur »sitzen«. Aber weil uns das aller Erfahrung nach am schwersten fällt, werde ich Sie vorher mit einigen Informationen füttern. Es lohnt sich:

Es gibt in dieser Welt der Unbeständigkeit und Orientierungslosigkeit keine größere Befriedigung als die sichere Gewissheit, angekommen zu sein. Dies ist der Beginn des Zen-Weges.

Im Buddhismus ist es im Allgemeinen nicht üblich, dass ein Priester, ein Mönch oder ein buddhistischer Lehrer mit seiner Weisheit »hausieren« geht, und eben aus diesem Grund hat es im Buddhismus niemals eine Missionsbewegung gegeben. Es wurden die Lehren erst erteilt, nachdem man förmlich darum gebeten und den Lehrenden dazu eingeladen hat. Die Wahrheit, oder besser: die Wirklichkeit, um die es besonders zu Beginn der Praxis des Zen-Buddhismus vorrangig geht, ist eine Wirklichkeit, die von Natur aus unmöglich mit Worten und Begriffen zu beschreiben ist. Jede Definition ist eine Begrenzung der allumfassenden, um nicht zu sagen: absoluten Wirklichkeit und damit von eben diesem absoluten Standpunkt aus ein Widerspruch in sich. Der Weg der Stille und des Schweigens ist der Einstieg in den Zen-Weg.

Und vor allem für moderne Menschen der westlichen Welt eine enorme Herausforderung, da die Kultur der Stille und der Achtsamkeit noch immer in krassem Widerspruch zum bisher gepflegten Lebensstil dieser Gesellschaft erscheint.

Das nimmermüde Bestreben aller Meister der Vergangenheit bis zum heutigen Tag ist es immer wieder, den leidenden Wesen in Samsāra, damit ist gemeint: der Welt der Unzufriedenheit und der immer wieder auftretenden Trübsal, einen Ausweg zu weisen.

Das Paradoxe an diesem Bestreben ist, dass wir alle einen Meister brauchen, der uns immer wieder darauf hinweist, dass die letztendliche Wahrheit nicht in den Worten der alten Meister zu finden ist. Und auch nicht in ihrer körperlichen Erscheinung, sondern schließlich und endlich nur auf dem Grund unseres eigenen Geistes. Aber selbst diesen Grund des Geistes finden wir nicht dadurch, dass wir ihn bei einem anderen Menschen suchen, nicht einmal bei unserem eigenen Meister. Die einzige Möglichkeit besteht darin, dass wir mit der Suche außerhalb unseres Geistes Schluss machen und unsere geistige Blickrichtung nach innen wenden. Meditation ist nichts anderes als diese Verinnerlichung. In der Anfangszeit der Meditationsübung ist es normalerweise nicht möglich, diesen Grund des Geistes in der Meditation zu erreichen, da wir uns so sehr daran gewöhnt haben, uns lediglich mit den Inhalten des Geistes zu beschäftigen statt mit dem Geist selber. Deswegen ist es für die allermeisten einfacher, sich auf eines der zahlreichen Meditationsobjekte zu konzentrieren und dadurch den wild umherirrenden Affengeist langsam, aber stetig zur Ruhe zu bringen. Dann endlich sind wir in der Lage, den Grund unseres Geistes direkt zu erkennen, der stets und zu aller Zeit da war und immer sein wird. Es ist unser großes Verhängnis, dass dieser grundlegende Geist uns so nahe ist, dass wir ihn genau deswegen nicht erkennen. Wir machen uns lieber außerhalb auf die Suche nach vermeintlichen Wahrheiten, die doch nur Wahrheiten aus zweiter Hand sein können. Uns immer wieder darauf hinzuweisen ist die eigentliche Aufgabe aller Meister. Wie kommen wir aber zum Grund unseres Geistes?

Die erste Frage, die wir uns stellen sollten, ist, wo sich unsere eigentliche Heimat befindet. Den wenigsten Menschen wird es sonderlich schwerfallen, eine Heimatadresse anzugeben; wenn einem jedoch von einem Zen-Meister die Frage nach dem eigenen Herkunftsort bzw. nach der eigenen Heimat gestellt wird, so ist damit in den seltensten Fällen ein geographischer Ort gemeint. Es ist damit vielmehr nach der geistigen Heimat, um nicht zu sagen: nach dem Erkenntnisstand gefragt. Um eine solche Frage treffend beantworten zu können, gibt es nur eine einzige Möglichkeit, und zwar zu klären, wo sich der eigene Geist befindet.

Eine Zeile aus einem populären Lied lautet »home is where you lay your head«. Menschen, die keine besonders feste Bindung an einen bestimmten Wohnort haben, werden dieser Zeile ohne weiteres beipflichten können, und eine der ersten spirituellen Übungen im historischen Buddhismus war der sogenannte Gang in die Hauslosigkeit. Das heißt, jeder buddhistische Mönch und jede Nonne waren aufgerufen, den angestammten Heimatort zu verlassen und ohne festen Wohnsitz zu leben. Sie waren im wahrsten Sinne des Wortes *Unsui*, was so viel bedeutet wie »Wolken und Wasser«. Wie sehr unsere persönliche Befindlichkeit von unserem ständigen Aufenthaltsort geprägt wird, kann man leicht erahnen, wenn man nach einer langen Zeit des Wohnens an einem Ort gezwungen wird, sich einen neuen Wohnort zu suchen. Neben der Bindung an bestimmte Personen sind die Bindung an einen Ort und vielleicht auch noch an eine berufliche oder gesellschaftliche Position diejenigen Faktoren, die uns im Leben eine vermeintliche Sicherheit bieten, die unseren Platz im Leben bestimmen. Fällt auch nur einer dieser Sicherheit bietenden Faktoren ungewollt fort, geraten wir verständlicherweise in eine mehr oder minder starke Krise, und viele Menschen haben die größten Schwierigkeiten, sich danach wieder neu zu orientieren. In mehreren spirituellen Traditionen wird ein bewusster und freiwilliger Verzicht auf eine oder mehrere dieser Sicherheit bietenden Bindungen als Übung praktiziert, um dadurch im wahrsten Sinne des Wortes Selbstbewusstsein und Eigenständigkeit zu entwickeln. Oder, um es mit anderen Worten auszudrücken, nach der körperlichen Reife auch geistig, seelisch und emotional erwachsen zu werden.

Sie werden jetzt vielleicht fragen, ob dazu der Gang in die Hauslosigkeit notwendig ist und ob diese Reifung nicht auch zu Hause und in gewohnter Umgebung stattfinden kann. Natürlich kann sie das, und bei den allermeisten ist dies auch der ganz normale Entwicklungsweg. Wir sollten uns jedoch im Klaren darüber sein, dass wir es beim buddhistischen Erleuchtungsweg mit einem geistigen Schulungsweg zu tun haben, an dessen Ende das höchste Ziel auf uns wartet, das einem menschlichen Wesen zu erreichen überhaupt möglich ist. Und ob wir dieses Ziel noch in diesem Leben und in dieser körperlichen Gestalt erreichen oder nach wer weiß wie vielen Wiedergeburten in allen möglichen körperlichen und unkörperlichen Gestalten, hängt einzig und allein von unserem Entschluss und unserer eigenen Anstrengung ab. Und wer es gern bequem und einfach möchte, dessen Erfolg wird natürlich auch sehr einfach und bescheiden sein.

Ich möchte Sie damit in keiner Weise auffordern, Heim und Herd zu verlassen, die Familie im Stich zu lassen, die sichere Arbeitsstelle zu kündigen und sich auf den Gang in die Hauslosigkeit zu machen. Dieser Gang würde wahrscheinlich sowieso nur in die Obdachlosigkeit führen. Auch die Wanderschaft als buddhistischer Bettelmönch ist keine Garantie dafür, dass Sie diesen Weg auch nur ansatzweise erblicken.

In der nordischen Mythologie gibt es für diesen Menschen auf dem Weg einen sehr symbolträchtigen Archetyp, und zwar den des Gottes Odin, dessen Name wörtlich bedeutet »Mensch des Atems«. Odin ist der ewige Wanderer, der in zahllosen Gestalten in allen Welten erscheint, um dort nach den jeweiligen Gegebenheiten seine große Aufgabe zu erfüllen. Wenn Ihnen bei diesem Bild der Name Ahasver, der ewige Jude, einfällt, so sollten Sie bedenken, dass der eine freiwillig und der andere äußerst unfreiwillig auf die Wanderschaft gegangen ist. Der entscheidende Unterschied, und das gilt genauso für unsere alltäglichen Handlungen, liegt stets in der Motivation, das heißt, es ist gar nicht so entscheidend, was wir tun, sondern warum wir es tun, und dann natürlich, wie wir es tun. Als kleiner Hinweis schon einmal an dieser Stelle: Achten Sie auf Ihren Atem!

Ich habe das Buch so aufgebaut, dass ich im ersten Teil von Kapitel 6 (Die fünf Hindernisse) bis zu Kapitel 13 (Sieben Glieder der Erleuchtung) die Lehre darlege, aus der Zen entstanden ist. Ich erkläre in diesem Teil also die Grundlagen überwiegend aus der Sichtweise des orthodoxen Buddhismus, wohingegen Zen dem sogenannten Großen Fahrzeug des Buddhismus angehört und hierin eine besondere Stellung einnimmt. Diese Informationen sollen hauptsächlich dazu dienen, Ihr Interesse an dieser Lehre zu wecken.

Im zweiten Teil des Buches ab Kapitel 14 werde ich das Große Fahrzeug näher vorstellen und auch erläutern, woher der Zen-Buddhismus seine besondere Stellung ableitet.

2 Zazen – nichts Besonderes machen

Das große Problem unserer Zeit besteht darin, dass alle Menschen ihr Heil und ihr Glück außerhalb von sich selber suchen. Und im Laufe dieser Suche allen möglichen Modeerscheinungen, Lehren, Übungssystemen, Gurus und sogenannten verwirklichten Meistern hinterherlaufen, ohne dabei zu erkennen, dass das eigentliche Problem die Suche nach einer Wahrheit außerhalb des Suchenden selber ist. In dem Augenblick, in dem der Mensch seine Blickrichtung ändert und sich im wahrsten Sinne des Wortes erinnert, statt sich weiter zu veräußern, hat er seine verlorene Heimat wiedergefunden. Die erste Ursache und der letzte Sinn des Lebens sind in jedem Menschen und in jedem fühlenden Wesen immer vollständig vorhanden und aktiv. Diese, nennen wir sie ruhig: absolute Wirklichkeit erscheint in unserem Geist als Gedanke an die universelle Vollkommenheit, in unseren Gefühlen als reine Freude und Glückseligkeit und in unseren Körpern als fundamentale Gewissheit der Einheit aller Lebewesen.

In unserer hektischen und vorwiegend erfolgs- und gewinnorientierten Wirklichkeit erscheinen Gedanken jedoch viel häufiger als eine sehr chaotische Affenhorde. Und diese Affenhorde wird umso wilder, je mehr wir versuchen, sie unter Kontrolle zu bringen. Die Gefühle werden von unangenehmer Wut, selbstsüchtigem Egoismus, unbefriedigtem Verlangen und Sehnsüchten, zermürbender Konkurrenz und Eifersucht sowie Angst, Depressionen und Selbstabwertung bestimmt und sind häufig alles andere als glückselig. Unsere Körper sind äußerst anfällig für alle möglichen Krankheiten, werden bei kleinsten Unfällen schon teilweise erheblich verletzt, und Zeiten der vollkommenen Beschwerdelosigkeit sind eher die Ausnahme als die Regel. Einmal ganz abgesehen davon, dass unser irdisches Dasein auf jeden Fall tödlich enden wird. So hoffnungslos präsentiert sich unsere Situation, wenn wir unter dem Einfluss des mächtigen Dämons »Unwissenheit« stehen.

Die frohe Botschaft des Zen besagt nun aber glücklicherweise, dass es einen Ausweg aus diesem Jammertal des Leidens und der Unzufriedenheit gibt, und mehr noch, dass jeder von uns diesen Weg aus eigener Kraft beschreiten kann. Das Großartige an diesem Weg ist außerdem, dass er keine Flucht aus dieser Welt des Leidens erfordert, sondern dass das endlose Glück des Nirvāna mitten in dieser Welt der Unzulänglichkeiten zu finden ist. Ja selbst die Vorstellung, dass es erforderlich wäre, einen Weg zu gehen, um dieses Nirvāna zu erreichen, ist nur ein notwendiger Kunstgriff, um endlich unsere Augen zu öffnen für die uns allen innewohnende grundlegende Weisheit, in der wir alle schon vollkommen erleuchtete Buddhas, also vollkommen erleuchtete Menschen sind. Die eigentliche Veränderung findet nicht in der Außenwelt statt, sondern in unserem eigenen Geist, und aus diesem Grund ist es unbedingt erforderlich, dass wir unsere Blickrichtung ändern. Wir sollten endlich damit aufhören, die Erlösung außerhalb von uns selber zu suchen, sondern sie genau dort finden, wo sie schon seit ewiger Zeit auf uns wartet.

Erst ab dem Augenblick, in dem wir die Freiheit in uns selber gefunden haben, sind wir wirklich in der Lage, auch anderen Menschen und Lebewesen zu dieser endgültigen Freiheit zu verhelfen. Das heißt, wenn wir in der Welt und der Gesellschaft wirklich etwas verändern wollen, müssen wir bei uns selber anfangen und uns selber verändern. Woran es uns allen noch fehlt, ist das felsenfeste Vertrauen in unsere eigenen Fähigkeiten. Dieses Vertrauen bedeutet das Ende aller Ängste. Solange man nicht die universelle, strahlende und von Grund auf beglückende Natur des eigenen Geistes erkannt hat, der identisch ist mit der Natur des gesamten Universums, braucht man ein Arbeitsziel, auf das hin man die eigene Entwicklung ausrichtet. Dieses Planziel ist eben die Erleuchtung bzw. das Erwachen (Sanskr. *Bodhi*) und der Zustand der vollkommenen Befreiung (Sanskr. *Nirvāna*) von sämtlichen Hindernissen, Schwierigkeiten und leidverursachenden Emotionen, wohlgemerkt nur der leidverursachenden.

Hat man diesen Zustand auch erst einmal nur ansatzweise erreicht, erkennt man zweifelsfrei, dass es im Grunde nie etwas anderes gegeben hat als diese allumfassende und stets anwesende vollkommene Wirklichkeit, in der nie etwas gefehlt hat und vor der sich Bezeichnungen wie »Bodhi« und »Nirvāna« ausnehmen wie der Schein einer Haushaltskerze vor der leuchtenden Sonne. Für einen erleuchteten Menschen gibt es keine Erleuchtung mehr, für einen befreiten Menschen gibt es keine Freiheit mehr, und für einen erwachten Buddha gibt es den Zustand des Erwachens nicht mehr. Weil eben jeder vollständig in diesen Zuständen aufgegangen ist und nichts anderes mehr existiert außerhalb dieser Freiheit, dieser Erleuchtung und dieses Erwachens. Sich in diesem Zustand noch an begrenzenden Begriffen und beschränkten Definitionen wie »Erleuchtung« und »Nirvāna« festzuhalten, würde genau das Gegenteil einer befreiten Geisteshaltung bewirken.

Wir beginnen unsere Praxis damit, dass wir anfangen, unsere Atemzüge zu zählen, und zwar nicht irgendwie und mit zerstreutem Geist, sondern völlig konzentriert.

Der Atem wird an einem Punkt ungefähr drei Zentimeter unterhalb des Nabels beobachtet, und in diesen Punkt atmen wir auch hinein, natürlich nur in der Vorstellung. Dieser Punkt trägt den Namen *Hara*, und er ist der Punkt, an dem der Mensch die meiste Kraft ansammeln kann.

Wir fangen am besten damit an, dass wir das Ausatmen mit »Eins« zählen, das Einatmen mit »Zwei«, das nächste Ausatmen mit »Drei« und so weiter, bis wir bei »Zehn« sind. Dann ist es ganz entscheidend, wieder von vorn anzufangen und das nächste Ausatmen wieder mit »Eins« zu zählen. Sollten Sie sich dabei ertappen, mit den Gedanken schon beim Abendessen zu sein oder beim nächsten Jahresurlaub, fangen Sie sofort wieder bei

»Eins« an. Dasselbe machen Sie, wenn Sie beim Zählen merken, dass Sie über »Zehn« hinaus gezählt haben und, sagen wir mal, bei »Dreizehn« sind. Das ist das sichere Anzeichen dafür, dass Sie nicht mehr beim Zählen der Atemzüge waren, sondern ganz woanders mit Ihren Gedanken. Aber machen Sie sich keine Sorgen, dieses Problem haben nicht nur Sie, sondern jeder Mensch, egal welchen Alters und welchen Geschlechts. Entscheidend dabei ist, nicht die Flinte ins Korn zu werfen, sondern sanft, aber beharrlich weiterzumachen. Darin liegt das Geheimnis des Zen, denn nichts verwandelt den Menschen mehr als dauerhafte Praxis, und der Wert einer beharrlichen Übung ist nicht mit Gold aufzuwiegen.

1

Die körperliche Haltung, die Sie bei dieser Praxis einnehmen sollten, wird dadurch bestimmt, dass der Rücken gerade zu halten ist (Bild 1). Und das über die gesamte Dauer der Übung, das heißt 25 Minuten lang. In vielen Büchern ist zu lesen, dass die Haltung der Beine eine entscheidende Rolle in der Meditation einnimmt. Die Haltung der Beine dient ausschließlich dazu, den Körper während des Zazen, also während der Meditation in Stille, zu stabilisieren. Und ob das Ganze sitzend auf einem Stuhl geschieht oder im vollen Lotossitz auf dem Boden, spielt dabei die geringste Rolle. Zunächst einmal suchen Sie sich also eine Haltung aus, in der Sie bequem mit aufrechtem Rückgrat sitzen können. Setzen Sie sich im Schneidersitz auf ein Sitzkissen am Boden und legen Sie eine zusammengefaltete Decke unter das Sitzkissen. Hierbei beachten Sie bitte, dass möglichst beide Knie den Boden berühren, im Bedarfsfall legt man ein oder mehrere Bücher unter die Knie. Idealerweise benutzen Sie hierfür ein *Zabuton* und ein *Zafu*, also eine Sitzmatte und ein Sitzkissen, aber zu Beginn tun es auch ein zusammengelegtes Kissen und eine Wolldecke als Unterlage.

2

Der Viertel-Lotossitz (Bild 2) ist eine andere mögliche Sitzposition, die man dadurch einnimmt, dass man einen Fuß aus dem Schneidersitz auf den gegenüberliegenden Unterschenkel legt, entweder den rechten Fuß auf den linken Unterschenkel oder den linken Fuß auf den rechten Unterschenkel, außerdem kann man diese Sitzhaltung nach einer Sitzperiode ohne weiteres wechseln. Der halbe Lotossitz sieht fast genauso aus, nur dass der eine Fuß nicht auf dem Unterschenkel, sondern auf dem Oberschenkel liegt, auch diese Sitzposition können Sie nach einer Meditationsrunde ohne weiteres wechseln. Sie sollten darauf achten, dass Sie sich während der Sitzrunde so wenig wie möglich bewegen.

3

Die ausgewogenste Sitzweise ist der volle Lotossitz (Bild 3), obwohl er für die meisten Menschen vor allem in unserem Kulturkreis am schwierigsten einzunehmen ist. Der Name »voller Lotossitz« rührt daher, dass in dieser Sitzposition auf beiden

Knien dieselbe »volle« Spannung ruht. Diese Sitzposition bewahrt den Praktizierenden davor, beim Einschlafen umzufallen, aber sind Sie schon einmal bei der Meditation eingeschlafen? Wie dem auch sei, der volle Lotossitz wird eingenommen, indem man den rechten Fuß auf dem linken Oberschenkel ablegt und dann den linken Fuß auf dem rechten Oberschenkel. Um es noch einmal zu betonen, benötigen Sie auf jeden Fall bei diesem wie auch den anderen Sitzen, die auf dem Boden bzw. einer Sitzmatte ausgeführt werden, ein Sitzkissen. Dieses Kissen kann in der Höhe variieren, und zwar von 5 cm bis zu 25 cm.

4

Wenn diese Sitzweise aufgrund begrenzter körperlicher Beweglichkeit nicht möglich ist, dann gibt es noch verschiedene andere Möglichkeiten des Sitzens. Die nächste Alternative ist, sich das Sitzkissen hochkant zwischen die Beine zu schieben und im Fersensitz zu sitzen (Bild 4), wie vielleicht aus dem Karate- oder Judotraining bekannt sein dürfte. Auch diese Sitzart ist sehr bequem. Sie können auch nach jeder Sitzperiode problemlos den Sitz wechseln, wobei darauf geachtet werden sollte, dass nach einer Eingewöhnungszeit von mehreren Tagen die Dauer einer Meditationsrunde mindestens 20 Minuten betragen soll. Die nächste Möglichkeit ist ein Meditationsbänkchen, und welche der unterschiedlichen Ausführungen Sie wählen, bleibt Ihnen überlassen. Aber auch hier sollten Sie eine zusammengelegte Wolldecke oder ein Zabuton als Unterlage verwenden. Als weitere Möglichkeit können Sie sich auch auf einen Stuhl bzw. einen Hocker setzen, wobei Sie Abstand davon nehmen sollten, sich hinten anzulehnen. Der Körper soll von allein aufrecht und in einer geraden Position sitzen, und die Füße stehen schulterbreit auseinander (Bild 5).

5

In einer von diesen Sitzpositionen nehmen Sie jetzt Platz und lassen die Hände ineinander ruhen, der linke Daumen berührt die Wurzel des rechten Ringfingers leicht. Die rechte Hand ist um den linken Daumen geschlossen, und zum Schluss schließt sich die linke Hand um die rechte. Der Punkt, wo der linke Daumen die Wurzel des rechten Ringfingers berührt, wird jetzt 3–4 cm unterhalb des Nabels gehalten (Bild 6).

6

Die Augen sind leicht geöffnet und blicken in Richtung der Nasenspitze auf den Boden, ohne diesen Fleck besonders zu fixieren. Auch sollten sich die Augen nicht ständig hin und her bewegen, da das Bewusstsein sich so schneller von der optischen Wahrnehmung hin zur geistigen Wahrnehmung wenden kann. Dann beginnt man mit dem Zählen der Atemzüge und weicht möglichst nicht mehr von dieser Übung ab, bis die Sitzperiode zu Ende ist. Im Laufe der Zeit werden Sie die Erfahrung machen, dass es immer häufiger gelingt, mit der Aufmerksamkeit völlig beim Atem zu bleiben. Aber das ist nicht einmal so entscheidend, denn ob es Ihnen gelingt, häufig oder die ganze Zeit die Atemzüge zu zählen, oder ob Sie häufig abgelenkt werden, bestimmt nicht den Wert Ihrer Meditation. Vielmehr entscheidet die Beharrlichkeit darüber, ob Sie Erfolg in der Meditation haben oder nicht. Es gibt im Buddhismus die Lehre von den sechs vollkommenen Eigenschaften eines Menschen, der sich auf dem Weg zur Erkenntnis befindet, und eine dieser Eigenschaften ist die Geduld. Von Schnelligkeit ist hier nicht die Rede.

3 Drei Voraussetzungen, um zur Erleuchtung zu gelangen

Sie benötigen laut Meister *Hakuin*, dem japanischen Zen-Meister Hakuin Ekaku Zenji, der vor rund 300 Jahren der große Reformator des Zen in Japan war, drei Eigenschaften, um zur Erleuchtung zu kommen: den großen Zweifel, die große Anstrengung und das große Vertrauen. Der japanische Name für die drei Eigenschaften ist *Dai-Gidan* für den großen Zweifel, *Dai-Shinkon* für das große Vertrauen und *Dai-Funshi* für die große Anstrengung.

Das hört sich sehr schwierig an, ist aber im Grunde ziemlich einfach, denn wenn das Vertrauen auch nur ansatzweise da ist, folgen die beiden anderen Eigenschaften daraus. Sie sind sozusagen die zwangsläufigen Nachfolger des Vertrauens. Das Vertrauen, um das noch einmal zu betonen, ist die wichtigste Eigenschaft auf dem Weg, der aus der Unzufriedenheit und dem Missmut herausführt. Und unter der Unzufriedenheit leiden wir alle, ohne Ausnahme.

Sie müssen jeglichen Glauben ablegen und einen großen Zweifel entwickeln, Sie müssen wirklich alles anzweifeln, was Ihnen bis jetzt als Wirklichkeit erschienen ist. Das ist die erste wichtige Voraussetzung für Ihren weiteren Weg: der große Zweifel.

Die zweite Voraussetzung, die große Anstrengung, ist, dass Sie bereit sind, ziemlich alles dafür zu tun, die vollkommene Erleuchtung zu erlangen. Ich benutze das Wort »vollkommene Erleuchtung« in Ermangelung einer geeigneten Übersetzung des Begriffes *Satori*, der die japanische Umschreibung eines Sachverhaltes ist und sich jeder Definition widersetzt. Darum lassen wir es erst einmal bei »vollkommene Erleuchtung«. Die vorbehaltlose Entschlossenheit brauchen Sie also ebenso auf Ihrem Weg wie einen Zweifel, der vor absolut gar nichts haltmacht. Sie müssen zumindest für einmal im Leben nichts anderes mehr wollen, als Satori zu erlangen; je länger Sie diesen Wunsch haben, desto besser. – Jetzt haben wir schon zwei von drei Voraussetzungen, von denen Hakuin Ekaku Zenji behauptet hat, dass sie für den Erkenntnisweg unabdingbar sind.

Die zweite Voraussetzung ist also die große Anstrengung bzw. die große Entschlossenheit.

Und die dritte Voraussetzung, die meiner Meinung nach die entscheidende ist: das große Vertrauen.

Dieses Vertrauen ist nach buddhistischer Sichtweise von überragender Bedeutung für den Weg hin zur Erleuchtung. Im Buddhismus wird es als *Saddhā* bezeichnet, und der japanische Name dafür ist *Dai-Gidan*. Es ist im Anfänger erfahrungsgemäß erst als Wurzel vorhanden, nimmt aber im Laufe wachsender Erfahrung unweigerlich zu. Es ist die Gewissheit, dass die Fähigkeit zur vollständigen Erleuchtung in allen Menschen angelegt ist und somit auch in Ihrem Geist zum Vorschein gebracht werden kann. Mehr noch ist es die Gewissheit, dass bei entsprechender Übung Ihr Geist gar nicht anders kann, als die Erfahrung von Satori zu machen. Aber dazu später mehr.

4 Der Geist, der auf dem Wind reitet

Eine ganz entscheidende Aufgabe auf dem Weg der spirituellen Entwicklung ist die Kontrolle und Beherrschung der Körperenergien oder Winde, wie sie im Buddhismus auch bezeichnet werden.

Lassen wir einmal alle unsere Vorurteile und Meinungen beiseite und gehen davon aus, dass die Welt, in der wir uns befinden, nicht von Natur aus gut oder schlecht, glückselig oder leidbehaftet, gerecht oder ungerecht ist.

Wir haben schon die Erfahrung gemacht, dass in Zeiten unserer eigenen Zufriedenheit und unseres eigenen Glücks auch die ganze uns umgebende Welt als Ort der Zufriedenheit und des Glücks erscheint. Dann ist uns sicherlich auch schon aufgefallen, dass eine der Hauptursachen für die Unzufriedenheit eine mehr oder weniger vage Empfindung des Zweifels ist. Dieser Zweifel reicht von einem sehr leichten Gefühl des Getrenntseins vom wirklichen Leben bis hin zu schweren Formen der vollkommenen Verzweiflung. Dieser Zweifel darf nicht verwechselt werden mit dem großen Zweifel, dem *Dai-Gidan*, von dem Meister Hakuin im vorigen Kapitel gesprochen hat.

Nach buddhistischer Vorstellung ist dieser Zweifel eine zwangsläufige Begleiterscheinung der menschlichen Existenz, die herrührt aus einer angeborenen sowie einer erworbenen Ursache, und diese Ursache besteht letztendlich in der unvollkommenen Erkenntnis der Wirklichkeit. Die letzte, also die erworbene Variante der mangelhaften Erkenntnis manifestiert sich in der menschlichen Entwicklung etwa um das dritte Lebensjahr. In dieser Zeit ist die Selbstidentifikation, also das Ich-Bewusstsein, weitgehend ausgeprägt, und der Mensch nimmt sich als selbständiges und unabhängiges Individuum wahr.

Für die normale und gesunde Entwicklung eines heranwachsenden Menschen ist diese Persönlichkeitsbildung ein äußerst wichtiger und notwendiger Schritt. Nur ist damit eben auch die zwangsläufige Trennung bzw. Unterscheidung zwischen Innenwelt und Außenwelt, Ich und anderen, Subjekt und Objekt verbunden. Diese Trennung führt früher oder später unausweichlich zu einer Empfindung der Unzufriedenheit und des Mangels und der zunehmenden geistigen Heimatlosigkeit.

Diese Entwicklung geht Hand in Hand mit der Entwicklung der Fähigkeit zum rationalen Denken, und glücklicherweise liegt hier auch der Schlüssel verborgen, der uns den Zugang öffnen kann zum Weg aus dieser unangenehmen und anstrengenden Lage.

Unsere Denkfähigkeit ist nun so weit fortgeschritten, und in uns steigt nach gründlicher Überprüfung der Situation die Erkenntnis, dass es jetzt an der Zeit ist, den nächsten Schritt zu tun und auch das rationale Denken zu überschreiten. Und das ist genau der Zeitpunkt, einen spirituellen oder religiösen Weg zu gehen.

Auf den Zen-Weg bezogen bedeutet das, dass nach einer gewissen Zeit der Vorbereitung, in der Meister und Schüler sich gegenseitig prüfen, die eigentliche Zen-Ausbildung beginnen kann. Der Schüler oder die Schülerin übt bzw. trainiert sich darin, die Körperenergien zu konzentrieren und an einer bestimmten Stelle im Körper in den sogenannten mittleren Kanal einzuleiten.

Diese Körperenergie trägt unterschiedliche Bezeichnungen: In Indien wird sie *Prāna* genannt, in China oder Japan *Qì* (ältere Transkription: *Ch'i*) bzw. *Ki*, und bei uns in Europa trägt sie den Namen *Odem* oder *Pneuma*.

Im asiatischen Kulturraum, und hier besonders in der Himalaya-Region, sagt man, dass der Geist auf dem Wind reitet. Gemeint ist damit nicht der Wind als Naturphänomen oder Wettererscheinung, sondern als Synonym für diese geheimnisvolle Körperenergie, also der innere Wind, den man auch genauso treffend als Lebensenergie oder Lebenskraft bezeichnen kann. Mit dieser Redensart, dass der Geist auf dem Wind reitet, wird auch die enge Verbindung zwischen körperlichen und mentalen Vorgängen deutlich.

Sie erklärt auch, warum in allen buddhistischen Meditationssystemen Körper und Geist als eine Einheit oder zumindest als gleichwertig betrachtet werden. Die Fähigkeit, diese Lebensenergie zu konzentrieren und in verschiedenen Körperregionen, den sogenannten *Chakras*, den Energiezentren, zu sammeln, ist also gleichbedeutend mit der Konzentration und Sammlung des Bewusstseins. Sie stellt unter der Bezeichnung *Samādhi* in manchen nicht-buddhistischen Yoga-Systemen das höchste Ziel des spirituellen Weges dar.

Im Buddhismus, und besonders im Zen-Buddhismus, wird die Übung des Samādhi nicht als letztendliches Ziel angesehen. Vielmehr ist sie eine äußerst nützliche Vorbereitung auf die eigentliche und endgültige Befreiung von jeglichem Zustand der Unzufriedenheit bzw. des Leidens. Dieser Akt der Befreiung ist allerdings immer ein Akt der Erkenntnis und der direkten unmittelbaren Wirklichkeitsschau.

Im Licht dieser Wirklichkeitsschau verblasst sogar der vermeintliche Weg hin zur Erleuchtung als illusionär und lediglich von vorläufiger Natur, sozusagen ein nützliches und geschicktes Mittel als zeitweiliger Notbehelf. Vom endgültigen und absoluten Standpunkt der Wirklichkeit aus betrachtet, ist und war diese Wirklichkeit schon immer perfekt, vollkommen und makellos. Auch Erscheinungen wie Erkenntnis oder Nicht-Erkenntnis, Erleuchtung oder Verblendung sind gleichermaßen nur unterschiedliche Erscheinungsformen dieser allumfassenden Wirklichkeit. Eine derartige Wirklichkeitserkenntnis, vor allem wenn sie einhergeht mit den extrem freudvollen und Glückseligkeit spendenden Begleiterscheinungen der Sammlung und Konzentration von Lebensenergie in den Energiezentren, ist das zwangsläufige Ende jeglicher Illusion und jeder nicht wirklichkeitsgemäßen Vorstellung. Gleichzeitig ist sie auch das Ende der bis dahin nahezu permanenten unterschwelligen Zweifelsucht und Unzufriedenheit, denn an dieser allumfassenden Wirklichkeit gibt es nichts zu zweifeln, sie ist einfach so, wie sie ist.

5 Fünf Arten des Zen

Lassen Sie uns aber zunächst einmal bei den Zielen bleiben, denn zu welchem Zweck betreiben wir eigentlich Meditation bzw. Zen-Meditation? Es gibt fünf Arten des Zen, und so gibt es auch fünf Ziele, die man durch die Zen-Meditation erreichen kann. Welche fünf Ziele sind das? Da gibt es zum Ersten das Zen für die geistige und körperliche Ertüchtigung, für das Wohlbefinden und die Gesundheit. Dieses Zen bzw. diese Meditation dient dazu, unsere Konzentration und die Achtsamkeit zu fördern, und ihr Ziel ist die zunehmende Steigerung unseres Glücksgefühls auf geistiger und körperlicher Ebene. Hier betreiben wir die Meditation mit dem klaren Ziel, uns besser auf die Dinge des täglichen Lebens zu fokussieren und dem ganzen Leben eine größere Tiefe zu geben. Diese Meditation hat noch keinen religiösen Hintergrund und wird frei von jeder Weltanschauung durchgeführt. Mit ihr wird nicht das Ziel von Erleuchtung oder Wiedergeburt in einen höheren Daseinsbereich verfolgt. So weit, so gut.

Als Nächstes kommt das Zen, das zwar einen religiösen Inhalt hat, aber nicht buddhistisch ist. Das ist praktisch jede Meditation, die mit anderen Göttern oder himmlischen Daseinsbereichen in Verbindung steht und deren Ziel es ist, sich diesen Wesen oder Orten anzunähern. Ebenfalls wird in dieser Meditation der Zustand verwirklicht, der das Ziel der ersten Art der Meditation ist, also das Glück und das Wohlbefinden, aber im Vordergrund steht die Gottheit oder der himmlische Bereich. Obwohl sich die Anhänger dieser Übung meistens gar nicht dessen bewusst sind, wird ihre Meditation doch nur in die zweite von fünf Arten des Zen eingeordnet.

Die dritte Stufe in der Hierarchie ist die erste Meditation, die sich ausdrücklich mit buddhistischen Inhalten beschäftigt. In ihr geht es darum, sich mit Themen des sogenannten Kleinen Fahrzeugs des Buddhismus zu befassen und eine Meditation zu betreiben, die als Ziel hat, die eigene Erleuchtung zu erreichen. Auf dieser Stufe der Meditation beschäftigen wir uns auch mit religiösen Inhalten und betreiben eine Meditation, die das eigene Wohlergehen im Auge hat. Es wird jetzt klar, dass die jeweils höhere Stufe der Meditation die Ziele der davor liegenden Stufen mit beinhaltet. Ihr Ziel ist schon die Erleuchtung, allerdings wird die Erleuchtung auf dieser Ebene als »kleine Erleuchtung« bezeichnet, da sie sich nur auf die Person des Übenden bezieht.

Die jetzt kommende Stufe ist die Phase, die normalerweise mit Zen in Verbindung gebracht wird, und es ist die Meditation bzw. sind die Übungen, die zum sogenannten Großen Fahrzeug des Buddhismus gehören. Diese Meditation wird nicht mehr nur zum eigenen Nutzen betrieben, sondern sie bezieht das Wohl aller fühlenden Wesen mit ein. Genau aus diesem Grund wird zum Beispiel im Zen vor jedem Tag der Meditation das Bodhisattva-Gelübde rezitiert, in dem der Übende gelobt, allen fühlenden Wesen zu helfen. Dieses Gelübde ist schon fast zum Markenzeichen des Zen geworden, und das ist nicht verwunderlich, denn das Bodhisattva-Gelübde ist die entscheidende Äußerung, den Weg nicht nur zum eigenen Wohl zu beschreiten. Ab dieser Phase der Meditation kann man also von authentischer Zen-Meditation sprechen, und zusammen mit der folgenden Stufe bildet sie das System des regulären Zen-Buddhismus. Ihr Ziel ist die »große Erleuchtung«, die gleichbedeutend mit dem *Satori* des Zen ist.

Die fünfte Ebene der Meditation ist gleichzeitig die letzte der fünf Stufen und wird die Meditation eines Buddha genannt. Ihr Ziel ist ebenfalls die große Erleuchtung, also das vielbeschworene Satori, aber diesmal ist es die Erleuchtung eines Buddha. Es mag vielleicht erstaunen, dass es zwei Arten von Satori gibt, aber es ist eine Frage der Motivation, ob man die Aufgabe auf sich nimmt, die Lehre auch an andere weiterzugeben. Von der Erleuchtung her ist kein Unterschied vorhanden.

Die fünf Meditationsstufen tragen die japanischen Namen *Bonpu-Zen* für die erste Art der Meditation, dann *Gedō-Zen*, *Shōjō-Zen*, *Daijō-Zen* und schließlich *Saijōjō-Zen* für die fünfte Art der Meditation.

Dies sind in aller Kürze die fünf Arten der Meditation und die Ziele, die mit der Meditation erreicht werden können, aber wir werden uns erst einmal dem ersten Ziel widmen. Es ist das *Bonpu-Zen* oder die gewöhnliche und »unerleuchtete« Meditation, die für die allermeisten von uns den Einstieg in die Welt der Meditation bildet. »Unerleuchtet« bezieht sich hier auf die letzten drei Stufen der Meditation, in denen es besonders darum geht, die letzte Grundlage der Wirklichkeit zu erkennen, aber dazu später mehr. Zuerst wollen wir uns mit dem persönlichen Wohlergehen bis hin zu auftretenden Glücksgefühlen beschäftigen, die das oberste Ziel in der ersten Art der Meditation sind. Dieses Wohlergehen wird schon nach einer relativ kurzen Phase der Anstrengung erreicht, in der der Körper gegen die Untätigkeit und scheinbar erzwungene Ruhe aufbegehrt. Wir gewöhnen uns sehr schnell an die geistige und körperliche Stille und kommen dann schon dazu, diese Stille zu genießen. Dieser Zustand tritt in der Regel nach sieben Tagen der Übung das erste Mal auf und wird nach einer Zeit von ungefähr drei Wochen so stabil, dass wir davon sprechen können, dass dieser Zustand zu einem Teil unserer Persönlichkeit geworden ist. Das bleibt er aber natürlich nur, wenn wir mit dieser Praxis fortfahren, und zwar für mindestens 25 Minuten am Tag.

Wir sind immer noch beim ersten Ziel der Meditation, der Glückseligkeit und dem Wohlergehen, und die große Frage, die sich uns jetzt stellt, ist, was verstehen wir unter Glückseligkeit überhaupt? Normalerweise interpretieren wir den Begriff »Glück« so, dass wir bestimmte Bedürfnisse haben, und wenn diese Bedürfnisse voll erfüllt werden, sprechen wir von Glück. Das ist auch eigentlich in Ordnung, aber man sollte in diesem Fall nicht von Glück sprechen, sondern von Saturierung. Wirkliches Glück tritt dann ein, wenn die menschlichen Bedürfnisse nach Nahrung, materiellem Wohlstand, sinnlicher Befriedigung und so weiter zur Ruhe gekommen sind und ein Zustand der Bedürfnislosigkeit eintritt. Wenn wir einen Zustand erlangen, in dem wir völlig frei sind vom normalen menschlichen Verlangen und auch nicht mehr nach neuen sinnlichen Eindrücken gieren, dann tritt gleichzeitig damit ein Gefühl des Glücks auf. Das ist ein ganz anderes Glück, als wir es bis dahin gewohnt sind. Unser gewöhnliches Glücksgefühl beruht auf der Erfüllung von Wünschen, die mehr oder weniger bewusst unserem Sehnen und unserer Begierde entspringen, wohingegen diese Art von Glück gerade die Abwesenheit von Gier und Sehnen bedeutet.

Einmal ganz abgesehen von der enormen Zunahme an Achtsamkeit mit allen daraus erwachsenden Wohltaten für Körper und Geist hat die Meditation einen nicht unerwünschten Nebeneffekt auf unsere Beziehung zu den Mitmenschen. Während wir als Person, die gar nichts mit Meditation zu tun hat, häufig in Situationen geraten, in denen wir von den Werturteilen der Menschen betroffen sind, können wir uns durch die Meditation langsam aus dieser Abhängigkeit befreien. Durch die Konzentration auf uns selbst gewinnen wir immer mehr Selbstbewusstsein und werden dadurch unabhängiger von der Meinung anderer. Unser Selbstvertrauen steigt mit jeder Meditationsrunde an, und im gleichen Maß nimmt auch die Achtung und Sicherheit unser Persönlichkeit zu. Außerdem wirkt sich die Meditation äußerst günstig auf die Reduktion von Stress aus, und sämtliche Symptome der Burn-out-Erkrankung werden positiv beeinflusst. So kann man durchaus sagen, dass die Meditation wie eine medizinische Behandlung wirkt ohne jegliche Nebenwirkungen von Drogen und Medikamenten.

Obwohl uns dies noch nicht bewusst ist, machen wir das erste Mal Bekanntschaft mit einem Bereich, der uns bis dahin völlig unbekannt war. Es ist der Bereich der reinen Form, und wir verlassen vielleicht zum ersten Mal überhaupt den Bereich der Begierde.

Ich werde später noch näher auf diese drei Bereiche eingehen, jetzt sei nur so viel dazu verraten: Dieser Bereich hält ein Glück für uns bereit, das weit über das menschliche Maß hinausgeht, und beheimatet eine geistige Landschaft, die dem Alltagsmenschen nicht ohne weiteres zugänglich ist. Wir müssen uns erst einmal auf das Wagnis Meditation einlassen, bevor wir überhaupt Zugang zu diesem Bereich finden. Wir können uns zwar vorher Gedanken über diesen Bereich machen, aber wer noch nie Meditation und vor allem Zen-Meditation, also Zazen, geübt hat, weiß in Wahrheit nichts von wahrer Glückseligkeit. Wirkliches Glück erleben wir erst dann, wenn unser normales menschliches Verlangen gestillt ist und wir ein geistiges Gebiet betreten, das uns bis dahin vollkommen unbekannt war. Niemand kann sich die Zufriedenheit und das Glück dieses Meditationsbereiches durch bloßes Nachdenken darüber vorstellen, es sei denn, er oder sie hat es schon selbst erlebt. Kein Mensch, es sei denn, es ist ein Kind unter drei Jahren, kann sich in diesen Zustand des Nicht-Denkens hineindenken. Es ist genauso, als ob ich Sie jetzt auffordere, nicht an einen blauen Elefanten zu denken. Je mehr Sie es versuchen, desto mehr werden Sie scheitern.

Man muss sich diesen Zustand erarbeiten, und zwar durch die Meditation, aber wenn er einmal erlangt ist, dann kommt er immer öfter. Anfangs versucht man noch, ihn mit Gewalt zu erreichen, aber genau dann tritt er nicht ein. Und langsam kommt man hinter den Trick, denn statt sich anzustrengen, muss man loslassen, und zwar alle Inhalte des Geistes. Das heißt nicht, dass man nicht denken darf, nur soll man die Gedanken sofort wieder aus dem Geist entlassen, wenn sie erst einmal aufgetaucht sind. Versuchen Sie es jetzt einmal, es ist gar nicht so einfach, oder? Wir sind es gewohnt, die Gedanken weiter fortzuspinnen, und erlauben ihnen kaum, einfach zu kommen und wieder zu verschwinden, obwohl das ihr eigentliches Wesen ist.

Lassen Sie mich an dieser Stelle eine Begebenheit aus der Zeit meiner Wanderschaft als zünftig reisender Zimmermannsgeselle einfügen, und zwar aus der Zeit, als ich das erste Mal vom Zen-Buddhismus erfuhr und noch nicht ahnte, wie sehr er mein ganzes späteres Leben verändern würde. Ich war ungefähr dreiundzwanzig Jahre alt, hatte von der Zen-Meditation so gut wie keine Ahnung und bekam ein Buch in die Hand, das sich dem Zen-Buddhismus eher von der philosophischen Seite her näherte. Es war von *Daisetsu T. Suzuki* und trug den Titel *Die große Befreiung.*

Ich verstand vom Inhalt nicht sehr viel, war jedoch von der darin geschilderten Möglichkeit fasziniert, der normalen menschlichen Unzufriedenheit zu entkommen, und das Ganze noch dauerhaft und unumkehrbar, wenn man wollte. Aber wie war das anzustellen, und was müsste man tun, davon stand nicht viel in diesem kleinen Buch. In einem anderen Buch über das gleiche Thema las ich dann die Empfehlung, einen der in Deutschland zur damaligen Zeit noch sehr raren Zen-Meister aufzusuchen. Meine Wahl fiel auf einen Meister, der zu der Zeit in Bremen tätig war und gerade in diesen Jahren von dem in Japan sehr bekannten Meister *Saidan Ōi Rōdaishi* seine Lehrbefugnis erhalten hatte. Es war der Rechtsanwalt und Notar Wolf-Dietrich Nolting, der mit offiziellem Namen *Rei Shin Bigan Rōshi* heißt, und es war im Jahr 1987, als ich meine Ausbildung bei ihm anfing. Ich hatte zu dem Zeitpunkt schon zwei Jahre auf eigene Faust meditiert und war an dem Punkt, an dem es ohne Anleitung nicht weitergeht. Auch zu mir kommen jetzt viele Schüler, die sich an dieser wichtigen Wegscheide befinden und merken, dass sie über ein Stadium der Selbstberuhigung nicht ohne fremde Hilfe hinauskommen. Es ist genau dieser Punkt, der darüber entscheidet, ob der Schüler mit seiner Meditation mehr oder weniger enttäuscht aufgibt oder ob seine Meditation immer mehr an Tiefe gewinnt. Auf jeden Fall habe ich zu diesem Zeitpunkt meinen sogenannten *Honshi*, meinen Wurzelmeister, getroffen und habe ihn nicht mehr verlassen, bis ich meine Zen-Ausbildung vollständig abgeschlossen hatte. Diese Ausbildungszeit dauert insgesamt 15 Jahre. Von alldem hatte ich damals noch keine Ahnung, ich hatte nur die vage Ahnung, dass es so mit meiner Meditation nicht weitergehen würde. Aber wie gesagt hatte ich schon zwei Jahre Meditationserfahrung hinter mir und war kein gänzlich unbelecktes Blatt in Bezug auf das Sitzen in Stille.

Wir sind in unserer Aufzählung aber noch bei der ersten Stufe des Zen und haben auch schon den ersten Meditationshimmel zumindest ansatzweise kennengelernt. Und außerdem haben wir auch schon Ebenen der Meditation erlebt, die über das normale Maß des menschlichen Erlebens hinausgehen. Allerdings fallen wir aus diesem Himmel immer wieder heraus, wir finden uns im haftenden Sumpf der menschlichen Emotionen wieder und wissen gar nicht, wie das passieren konnte. Dies ist eine weitere Falle auf dem Weg der Meditation, und es sind nicht wenige, die diesem Hindernis zum Opfer fallen. Auf die Hindernisse, von denen es im Ganzen fünf gibt, komme ich später zu sprechen, es sei an dieser Stelle nur so viel gesagt, dass es vor allem die Gier ist, die hierfür verantwortlich ist.

Auf jeden Fall bemerken wir immer häufiger diesen Rückfall in sogenannte niedere Daseinsbereiche, und das liegt nur daran, dass unsere Achtsamkeit in beträchtlichem Maß zugenommen hat. Es kommt uns zwar so vor, als ob diese Abstürze immer häufiger werden, aber das ist definitiv nicht der Fall. Die Beobachtung unseres Geisteszustandes während der Meditation hat dazu geführt, dass jede Abweichung vom Idealzustand, so könnten wir es einmal bezeichnen, wie der Fall vom Himmel in die Hölle empfunden wird. Wir haben jetzt wie immer die beiden Möglichkeiten, aufzuhören oder weiterzumachen. Allerdings rate ich Ihnen sehr, an dieser Stelle nicht die Flinte ins Korn zu werfen, denn damit hätten die Hindernisse unweigerlich gewonnen, und man rennt ein Leben lang mit der Ahnung herum, die Meditation nicht zu Ende gebracht zu haben. Wenn man also das erforderliche Rückgrat aufgebracht hat und weiter bei der Meditation geblieben ist, dann entspringt daraus auch schon die zweite Stufe der Meditation, das sogenannte *Gedō-Zen*.

Dies ist eine Meditationsstufe, in der unglaubliche Erfahrungen auf den oder die Meditierende(n) warten. Auf dieser Ebene des spirituellen Erlebens hat man bereits Erfahrungen, die als göttlich oder himmlisch bezeichnet werden können und das Ziel ganzer Religionen sind. Diese Religionen streben eine Erfahrung an, in der der Meditierende mehr oder weniger enge Bekanntschaft mit der von ihm verehrten Gottheit macht. Diese Erfahrung geht bis zu einer Stufe, die als *Unio Mystica* bezeichnet wird und die Einheit mit der Gottheit meint; eine Ebene, die z. B. in der christlichen Religion als »himmlischer Zustand« bezeichnet wird. Im Buddhismus ist man mit so einer Bezeichnung sparsamer, dort wird »himmlischer Zustand« für eine Meditation gebraucht, die sich auf vier Emotionen bezieht, die als *Brahma-vihāras* bezeichnet werden. Auf diese vier Emotionen, die liebende Güte, die Mitfreude, das Mitgefühl und den grenzenlosen Gleichmut, komme ich im Kapitel über die zehn Tugendempfehlungen noch zurück. Aber zunächst einmal bleiben wir bei dieser zweiten Stufe des Zen, was gleichbedeutend ist mit der zweiten Stufe der Meditation. Diese Stufe beinhaltet alle Meditationen, die sich nicht auf den Buddhismus beziehen und die als theistisch bezeichnet werden. Seien sie nun christlich, moslemisch, jüdisch oder auch schamanische Religionen von Europa bis Amerika, von Asien bis Australien oder Afrika. Sämtliche Praktiken werden hierunter eingeordnet, und daran sehen Sie schon, dass diese Einteilung sich nach der buddhistischen Weltsicht richtet.

Die große Revolution des Buddhismus, das wirklich Einzigartige an dieser Religion, die eigentlich keine Religion ist, ist die Entdeckung und Verwirklichung von Shūnyatā. *Shūnyatā* ist der Sanskrit-Name für »Leerheit«, und die Erkenntnis der Leerheit ist das ausschlaggebende Merkmal jeder Erleuchtungserfahrung. Mit dieser Erkenntnis begann vor über 2500 Jahren die Geschichte des Buddhismus, und diese Erkenntnis ist auch heute der absolute Wendepunkt im Leben jedes Zen-Praktikers und jeder Zen-Praktikerin.

Was bedeutet jetzt »Leerheit«, und was heißt es, ein korrektes Verständnis davon zu haben? »Leerheit« meint laut Definition die Abwesenheit von inhärenter Existenz, was uns wahrscheinlich auch nicht klüger macht. Es ist mit anderen Worten das Fehlen jeglicher Substantialität in den Dingen und Erscheinungen dieser Welt. Gemeint ist damit die Erkenntnis der Wirklichkeit, ohne dass wir uns noch eine Vorstellung davon machen, das heißt, wir erkennen die Wirklichkeit so, wie sie ist. Nun meint wahrscheinlich jeder Mensch, dass er die Wirklichkeit doch schon so erkennt. Dass das aber bei weitem nicht der Fall ist, merken diese Menschen, wenn sie einmal ein mehrtägiges Meditationsseminar besuchen. Denn normalerweise wird unser Verständnis von den Dingen dieser Welt von einer ganzen Reihe an Gedanken überlagert, und die wichtigste Aufgabe der Meditation ist es, diese Schichten Stück für Stück abzutragen.

Und was bedeutet jetzt, ein korrektes Verständnis zu haben? Das ist ganz schlicht und einfach ein Verständnis, das mit der allgemein anerkannten Sicht der Wirklichkeit übereinstimmt, also nicht auf einer extremen oder verqueren Sicht der Wirklichkeit beruht. Obwohl sich diese Voraussetzung sehr einfach anhört, ist sie doch nicht so einfach zu erfüllen, wie es den Anschein hat. Wir müssen uns immer wieder vor Augen halten, dass es sich hier um Stufen der Meditation handelt und wir unsere Sicht auch aufrechterhalten, wenn wir uns in einer langen Phase des Zazen befinden. Nebenbei bemerkt sind wir schon in der dritten Stufe des Zen, in der dritten Stufe der Meditation, dem sogenannten *Shōjō-Zen*, und das Meditationsziel auf dieser Ebene der Meditation ist die kleine Erleuchtung. Wieso, so werden Sie sich fragen, nennt man die Erleuchtung eine kleine Erleuchtung, und die Antwort lautet: Weil sie nur die eigene Person betrifft.

Zu Beginn des spirituellen Weges – und unser Weg ist spätestens ab hier als spirituell zu bezeichnen – haben wir alle mehr oder weniger bewusst dieses Ziel, denn wir alle wollen die Erleuchtung erreichen, und zwar so schnell wie möglich, ob wir das nun selber zugeben oder nicht. Unsere vorrangigste Intention ist immer, uns selber vom Leiden und der Unzufriedenheit einer ungenügenden Existenz zu befreien, und dies ist auch das Ziel der dritten Stufe des Zen. Allerdings merken wir immer wieder, dass dieses Ziel nicht zu verwirklichen ist, solange es noch Wesen um uns herum gibt, denen es nicht so gut geht wie uns. So sehr wir uns auch in der Meditation anstrengen, um so intensiver kommt es uns zu Bewusstsein, dass unser Wohlergehen unweigerlich mit dem Wohlergehen anderer Menschen und Tiere verbunden ist, und wir nehmen aufmerksam das Netz des gesamten irdischen Lebens wahr.

An diesem Punkt befinden wir uns wieder an einer Wegscheide des spirituellen Pfades, denn wir können hier durchaus Schluss machen mit unserer geistigen Entwicklung, wir können aber auch weitergehen, und zwar zur vierten Stufe der Meditation, dem sogenannten *Daijō-Zen*, dem Zen des Großen Fahrzeugs. Auf dieser Ebene der Meditation verstehen wir, dass wir uns genauso um das Glück unserer Mitmenschen kümmern müssen wie um unser eigenes, und wir entwickeln wahrhaftes Mitgefühl mit ihnen. Das Mitgefühl wird zum zentralen Beweggrund für unsere Meditation, und dadurch gewinnt sie enorm an Tiefe, ja sie hat jetzt eine Grundlage erreicht, die nicht mehr umkehrbar ist, und wir sind dagegen gesichert, unseren Weg jemals wieder zu verlieren. In der Regel haben wir jetzt schon mehr als 10 Jahre Erfahrung in der Meditation und sind mit den Fallgruben und Einbahnstraßen auf dem Weg vertraut. Wir haben die Fallstricke der ersten Erleuchtungserfahrungen hinter uns und auch die ermüdenden Zeiten, in denen rein gar nichts Neues mehr passiert. Denn die schwierigste Zeit ist die, wenn die Erleuchtungserfahrungen etwas ganz Normales geworden sind und sich eine Art der Langeweile einstellt, die zurückzuführen ist auf die Gier, von der wir schon gesprochen haben.

Wenn wir sie aber gemeistert haben, dann steht uns die fünfte und letzte Meditationsstufe offen, das sogenannte *Saijōjō-Zen*. Dies ist die eigentliche Zen-Praxis, in der es nichts mehr zu erreichen gibt, in der Begriffe wie Erleuchtung, Buddha und selbst *Samādhi* ihre Bedeutung transzendiert haben und auch die Vorstellung, anderen helfen zu wollen, nicht mehr existiert. Das heißt aber nicht, dass diese Ziele nichtig geworden sind, sondern dass die Vorstellung davon überwunden ist. Dies ist die höchste und letzte Stufe des Zazen, und ob wir sie erreichen, ist eigentlich nur eine Frage der Ausdauer, mit anderen Worten: der Geduld. Diese Stufe ist dem vollkommen Erleuchteten vorbehalten, wobei ich mir im Klaren darüber bin, dass sehr viele jetzt sagen werden, dass es im Zen doch angeblich nicht um Erleuchtung und das Erreichen von irgendwelchen Zielen geht. Das ist durchaus richtig, nur muss man sich diesen Stand hart erarbeiten, und vor allen Dingen muss man durch alle Stufen in der Reihenfolge gegangen sein. Sich als sozusagen »Halberleuchteter« hinzustellen und zu behaupten, dass Zen nichts mit dem Erreichen von Stufen zu tun hat, zeugt nur von der eigenen Unwissenheit um das Wesen der Dinge. Auf der anderen Seite gibt es im Zen-Buddhismus und über den Kern des Zen-Buddhismus, der doch angeblich jenseits aller Worte und Schriften liegt, mehr geschriebene Worte als in den meisten anderen religiösen Traditionen.

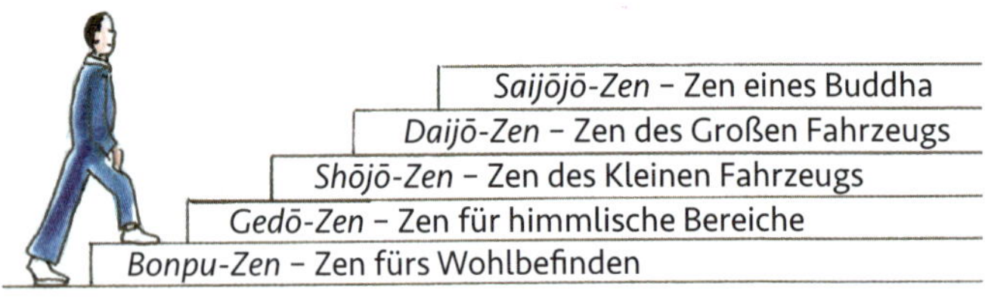

6 Die fünf Hindernisse

Eines der größten Hindernisse auf dem Weg zur geistigen Befreiung ist es, dass die Menschen, die von diesem Weg fasziniert sind, nur sehr schwer unterscheiden können zwischen äußerlichen Attributen und wirklichen Errungenschaften, die als Früchte auf denjenigen niederregnen, der den Erkenntnisweg erfolgreich meistert. Die Zen-Meister setzen diese äußeren Attribute mit den Roben gleich, die ein fortgeschrittener Praktizierender erhält und je nach Gelegenheit auch anzieht. Aber sie meinen damit nicht nur die materiellen Gewänder, sondern auch Eigenschaften wie Reinheit, Geburtslosigkeit, Erleuchtung und Nirvāna. Sogar diese Eigenschaften und immateriellen Zustände bis hin zu gesprochenen Wörtern und niedergeschriebenen Sätzen können dazu dienen, die Früchte des geistigen Weges vorzutäuschen. Wer kann denn feststellen, ob ein Praktizierender oder eine Praktizierende das Nirvāna erreicht hat, wer kann erkennen, ob jemand die Erleuchtung erlangt hat?

So ist es gerade zu Beginn des Weges extrem schwierig, das Innere vom Äußeren zu unterscheiden, und fast unmöglich, die Spreu vom Weizen zu trennen, das heißt, die falschen von den richtigen Zen-Lehrern unterscheiden zu können. Wortreiche Deutungen helfen da nicht weiter, und auch das Tragen einer Robe ist kein Gütesiegel, an dem man einen authentischen Zen-Lehrer erkennen kann – worauf soll man sich dann verlassen? Was soll man tun, um einen echten Zen-Lehrer zu finden? An seinen Worten kann man ihn nicht erkennen, und seine Gedanken können wir nicht beobachten, ganz abgesehen davon, dass auch die Gedanken lediglich eine andere Form von Roben darstellen. Wollen wir überhaupt weiter den Worten und Gedanken anderer Menschen folgen oder wollen wir endlich anfangen, unserer eigenen Natur mehr Gehör zu schenken, als wir es bisher getan haben?

Es hat uns bis hierher geholfen, dass wir auf den Rat von Freunden und Lehrern gehört haben, und wir sind mit dem Zen-Weg in Berührung gekommen, wir haben eine Methode erlernt, mit der wir uns selber beobachten, nämlich durch die Methode des Sitzens in Stille, das Zazen. Aber wenn wir diese Methode einigermaßen beherrschen und gelernt haben, mit ihr umzugehen, dann ist es Zeit für den nächsten Schritt, und jegliche Worte werden ein Hindernis, das von der Selbsterkenntnis, dem *Kenshō* oder der Selbstwesensschau, wie es auf Japanisch heißt, abhält und dazu führt, dass zwar unsere Achtsamkeit immer weiter ansteigt, dass es jedoch auf Kosten unserer Erleuchtung geschieht, und letztendlich erreichen wir mit der Entwicklung von Achtsamkeit nicht mehr als eine Steigerung unseres Wohlbefindens in dieser Existenz. Aber Satori, die große Befreiung, bedeutet sehr viel mehr, als dass wir uns nur in diesem Leben gut fühlen; Satori ist die Befreiung von Leben und Tod und somit eine endgültige Sache und keine Frage von zeitweiligem Wohlbefinden. Aus dem Wohlbefinden werden wir sowieso spätestens mit dem Tod gerissen, und dann beginnt die ganze Angelegenheit wieder von vorn. Immer und immer wieder seit undenklichen Zeiten, und sie wird noch genauso lange weitergehen, bis wir schließlich den Verursacher dieser misslichen Situation ausfindig gemacht haben. Lassen Sie es sich gesagt sein, dass er nicht in der Außenwelt zu finden ist, nicht als böser Geist oder Teufel oder sonst ein widerwärtiges Wesen, sondern sich dort verbirgt, wo wir ihn am wenigsten vermuten: in unserem Ich, oder treffender gesagt: Es ist unser »Ich«.

Wir müssen die Vorstellung von uns selbst aufgeben, um zur endgültigen Befreiung zu gelangen. Und das ist das schwierigste Unterfangen, das man sich vorstellen kann, denn weitaus einfacher ist es, Feinde in der Außenwelt zu bekämpfen, als den eigentlichen Feind, der dafür verantwortlich ist, dass wir immer und immer wieder in eine Welt des Leidens und der Unzufriedenheit hineingeboren werden.

Die Gier bildet das dritte von fünf Hindernissen, die in der Meditation unweigerlich auftauchen und die viele Meditierende wieder von der Meditation abbringen. Die fünf Hindernisse, auch *Nīvaranas* genannt, sind:

1. Müdigkeit und Schläfrigkeit
2. Boshaftigkeit
3. Gier und Anhaftung
4. Gedankenflut und schlechtes Gewissen
5. Zweifelsucht bzw. destruktiver Zweifel

Diese fünf Hindernisse der Meditation tauchen früher oder später bei jedem oder jeder Meditierenden auf und sind eigentlich erst dann ein Hindernis, wenn wir uns durch sie von der Meditation abbringen lassen.

In Wirklichkeit sind es fünf Eigenschaften unseres erleuchteten Geistes, die hier in einer etwas verzerrten Form auftauchen, und wenn wir uns von ihnen nicht beim Zazen stören lassen, dann werden sie im Laufe der Zeit immer zahmer, bis sie schließlich ihre erleuchtete Natur offenbaren. Das dauert in der Regel 10 Jahre, und diese Zeit braucht man, um mit den Schwierigkeiten in der Meditation umzugehen. Sollte man bis dahin nicht die Lust an der Meditation verloren haben, dann wartet das völlig anstrengungslose und spielerische *Samādhi*, die Sammlung des Geistes, auf uns. Aber vor diesem Samādhi haben wir uns eben mit den Hindernissen herumzuschlagen.

Das erste Hindernis, die *Müdigkeit und Schläfrigkeit*, tritt zu Beginn des Zazen noch nicht auf, allerdings merken wir es bei längeren Meditationseinheiten wie zum Beispiel einem *Sesshin*, also an Tagen der besonders strengen Übung, sehr stark. Dieses Nīvarana, dieses Hindernis, nimmt bei einem Sesshin in der Regel die erste Stelle ein, und wir brauchen eine ganze Zeit des Kampfes, um mit ihr fertigzuwerden. Sie stellt die verzerrte Form der Fähigkeit zum Samādhi dar, und solange wir dieses

Hindernis nicht im Griff haben, schlafen wir ganz kurz vor der Erlangung der Sammlung ein. Diese Erfahrung müssen wir einige Male machen, um dann schließlich den Dreh rauszuhaben und zwischen Einschlafen und Samādhi unterscheiden zu können. Diese Eigenschaft müssen wir unbedingt entwickeln, um echtes Samādhi zu verwirklichen, um den Geist sich in sich selber versenken zu lassen.

Das nächste Hindernis ist die *Boshaftigkeit*, und diese geistige Eigenschaft braucht, ebenso wie die Gier, etwas länger, um darin den erleuchteten Charakter erkennen zu können. Normalerweise halten wir diese Gedanken für unausweichlich mit dem menschlichen Geist verbunden, sie sind aber nur durch unachtsames Wiederholen von Gedankengängen entstanden und können deswegen auch vollständig beseitigt werden. Sie verwandeln sich dann in die *spiegelgleiche Weisheit* und werden so zur wichtigsten Eigenschaft des erleuchteten Geistes. Die Boshaftigkeit weicht dann dem allgemeinen Gefühl der Wut, und zwar einer Wut, die sich nicht gegen Sachen oder Personen wendet, sondern einfach da ist. Die spiegelgleiche Weisheit nimmt keine Unterscheidung vor zwischen dem, was das Objekt ihrer Aufmerksamkeit ist, sie ist wie ein Spiegel, der auch keine Auswahl trifft in dem, was er widerspiegelt. Er reflektiert schöne Dinge genauso, wie er auch hässliche Dinge wiedergibt, er diskriminiert nicht. Das ist die außergewöhnliche Fähigkeit des Spiegels, und wir müssen uns diese Fähigkeit wieder erarbeiten, wenn wir auf dem Weg der Erkenntnis wandeln.

Das dritte Hindernis ist genau die Kehrseite der Boshaftigkeit, denn die *Gier* nimmt ihr Objekt der Anhaftung in einer Weise wahr, die weit über unsere Bedürfnisse hinausgeht. Sie stellt ein unverhältnismäßiges Gefühl des Defizits dar und ist eine Eigenschaft, die wir uns selbst durch ständige Wiederholung antrainiert haben, genau deswegen können wir sie auch überwinden. Sie verwandelt sich, wenn wir sie mit Achtsamkeit beobachten, in die *Weisheit der vollkommenen Beobach-*

tung, und ihr haftet die Fähigkeit an, die Dinge und Sachverhalte auf Grundlage der Einheitserfahrung genau unterscheiden zu können. Dieses Unterscheidungsvermögen richtet sich besonders auf die Dinge, die auf dem Weg zur Erleuchtung von Nutzen sein können oder die den Weg eher behindern oder ihm sogar diametral entgegenstehen. Es ist eine Fähigkeit, die sich erst nach einiger Erfahrung auf dem Meditationsweg einstellt.

Das vierte Hindernis ist uns allen vertraut, denn es ist die besonders im Westen vorkommende *Gedankenflut*. Es ist die Unfähigkeit des Geistes, seine eigenen Objekte in den Griff zu bekommen, also die Gedankenflut einzudämmen. Als Hauptursache wird dafür ein schlechtes Gewissen verantwortlich gemacht, und zwar ein schlechtes Gewissen bezüglich der eigenen Konsequenz auf dem Erleuchtungsweg. Dieses Hindernis verschwindet vollständig, wenn unsere Bemühungen um den Weg unumkehrbar geworden sind und wir den Weg nicht mehr verlassen. Auch dieses Hindernis erfordert einige Geduld zu seiner Beseitigung, wir brauchen allerdings keine besonderen Gegenmittel dagegen einzusetzen, denn die überflüssigen Gedanken verschwinden sozusagen von selbst. Wir brauchen einfach nur mit der Meditationspraxis fortzufahren, ohne uns davon abbringen zu lassen.

Das letzte und fünfte Hindernis in der Meditation ist die *Zweifelsucht*, und sie ist nicht zu verwechseln mit dem konstruktiven Zweifel, der so lange wie möglich aufrechterhalten werden sollte.

Der Name *Nirvāna* bedeutet wörtlich »Nicht-Wehen« oder auch »Nicht-Wind« und bezeichnet den Zustand der Befreiung als einen Zustand, in dem die karmischen Winde zur Ruhe gekommen sind und der Mensch nicht mehr unter leidverursachenden Folgen seiner unachtsamen Taten zu leiden braucht. So erfahren wir bezeichnenderweise zu Beginn, dass dieser Zustand so ziemlich das genaue Gegenteil des Zweifels darstellt, eines geistigen Hindernisses also, das wie schon gesagt hauptsächlich dafür verantwortlich ist, dass unser Leben das normale menschliche Maß an Leidenserfahrung und Unzufriedenheit für uns bereithält, wenn es uns nicht gelingt, den Zweifel und zunächst überhaupt erst einmal die Zweifelsucht zu überwinden. Die Sucht, alles und jeden zumindest im Verborgenen anzuzweifeln, sorgt auf jeden Fall dafür, dass wir nichts und niemandem wirklich vorbehaltlos vertrauen können, nicht einmal oder besser schon gar nicht uns selber. Ständig begleitet uns ein latentes Gefühl des Getrenntseins, der Uneinigkeit und Unsicherheit, und hinter jeder noch so freundlich gemeinten Geste wittert die Zweifelsucht eine Falle oder zumindest einen Hintergedanken. Dieses größte aller Hindernisse wiegt so schwer auf unserer Seele, dass unter dem permanenten Einfluss des Zweifels und der Zweifelsucht kein nennenswerter geistiger Fortschritt in Richtung Befreiung erwartet werden kann. Mehr noch verdichtet sich der Zweifel häufig sogar derart massiv, dass der betreffende Mensch schließlich so sehr unter einer Depression leidet, dass er fast schon körperlich das Gefühl hat, von seinen eigenen Sorgen erdrückt zu werden. In dieser Phase gelingt es ihm oder ihr kaum noch, sich aus eigener Kraft ohne professionelle Hilfe eines Arztes oder Therapeuten aus diesem Jammertal zu befreien.

Wohlgemerkt ist hiermit jedoch nicht die äußerst positive Erscheinung des konstruktiven Zweifels gemeint, der uns dazu bringt, den Dingen wirklich auf den Grund zu gehen, die Wirklichkeit tiefgründig zu erforschen, und uns davor bewahrt, jegliche Theorie und jedes Dogma einfach ungeprüft zu übernehmen. Alle Zen-Meister haben hier aber erbarmungslos die Zweifelsucht als ein leidverursachendes Rollenmuster im Fadenkreuz, die wir nicht bewusst und willentlich einsetzen können, sondern die uns regiert und bestimmt und uns eines Großteils unserer Lebensfreude beraubt. Wer schlau ist, verbannt diesen heimtückischen Tagedieb ein für alle Mal aus dem persönlichen Einflussbereich.

Der konstruktive Zweifel stellt zwar auch alles in Frage, jedoch nur, um es einer intensiven Prüfung zu unterziehen und danach zu einem vorurteilsfreien Urteil über sein Objekt zu kommen. Die Zweifelsucht zweifelt ebenso alles an, allerdings ist in diesem Fall der Zweifel ein Selbstzweck, der kein weiteres Ziel verfolgt. Sie will kein vorurteilsfreies Urteil fällen, sondern an ihrer skeptischen Weltsicht festhalten und ist eigentlich der Ausdruck einer vollkommen destruktiven Lebenshaltung. Das Wort »Skepsis« ist tatsächlich ein passenderer Ausdruck für diese negative Charaktereigenschaft, die sich erst in der Meditation in ihrer ganzen Fülle zeigt. Das macht sie so gefährlich, denn die Zweifelsucht ist der häufigste Grund für das Aufgeben der Meditationspraxis, und wenn sie nicht als solche erkannt wird, macht sie schließlich jeden Erfolg in der Meditation zunichte. Die Zweifelsucht ist das hartnäckigste aller Hindernisse und bei ihrer Überwindung gleichzeitig die Schwelle zur Erleuchtung. Denn wenn sie gemeistert ist, verwandelt sie sich in direkte Einsicht, die gleichbedeutend ist mit der Überwindung der Unwissenheit.

Was also hält uns davon ab, unsere eigene Freiheit zu erkennen und zu genießen? Es ist der tiefsitzende Zweifel bzw. das mangelnde (Selbst-)Vertrauen, das uns immer wieder nach anderen schielen lässt und uns dazu bringt, uns mit den vermeintlichen Errungenschaften der großen Meister, erleuchteten Gurus und hohen Heiligen zu vergleichen. In dem Augenblick, in dem wir diese ganzen nutzlosen Bewertungen fallen lassen und uns so wahrnehmen, wie wir von Natur aus sind, gibt es keinerlei Unterschied mehr zwischen uns und den Meistern, den Gurus und den Heiligen. Dann sind wir selber heilig geworden, das bedeutet: heil und ganz. Diese Heiligkeit ist in jedem von uns schon in Hülle und Fülle vorhanden und muss nicht erst geübt werden.

Damit gibt es für die Meditation keine Hindernisse mehr, und der Weg ins Samādhi ist frei.

Diese Darstellung der Stufenfolge in der Beseitigung der Hindernisse ist natürlich sehr theoretisch, da die Hindernisse, die Nīvaranas, für jeden anders angelegt sind, und es gibt nicht wenige Meditierende, die gleich bei der ersten Sitzung schon in eine Art der Versenkung kommen. Da es der mündlichen Überlieferung nach unendlich viele Arten des Samādhi gibt, ist dies nicht weiter verwunderlich, jedoch bedarf es einer geraumen Zeit der Übung, bis der oder die Meditierende einen Großteil der Versenkungen auch wirklich beherrscht. Man kann sagen, dass das der Fall ist, wenn der Meditierende sich willentlich in einen von ihm vorher gewünschten Zustand versenken kann. Und bis das der Fall ist, dauert es in der Regel schon 10 Jahre an fortgesetzter Meditationspraxis, aber wie gesagt machen viele schon in den ersten Meditationsrunden die ersten Versenkungserfahrungen. Bis die Hindernisse völlig überwunden sind bzw. sie sich in ihren Weisheitsaspekt umwandeln, bedarf es ebenfalls gar nicht so langer Zeit, nur bis wir es zweifelsfrei erkennen, braucht es im Allgemeinen schon 10–15 Jahre an Meditationserfahrung.

So kann man also sagen, dass der Weg zur Beseitigung der Hindernisse und der vollkommenen Überwindung der Unwissenheit mindestens 15 Jahre in Anspruch nimmt, und wer nicht bereit ist, diese Zeit der Meditation zu widmen, der sollte lieber Abstand davon nehmen, diesem Weg zu folgen. Denn er handelt sich im Endeffekt mehr Schwierigkeiten ein, und einem spirituellen Weg nach einer Weile nicht mehr zu folgen oder sogar seine Grundsätze abzustreiten, bringt auf die Dauer viel emotionale Verwirrung mit sich.

Da wir also im Grunde schon vollkommen sind, um nicht zu sagen: vollkommen erleuchtet, denn dazu fehlt den allermeisten auch das dazugehörige Vertrauen in die eigene Erleuchtung, gibt es absolut betrachtet auch keine Übung, die uns erleuchten könnte. Im Zen wird dieser Widerspruch dahingehend aufgelöst, dass die Übung selber die Erleuchtung ist bzw. die konkrete

Manifestation der Erleuchtung. Das heißt, wir meditieren nicht, um erleuchtet zu werden, sondern wir meditieren, weil wir erleuchtet sind.

Auf jeden Fall ist es so, dass durch die Meditation, die ich hier durchgängig mit der Praxis des Zazen gleichsetze, im Grunde nichts hinzugewonnen wird. Eine Kollegin von mir hat es einmal so ausgedrückt, dass Zen die einzige Betätigung auf der ganzen Welt ist, die überhaupt nichts einbringt. Wenn man schon von einem Effekt der Zen-Praxis sprechen will, so besteht er einzig und allein darin, dass die fünf Hindernisse im Laufe der Zen-Praxis bereinigt werden. Die Bereinigung besteht darin, dass die eigentlich neutrale und sehr mächtige Energie dieser Hindernisse umgewandelt wird in fünf Kräfte, die dann zum Wohle aller Wesen nutzbar gemacht werden. So wird die Müdigkeit umgewandelt in die Kraft des Samādhi, also der meditativen Vertiefung bzw. Versenkung; die Gier und das Anhaften wird umgewandelt in die Kraft des Vertrauens; die Boshaftigkeit und Ablehnung wird umgewandelt in die Kraft der Achtsamkeit; die geistige Unruhe wird umgewandelt in die Kraft der freudigen Energie; und der Zweifel und die Skepsis wird umgewandelt in die Kraft der Weisheit.

Der wirkungsvollste Ansatz bei der Umwandlung der fünf Hindernisse liegt in der Umwandlung der Gier, die ziemlich schnell in reines Vertrauen umgewandelt werden kann. Aus diesem Grunde wenden alle Zen-Meister die äußerst geschickte Methode an, die Gier des Schülers auf den Pfad zu richten. Denn wenn dessen Vertrauen erst einmal geweckt ist, wird er den Pfad aus eigener Kraft und eigenem Antrieb auch bis zum Ende beschreiten, und alle anderen Kräfte werden auf diesem Weg sozusagen im Vorübergehen mit entwickelt.

Nur durch die eigene Einsicht in den Dharma, die Lehre von der Wirklichkeit, ist der Zweifel aufzulösen, der bis dahin der tägliche Wegbegleiter des Suchenden gewesen ist. Er ist nicht dadurch zu beseitigen, dass man die Meinungen anderer übernimmt, so vernünftig sie auch sein mögen. Er ist nicht aufzulösen, indem man schlaue Bücher auswendig lernt und den Inhalt bis ins Kleinste erläutern kann. Er ist nur durch Einsicht in der Meditation, durch Zazen, endgültig zu vernichten.

Obwohl das erleuchtete Bewusstsein schon in jedem von uns vorhanden ist, brauchten allerdings selbst solche Naturtalente wie Buddha Shākyamuni noch sieben Jahre der intensiven Übung, um schließlich vollkommene Sicherheit in die eigenen Kräfte zu gewinnen.

7 Skandha – die fünf Bereiche der Anhaftung

Aber zurück zu unserer Meditation. Jetzt wollen wir die fünf Bereiche der Anhaftung, die sogenannten fünf *Skandhas* oder Daseinsgruppen, kennenlernen, die später in die fünf Weisheitsaspekte verwandelt werden. Die Skandhas sind der Reihenfolge nach:

1. Körper
2. Gefühl
3. Wahrnehmung
4. Willensregung
5. Bewusstsein

Untersuchen wir erst einmal die einzelnen Daseinsbereiche mit ihren verschiedenen Eigenschaften. Da ist zuerst der Körper, und »Körper« steht hier für den gesamten Bereich der Materie, also den Bereich aller sichtbaren Anteile des Daseins. Hierbei muss ich vorsichtig sein, denn es soll ja bekanntlich einen Bereich der Materie geben, der nicht sichtbar ist und sich nur dadurch bemerkbar macht, dass er Gravitation auf die restliche Materie ausübt. Diese sogenannte »Dunkle Materie« ist ebenfalls mit dem Daseinsbereich Körper gemeint, dasselbe gilt für die »Schwarzen Löcher« im Weltall, die eine derartige Schwerkraft haben, dass ihnen nicht einmal das Licht entkommt. Wir sollten also die sichtbare Materie erweitern um den Begriff der Materie, die Schwerkraft ausübt, gemeint ist also die baryonische und die nicht-baryonische Materie. Der Anteil der nichtbaryonischen Materie im gesamten Weltall soll den Anteil der baryonischen Materie bei weitem übersteigen, und so warten wir erst einmal ab, was die Forschung ergibt. Aber was schließlich dabei herauskommt, ist für meditative Belange nicht entscheidend, denn hierbei ist nur wichtig, dass es sich um Materie handelt. Wir könnten diesen Daseinsbereich auch genauso gut einfach »Materie« nennen, im Gegensatz zu den vier anderen Daseinsbereichen, die den Komplex des Geistes noch näher unterteilen.

Das Skandha des Körpers setzt sich zusammen aus den vier Elementen Erde, Wasser, Feuer und Luft bzw. aus dem Festen, dem Flüssigen, dem Erhitzten und dem sich Bewegenden. Weiter fallen unter diesen Daseinsbereich die Sinnesorgane sowie die Objekte, die sie wahrnehmen.

In der buddhistischen Vorstellung sind sie mit Leid verbunden, da sie unbeständig und vergänglich sind und keinen festen Wesenskern haben. Die Bezeichnung »Leid« bzw. »leidhaft« ist dem Umstand geschuldet, dass alles, was nicht von ewiger Dauer ist und keine selbstständige und dauerhafte Substanz ist, nicht das wahre Selbst sein kann. Man kann die Materie in immer kleinere Bestandteile aufteilen, diese noch weiter zerteilen und kommt schließlich in einen Bereich, in dem nur noch Energie und unterschiedliche Felder existieren, aber Materie an sich ist nicht zu finden. Deswegen kann man eigentlich davon sprechen, dass Materie bzw. der Körper gar nicht aus Materie besteht, aber woraus besteht er dann?

Wenn der Daseinsbereich des Körpers also nicht so existiert, wie wir ihn normalerweise wahrnehmen, dann ist es eigentlich widersinnig, danach eine Gier zu entwickeln oder gar daran anzuhaften. Außerdem ist der menschliche Körper eine andauernde Ursache für Unwohlsein und Erkrankungen, und nur in unserer Jugend erleben wir eine Zeit, in der er uns keinen Kummer bereitet. Des Weiteren geht er unaufhaltsam auf den Tod zu, und es ist nur eine Frage der Zeit, wann wir sterben werden, denn der Tod ist uns allen gewiss. Wir müssen ihn ständig mit Nahrung versorgen, denn ohne Nahrung und ohne Getränke hat er keine langen Überlebenschancen. Und zuletzt ist dieser Körper in den meisten Fällen nicht durch unseren Wunsch entstanden, sondern durch alle möglichen sinnlichen Begierden und Verlangen.

Wenn wir das verstanden haben, dann ist der Stachel der Abhängigkeit von körperlichen Erscheinungen zumindest schon angebrochen. Und wie steht es mit den vier anderen Daseinsbereichen, die sich auf den Geist und die Vorgänge des Geistes beziehen?

Da ist als Nächstes der Bereich der Gefühle, die uns so sehr beeinflussen und unsere gesamte Stimmungslage ausmachen. Dies ist der erste Daseinsbereich aus dem geistigen Komplex, der uns mehr in Mitleidenschaft zieht, als wir es uns normalerweise eingestehen. Er kann von sehr klar strukturiert bis völlig chaotisch auftreten, und im Allgemeinen wird er beschrieben als leidvoll, angenehm oder neutral, gelegentlich werden die neutralen Gefühle auch als indifferent bezeichnet. Der Begriff »neutral« gibt Anlass zu einer ganzen Reihe von Überlegungen, unter anderem, ob es überhaupt neutrale Gefühle bzw. Emotionen gibt und wie diese dann erscheinen?

Wenn ein Gefühl auftaucht, ist es nur in der Wahrnehmung eines Außenstehenden von neutraler Natur, das heißt, es ist weder angenehm noch unangenehm. Können Sie sich an eine Emotion in Ihrem eigenen Erleben erinnern, die sich zumindest in Ansätzen weder gut noch schlecht angefühlt hat? Wenn ja, dann könnte das ein Anzeichen dafür sein, dass Sie nicht sehr stark in Kontakt mit Ihren Gefühlen sind und eher dazu neigen, Ihre Emotionen logisch zu verarbeiten.

Wenn wir aufgrund irgendeiner Handlung, irgendeines Dinges oder irgendeiner Person ein Wohlgefühl erleben, dann ist das sofort eine Ursache für weiteres Verlangen danach. Auf der anderen Seite ist ein negatives Gefühl, das wir aufgrund des Kontaktes zu einer Person, einem Ding oder einer Handlung erleben, der Grund für Widerwillen und Abneigung. Der Daseinsbereich der Gefühle sollte auf keinen Fall mit dem nächsten Daseinsbereich verwechselt werden, der vor allen Dingen mit den Gedanken befasst ist. Gefühle zeichnen sich hauptsächlich durch das sogenannte *arousal* aus; das ist die körperliche Erregung, die mit jeder Emotion unweigerlich verbunden ist. In den alten Texten werden die positiven Gefühle als Wohlgefühl und Frohsinn bezeichnet, wohingegen als negative Gefühle Trübsal und Schmerzgefühl genannt werden. Sie sind genauso der Grund für das Leiden, wie es der Körper ist, denn auch sie sind unbeständig, vergehen wieder, und auch in ihnen liegt kein tieferer Wesenskern, also sind auch sie nicht unser wahres Wesen.

Die folgende Daseinsgruppe ist die Wahrnehmung, und hierunter sind vor allen Dingen die Gedanken gemeint, obwohl auch die Wahrnehmung des Seh-Bewusstseins, die Wahrnehmung des Hör-Bewusstseins, die Wahrnehmung des Riech-Bewusstsein, die Wahrnehmung des Schmeck-Bewusstseins und die Wahrnehmung des Tast-Bewusstseins unter diese Daseinsgruppe fallen. Aber für unsere Belange ist vor allen Dingen die Wahrnehmung der Gedanken von einiger Wichtigkeit.

Wenn wir in der Meditation unsere Gedanken betrachten, so betrachten wir vor allem zu Beginn unserer Praxis ein ziemliches Chaos, denn je genauer wir die Gedanken betrachten wollen, umso mehr spielen sie verrückt. Obwohl wir auch bei den Gedanken zwischen guten, schlechten und neutralen Gedanken unterscheiden könnten, lassen wir in diesem Fall die Bewertung einmal beiseite.

Die Wahrnehmung betrifft also direkt die Gedanken im Gegensatz zu den Gefühlen. Damit ist dann der größte Teil des geistigen Komplexes abgedeckt, wobei diese beiden Daseinsgruppen bei verschiedenen Menschen durchaus unterschiedliche Gewichtungen einnehmen können. Der eine Mensch lebt mehr in den Gedanken und in logischen Schlussfolgerungen, und der andere lebt mehr in den Gefühlen und deren bewegter Wirklichkeit. Hierbei sollten sich die Vertreter beider Seiten darüber im Klaren sein, dass die eigene Seite niemals der anderen überlegen ist. Der Geist bzw. das Bewusstsein besteht immer aus beiden Seiten, und im Rahmen einer spirituellen Schulung besteht die wichtigste Aufgabe darin, die fehlende Seite zu entdecken und zu entwickeln. Eine geistig weit entwickelte Persönlichkeit hat stets beide Extreme in sich entwickelt und pflegt auch beide Seiten im eigenen Bewusstsein.

Obwohl nun, wie es im »Herz-Sūtra«, einem der wichtigsten Texte im Zen-Buddhismus – ein Text, auf den ich im Folgenden noch genauer eingehen werde – heißt, alle Dinge leer sind sowie auch die Wahrnehmung, wird doch niemand leugnen, dass es Gedanken gibt. Ich werde später noch näher auf dieses Sūtra eingehen, aber an dieser Stelle ist es schon nötig, davon zu sprechen. In der Anfangszeit der Meditation, und damit meine ich durchaus die ersten Jahre der Meditation, steht der Kampf mit den Gedanken sogar im Vordergrund der Anstrengungen, und jeder, der sich mit Meditation näher befasst hat, weiß, wovon ich spreche. In der Meditation treten die Gedanken zu Beginn sogar vermehrt auf, und es dauert eine ganze Weile, bis wir Herr über unseren Gedankenapparat werden. Einige Meditierende haben sogar sehr viele Jahre mit ihnen zu kämpfen, aber auch diese Meditierenden haben ihre Gedanken schließlich so unter Kontrolle, dass sie niemals mehr unter ihnen leiden. So viel also zur Wahrnehmung; jetzt kommen wir zur letzten Daseinsgruppe, die den Komplex Geist ausmacht, diese Daseinsgruppe ist die Gruppe der Willensregungen.

Dieses Skandha beinhaltet alle Bereiche, die mit der Motivation eines Menschen zu tun haben, dazu zählen, wie der Name schon sagt, alle Willensäußerungen, alle Tatabsichten und die gesamte innere Ausrichtung des Menschen. Es ist damit also der Wille eines Menschen gemeint, und zwar der grundlegende oder allgemeine Wille, die geistige Grundhaltung. Gemeint ist damit auch die spirituelle Ausrichtung einer bestimmten Person.

Die Daseinsgruppe wird manchmal auch als psychische Formkräfte bzw. als Gestaltungen oder auch als Geistesformationen bezeichnet, jedoch passen diese Bezeichnungen nur sehr unzureichend auf die eigentliche Intention. Unter die Daseinsgruppe der Willensregungen fallen auch die psychischen Aktionen wie Energie, Tatendrang, Achtsamkeit, Glück, Freude, Urteilskraft, Versenkung und Gleichmut.

Als Letztes kommt die Daseinsgruppe des Bewusstseins, und diese Gruppe beinhaltet alle sechs Arten des Bewusstseins, angefangen beim optischen Bewusstsein über das Hör-Bewusstsein hin zum Riech-Bewusstsein, zum Tast-Bewusstsein, zum Schmeck-Bewusstsein und schließlich zum geistigen Bewusstsein bzw. zum Denk-Bewusstsein. Eigentlich ist es eine Zusammenfassung des gesamten geistigen Komplexes, der zusammen mit der Daseinsgruppe der Körperlichkeit den ganzen Menschen ausmacht.

Aber die fünf Skandhas, die fünf Daseinsgruppen, gehen über den geistigen Komplex hinaus, und sie sind eine Aufzählung sämtlicher Faktoren, aus denen unser Universum besteht.

Wie nun können wir diese Daseinsfaktoren in die Aspekte des erleuchteten Geistes umwandeln, das ist die große Frage, und ihr wollen wir uns jetzt widmen. Die Aspekte des erleuchteten Bewusstseins sind noch einmal

- die spiegelgleiche Weisheit,
- die Weisheit der Wesensgleichheit, dann
- die Weisheit der vollkommenen Beobachtung bzw. der vollkommenen Unterscheidung,
- die Weisheit der alles vollendenden Tat und schließlich
- die alles durchdringende Weisheit.

Und es wird Sie jetzt überraschen, aber die Lösung ist ganz einfach, sie besteht nämlich in der Leerheit dieser fünf Daseinsgruppen. Diese Daseinsgruppen bestehen nur im relativen Bewusstsein, in der absoluten Wirklichkeit kommt ihnen keinerlei Dasein zu, wie überhaupt in der absoluten Wirklichkeit jeder Begriff, jede Beschreibung unzutreffend ist.

Ich vermute einmal, dass Sie beim Lesen dieses Buches nicht stehen, sondern sitzen, und weiter vermute ich, dass Sie Ihre

Augen benutzen, um die vor Ihnen liegenden Buchstaben zu erkennen. Sind es jetzt Ihre Augen, die diesen Text verstehen? Wahrscheinlich wird jeder denken: »Natürlich bin ich es, der diese Zeilen liest, meine Augen sind schließlich nur der Vermittler der optischen Informationen.« Dann möchte ich Sie weiter fragen, wo sich Ihr »Ich« befindet? Ist es vielleicht im Gehirn und setzt dort die optischen Reize der Augen in brauchbare Informationen um? Allem Anschein nach ist dieses »Ich« wohl nicht zu lokalisieren und nicht einmal vollständig zu definieren, und trotzdem haben wir eine nicht zu leugnende und sehr massive Empfindung unseres »Ich«.

8 Die drei Welten – oder eine Welt mit drei Aspekten

Bei einem *Sesshin*, also einer intensiven Meditationseinheit, kommt in der Regel das Hindernis der Schläfrigkeit häufig vor, und nicht selten hört man den oder die Übungsleiter/in die Ermahnung: »Nicht schlafen« in die schweigende Runde der Meditierenden donnern. Jeder der Meditierenden kämpft nach einer gewissen Weile gegen den Schlaf an, und der mahnende Weckruf des Leiters der Meditation, vielleicht sogar das Knallen des Weckstabes, ist eine Hilfe für die Praktizierenden. Hin und wieder schläft man jedoch trotzdem für den Bruchteil einer Sekunde ein, und das ist auch völlig in Ordnung, solange man den Kampf gegen den Schlaf nicht aufgibt. Dieser Kampf ist sogar sehr notwendig, um ins richtige *Samādhi* zu kommen, das heißt in die Versenkung des Geistes. Bis wir das geschafft haben, müssen wir immer wieder gegen den Schlaf ankämpfen, und das ist eine recht beschwerliche Angelegenheit. Aber unser Übungsleiter, der *Jikijitsu*, hilft uns dabei, und wenn wir es dann schließlich geschafft haben, dann sehen wir, dass seine oder ihre Worte, so hart sie auch klingen mögen, eigentlich Worte der reinen Liebe waren.

Wir sollten beim Fortschritt unserer Zen-Übung immer mehr dahin kommen, dass wir die Dinge nicht mehr nur nach einer Sichtweise beurteilen, sondern sollten im Gegenteil von Anfang an versuchen, gleichzeitig auch das Gegenteil in ihnen zu sehen. Das hilft nicht nur, Vorurteile abzubauen, es bereitet uns auch darauf vor, einen direkten Einblick in die Wirklichkeit zu bekommen, und der ist für die Erleuchtung unverzichtbar, ja er bildet sogar ein wesentliches Merkmal der Erleuchtung.

Wir werden uns jetzt näher mit den drei Bereichen befassen, die der buddhistischen Überlieferung nach die ganze Welt bilden. Diese drei Bereiche sind der Bereich der Begierde, der Bereich der reinen Form und schließlich der Bereich der Formlosigkeit. Man bezeichnet die drei Bereiche auch als die drei Welten, zum Ersten zur rein technischen Unterscheidung der Welt in drei Ebenen und zum Zweiten, um klarzumachen, dass die Bewohner dieser Welten teilweise gar keine Ahnung von der Existenz der anderen Bereiche haben.

Sie existieren nicht als gegenständlich vorhandene Daseinsbereiche, sondern sind eher Bereiche des Bewusstseins. Den weitaus größten Bereich bildet der *Bereich der Begierde*, der unser normaler Aufenthaltsort als gewöhnlicher Alltagsmensch ist, und normalerweise haben wir keine Ahnung von den anderen beiden Welten. In dieser Welt herrscht der Profit und das Gewinnstreben, und unsere vorrangigste Lebensaufgabe ist es, noch mehr Geld zu erwirtschaften. Unser ganzes Streben ist darauf gerichtet, mehr Wohlstand als unser Nachbar zu erzielen, wir wollen den attraktivsten Lebenspartner haben, und unser gesellschaftlicher Einfluss sollte möglichst groß sein. Unser Lebenserwerb bringt so viel Geld ein wie möglich, und wir möchten von der ganzen Welt beneidet werden wegen unseres großzügigen Lebenswandels und unserer schier unbegrenzten finanziellen Reserven. Wir möchten ein tadelloses Äußeres haben und tun alles dafür, dass auch der Körper unseren Vorstellungen von Perfektion entspricht. Wir bemühen uns um die Anerkennung durch unsere Mitmenschen und nehmen bereitwillig Qualen auf uns, um dem allgemeinen Schönheitsideal zu entsprechen.

So verbringen wir den Großteil unseres Lebens mit dem Erreichen von Zielen, die nur auf dieses gegenwärtige Dasein gerichtet sind, ja sogar von Zielen, die sich nur auf einen eng begrenzten Zeitabschnitt beziehen. Und bei diesem Bemühen vergeht die Zeit immer schneller, irgendwann kommt vielleicht die Frage auf, wozu das alles nutze sein soll, und in Zeiten des Nichtstuns kommen fast depressive Zustände auf, die wir mit immer ausgeklügelteren Zeitvertreiben zu beseitigen versuchen. So werden unsere Hobbys immer teurer, und wir brauchen immer mehr Geld, um bloß nicht ins Grübeln zu verfallen.

Dieser Kreislauf geht endlos so weiter, bis wir vielleicht plötzlich, durch einen Unfall etwa oder durch ein unvorhergesehenes Ereignis wie den Tod eines nahen Verwandten, die Frage nach dem Sinn nicht mehr verdrängen können. Bis zu diesem Moment ist uns nicht im entferntesten in den Sinn gekommen, dass es vielleicht noch ganz andere Daseinsbereiche außer dieser Welt der Zweckdienlichkeit gibt.

Zweckdienlichkeit ist das Schlüsselwort in dieser Welt, denn wenn wir für eine Handlung keinen Zweck nennen können, dann können wir zumindest in große Schwierigkeiten geraten, wenn nicht sogar für verrückt erklärt werden. Alles dient hier einem Zweck, und sei es nur der, dass diese Handlung oder dieser Zeitvertreib uns von den Sorgen des Alltags ablenken soll. Die heute überhandnehmende Umweltverschmutzung ist ebenso auf die Spielregeln dieses Daseinsbereiches zurückzuführen wie die Ausbeutung der Naturreserven. Unsere alltäglichen Existenzängste gehören ebenso in diesen Daseinsbereich wie der überhebliche Stolz, wenn wir das Fünffache von dem verdienen, was eine Familie am Existenzrand dieser Gesellschaft zur Verfügung hat. Mit einem Fachbegriff wird diese Welt als *Kāmadhātu* bezeichnet, was nichts anderes heißt als der Begierdebereich. Dieser Bereich ist nicht nur in der hochtechnisierten westlichen Welt vorhanden, sondern genauso in Staaten mit niedrigem Bruttosozialprodukt. Nach den Regeln dieses Spiels funktioniert unser ganzes Leben, und es ist äußerst schwer, sich unter den sogenannten normalen Umständen von diesen Regeln zu befreien, ja ohne geistige Übung ist es nahezu unmöglich.

Wenn wir diese Spielregeln aber erkannt haben, entweder durch das Hören einer Belehrung oder indem wir etwas darüber gelesen haben, wird uns immer klarer, dass es etwas Tiefergehendes geben muss. Es entsteht vielleicht eine Ahnung, dass wir durch Meditation ganz anderes kennenlernen können, und schließlich fängt man an zu meditieren, allerdings erst mit sehr mäßigem Erfolg. Wenn wir längere Zeit die Meditation erlernen wollen, ohne einen kompetenten Lehrer zu Rate zu ziehen, dann ist das wie der Versuch, Autofahren zu lernen, ohne in die Fahrschule zu gehen. Es kann funktionieren, allerdings ist die Gefahr sehr groß, in einen Unfall verwickelt zu werden, besonders in der Anfangszeit. Und für höhere Ziele wie z. B. einen Taxischein zur Personenbeförderung werden wir niemals zugelassen.

Meditation ist das einzige Mittel, um diese Welt, diesen Daseinsbereich der reinen Form, gründlich kennenzulernen. Zwar gibt es noch einen anderen Zugang zu diesem Bereich, er ist allerdings nur vorübergehender Natur. Dieser Daseinsbereich trägt den Namen *Welt der reinen Form*, der Fachbegriff dafür ist *Rūpadhātu*, und hier herrschen ganz andere Regeln als im Begierdebereich. Hier gibt es keinerlei Habenwollen und keine Abneigung, die Bewohner dieser Welt gehen mit vollkommenem Respekt miteinander um, und sie sehen sich so an, als wären sie Erscheinungen aus reinem Licht. Es entstehen keine getrübten Emotionen zwischen ihnen, und Begegnungen laufen in völliger Harmonie und Gelassenheit ab. Es herrscht keinerlei Konkurrenzkampf zwischen ihnen, und eine Beziehung ist stets frei von sexueller Begierde. Wer auch nur einmal einen Blick in diesen Daseinsbereich erhaschen konnte, der weiß, was Freiheit und was Glück bedeutet, und er versucht mit allen Mitteln, wieder dahin zu kommen. Wenn er oder sie jedoch nicht weiß, dass nur das Mittel der Meditation ihn oder sie wieder dahin bringen kann, dann ist der Versuch zum Scheitern verurteilt.

Der zweite Zugang, von dem ich eben sprach, ist der Zugang über die Kunst, wie z. B. die Malerei oder auch die Musik. Die intensive Beschäftigung mit einem Kunstwerk oder einem Musikstück bringt den Künstler teilweise in diesen Versenkungszustand, der unweigerlich mit Glück und Zufriedenheit verbunden ist. In diese Welt kommt man erst, wenn man das alltägliche Denken hinter sich gelassen hat und in einem völlig wachen geistigen Zustand ist. In diesem Zustand spielt der Lebenserwerb, also das Geldverdienen, keine Rolle mehr, und auch Gedanken an Ruhm und Ehre sind hier nicht mehr vorhanden. Der Aufenthalt in diesem Daseinsbereich ist jedoch sofort beendet, sobald die Beschäftigung mit dem Kunstwerk aufhört, und der Künstler fällt umgehend wieder in den Begierdebereich. Auch für ihn oder sie gilt, dass ein dauerhafter Aufenthalt nur durch die Meditation möglich ist, da man nur in ihr lernt, das alltägliche Denken hinter sich zu lassen. Allerdings üben Kunstwerke, die in diesem Bereich geschaffen wurden, auch auf den Betrachter einen unnachahmlichen Reiz aus, und Sie können sich sicher an Werke oder auch Musikstücke erinnern, die Ihnen eine Gänsehaut verursacht haben. Diese Meisterwerke der Kunst haben eine derartige Macht und Tiefe, dass es einem fast den Atem verschlägt, und wir fragen uns, woher sie diese Kraft der Berührung haben. Es ist die Kraft, die sie aus dem Bereich der reinen Form beziehen, der über jede egoistische Äußerung hinausgeht. Es ist der Bereich, in dem fernab jeder Gier und jedes Habenwollens sich die Dinge so präsentieren, wie es ihrem eigenen Wesen entspricht, ein wahrhaft erhabenes Dasein. Aber es ist ist noch nicht das Ende des Weges, denn es kommt noch ein dritter Bereich.

Es ist der *Bereich der Formlosigkeit*, der die Bezeichnung *Arūpadhātu* trägt, ein Bereich, der keinerlei materielle Gestalt hat und der über alle Formen und über alles Sichtbare hinausgeht. Obwohl es hierüber durchaus andere Meinungen gibt, gehören alle göttlichen Erscheinungen und alle Wesen der religiösen Welt in den Bereich der Formlosigkeit. Mit Meditation können wir uns ebenso in diesen Daseinsbereich versetzen, allerdings setzt es einige Erfahrung in den Versenkungsstufen voraus, auf die ich im weiteren Verlauf noch näher eingehen werde; an dieser Stelle sei nur so viel verraten, dass diese Meditationen zu den unkörperlichen Versenkungsstufen gehören.

In diesem Daseinsbereich sind der Erscheinungsform der Wesen keinerlei Grenzen gesetzt, und ob sie einen Kopf und zwei Arme haben oder elf Köpfe und tausend Arme, spielt überhaupt keine Rolle. Auch ihre Wandelbarkeit ist schier unbegrenzt, sie können sich teilweise von einer Gestalt in eine andere verwandeln und brauchen dafür nicht mal die Zeit eines Augenblicks. Wenn wir uns in diesem Bereich bewegen, ist ein Körper, der sich aus materiellen Komponenten zusammensetzt, viel zu schwerfällig, und er wird den Anforderungen dieses Bereiches kaum gerecht. Wir müssen also lernen, unseren Leib aus Fleisch und Blut zu verlassen und uns einen Körper zuzulegen, der nur aus Licht und Bewusstsein besteht. Dieser neue Körper unterliegt nicht mehr den schwerfälligen Bedingungen der gegenständlichen Welt, und wir können mit ihm sehr viel ungehinderter und schneller vorwärtskommen als mit unserem alltäglichen menschlichen Körper. Wenn wir gelernt haben, uns völlig frei in diesem Bereich der Formlosigkeit zu bewegen, kommt uns das Dasein in der materiellen Welt mit einem Leib, der 85 kg wiegt und 1,82 Meter groß ist, als äußerst hinderlich vor. In der Welt der Formlosigkeit gibt es nicht das Bedürfnis, sich ablenken zu müssen oder die Zeit zu vertreiben, denn auch die Zeit unterliegt hier anderen Maßstäben als den normal menschlichen. Die Wesen in diesem Bereich sind nach menschlichen Vorstellungen von unermesslich langer Lebensdauer, und ihnen selber kommt es so vor, als ob sie niemals sterben würden. Sie haben nicht mehr das Verlangen nach körperlicher Nähe, wenngleich sie auch durchaus sexuelle Beziehungen haben können. Es ist der Bereich der göttlichen Welten im Buddhismus, der hier geschildert wird. Die Meditation in den unkörperlichen Versenkungsstufen führt also direkt in die himmlischen Welten, und genau das macht ihren Reiz aus. Wenn schon der Bereich der reinen Formen ein großes Maß an Glück und Zufriedenheit für den Meditierenden bereithält, so ist das Glück in diesem Bereich der Formlosigkeit mit nichts mehr zu vergleichen.

Es muss jedoch gesagt werden, dass diese drei Welten bzw. diese drei Daseinsbereiche immer noch zur Ebene des Daseins gehören, dem Leiden und der Vergänglichkeit angehören und nichts mit der Erleuchtung zu tun haben. Aus diesem Kreislauf des Leidens und der Unzufriedenheit kann man sich erst befreien, wenn man den Kreislauf in seiner Gesamtheit erkannt hat und einen der zwei Auswege daraus wählt. Diese Auswege haben nichts mit dem körperlichen Tod zu schaffen, denn der Tod ist nichts weiter als eine symbolische Drehtür in ein neues Dasein und somit kein Ausweg aus dem Leiden, das gilt ebenso auch für den Selbstmord. Im Gegenteil verstärkt der Selbstmord das Leiden sogar noch, da er immer mit einer gehörigen Portion an Aggression verbunden ist, die sich in der nächsten Existenz auswirken wird. Der bzw. die Auswege aus dem Existenzkreislauf bieten nur die beiden Erleuchtungen, und zwar die Erleuchtung des *Kleinen Fahrzeugs* und die Erleuchtung des *Großen Fahrzeugs*. Die beiden Formen der Erleuchtung sind im *Shōjō-Zen* und im *Daijō-Zen* vorhanden, und als Zusammenfassung der beiden natürlich auch im *Saijōjō-Zen*, also der Meditation eines Buddha.

Unterhalb dieser Versenkungsstufen kann man zwar die Meditation in allen drei Daseinsbereichen genießen, aber es ist nicht möglich, sich aus dem gesamten Kreislauf des Leidens, also aus *Samsāra*, zu befreien, das ist frühestens möglich, wenn man die Meditation des Kleinen Fahrzeugs praktiziert.

Wenn wir uns mit einem Buch wie »Zen-Buddhismus Schritt für Schritt« beschäftigen, haben wir zunächst einmal keine andere Möglichkeit, als es mit unserem gewöhnlichen Alltagsgeist zu interpretieren, der in den seltensten Fällen frei von Bewertungen und Urteilen ist. Und vor allen Dingen ist er nicht frei von der Angewohnheit, dualistisch und damit in Gegensätzen zu denken. Allein schon die Annahme, dass es ein Ich gibt, das denkt, beinhaltet die Vorstellung von allem, was nicht zu diesem Ich gehört, seien es nun andere Menschen oder das ganze restliche Universum, das nicht zum Ich gehört.

Als normaler Mensch gerät man zumindest in Argumentationsschwierigkeiten, wenn man für bestimmte Handlungen keinen vernünftigen Grund, um nicht zu sagen: Zweck, angeben kann. Kurz gesagt gibt es in dieser Welt der Begierde oder der Zweckmäßigkeit für alles einen mehr oder weniger vernünftigen Grund, und diese Welt ist nach ihren eigenen Maßstäben auf ständiges Wachstum ausgerichtet – »Stillstand ist Rückschritt«. Für uns Menschen und die gesunde Volkswirtschaft gibt es nicht den geringsten Zweifel daran, dass das Spiel des Lebens so funktioniert. Auf der Grundlage dieser von Gewinn und Vermeidung von Verlust bestimmten Weltsicht, die sehr viel mehr beinhaltet als nur eine bloße Theorie oder eine gedankliche Konstruktion, denn auch das gesamte Tierreich wird davon beherrscht, entstehen alle Konflikte in dieser Welt, wenn die Interessen einzelner Individuen oder Gruppen aufeinanderprallen.

Nach der buddhistischen Lehre ist diese Welt der Begierde aber nicht der einzige Daseinsbereich, in dem man sich aufhalten kann, denn gleichzeitig gibt es auch noch die Welt der reinen Formen und die formlose Welt, genannt *Rūpadhātu* und *Arūpadhātu*. Diese Welten sind für deren Bewohner genauso real, wie unsere wirtschaftlich orientierte Welt es für uns ist, außerdem ist es sogar für uns möglich, Zugang zu diesen beiden Welten zu erlangen. Ein für viele gangbarer Weg in die Welt der reinen Formen Rūpadhātu ist, wie schon weiter vorn (Seite 60 f.) erwähnt, die Beschäftigung mit der Kunst.

Arūpadhātu, die formlose Welt, ist rein geistiger Art jenseits jeglicher Darstellung und definierbaren Formen und gehört für uns alltagsorientierte Menschen grob vereinfacht in den Bereich der Mystik und der Religionen. In diesem Daseinsbereich haben wir es mit Wesen zu tun, die an keinerlei körperliche Existenz mehr gebunden sind. Ob wir diese Wesen nun als Götter bezeichnen wollen oder den einen Gott, der keine anderen Götter neben sich kennt, oder vollkommen wertungsfrei auch als Geister, bleibt uns überlassen. Ich vermute sogar, dass viele Menschen die Existenz einer solchen Welt schlichtweg ablehnen oder für ausgemachte Spinnerei halten. Nach buddhistischer Vorstellung sind diese drei Welten nicht scharf voneinander getrennt, sondern existieren sozusagen ineinander, wenn man so will als eine Art von Parallelwelten.

Da die Buddhisten sich im Gegensatz zu einigen anderen Religionen nicht mit Glauben zufriedengeben, haben sie im Laufe der Jahrtausende Methoden entwickelt, um die Existenz dieser Welten zu erforschen und Zugang zu ihnen zu bekommen; diese Methoden werden bei uns zusammengefasst einfach als Meditation bezeichnet. Sie besteht in der Entwicklung der Einspitzigkeit des Geistes, die auch als Samādhi bezeichnet wird. Wie schon erwähnt ist das letztendliche Ziel der Buddhisten nicht der Aufstieg in diese Welten mit der Erwartung eines dauerhaften Aufenthaltes im Paradies oder im Reich Gottes, sondern das unumstrittene Ziel ist die wirklichkeitsgemäße Erkenntnis aller Daseinszusammenhänge. Ein vor allem bei uns im Westen weit verbreiteter Irrtum ist, das der Buddhismus angeblich keine Götter kennen würde und sich eigentlich eher auf der Ebene einer durch Meditation und Entspannungsübungen unterstützten Erkenntnisphilosophie bewegen würde. Die Erkenntnis der allgemeinen Daseinszusammenhänge macht im Buddhismus auch nicht vor dem Bereich der Götter halt, ganz im Gegenteil ist eine umfassende Erkenntnis nur denjenigen möglich, die auch in der Lage sind, die Bereiche des formlosen Geistes zu betreten. Für viele theistisch geprägte Menschen mag es vielleicht arrogant, wenn nicht gar lästerlich klingen, aber der Buddha wurde und wird in den asiatischen Ursprungsländern als Lehrer der Menschen und der Götter bezeichnet. Nun mag man sich fragen, was Gott denn noch lernen sollte, und die einfach klingende Antwort darauf lautet: die Vergänglichkeit, und hier besonders seine eigene.

Obwohl diese drei Welten ineinander enthalten sind, ist es nicht möglich, die Erscheinungen und Geschehnisse in der einen Welt mit den Maßstäben einer anderen Welt zu interpretieren oder auch nur zu verstehen. Darin besteht unter anderem die große Schwierigkeit, einem Menschen, der keinerlei Erfahrung in der Meditation hat, zu erklären, was in der Meditation überhaupt geschieht und welchem Zweck sie dient.

Das einfache Sitzen wird im Zen-Buddhismus als *Shikantaza* bezeichnet und bedeutet schlicht und einfach »nur sitzen«. Von außen betrachtet sieht dieselbe Handlung absolut identisch aus, der Meditierende jedoch erfährt einen völlig anderen Daseinsbereich, der nicht mehr mit den Begriffen der Zweckdienlichkeit zu beschreiben ist. Im äußerlichen Zen ist dies das letzte Stadium der spirituellen Entwicklung und äußert sich in einem extrem geschmackvollen Erscheinungsbild, in dem sehr viel Wert auf die Einhaltung der exakten Form und das stundenlange Sitzen in schweigender Zufriedenheit gelegt wird. Für Menschen mit hoher spiritueller Begabung geht der meditative Weg allerdings weiter in die Bereiche der formlosen Meditation, in denen es keinerlei materieller Grundlage und ästhetischer oder ritueller Vorschrift und Begrenzung mehr bedarf und in der das reine Dasein erlebt wird. In diesen hohen Bereichen der Meditation wie auch schon im Bereich der reinen Form gibt es keinerlei geistige oder körperliche Unzulänglichkeiten mehr, geschweige denn so grobe Geistesgifte wie Gier oder Hass. Wer diese Bereiche einmal erfahren hat, weiß, was Glück bedeutet. Durch ebendiese Abwesenheit jeglichen Leidens und jeglicher Unzufriedenheit begehen Meditierende manchmal den Fehler, diese Zustände für die endgültige Befreiung und vollständige Erleuchtung zu halten, und es wird außer Acht gelassen, dass diese Zustände nach Beendigung der Meditation früher oder später wieder vergehen. Eine nicht unbeträchtliche Aufgabe auf dem spirituellen Weg besteht somit darin, den Unterschied zwischen meditativen Versenkungsstufen und definitiver Erkenntnis zu klären.

Äußerlich betrachtet vollzieht sich auf dem Zen-Weg keine großartige Entwicklung, man beginnt mit der Meditation in

Stille, dem Zazen, und nach vielen Jahren sitzt man immer noch, einfach nur so. Innerlich jedoch hat sich ein Wandel vollzogen, der sich jeglicher Beschreibung entzieht. Meditierende, die in der Lage sind, immer wieder durch diese Versenkungsstufen zu gehen, ohne an ihnen anzuhaften, und bildlich gesprochen immer wieder mit den Füßen auf den Boden kommen, werden im weiteren Verlauf ihrer Entwicklung mit zunehmend verantwortungsvolleren Posten innerhalb der spirituellen Gemeinschaft Sangha betraut.

Der Weg des Zen besteht nicht darin, aus der Rolle des Schülers zu schlüpfen und sich dauerhaft als Meister zu etablieren, auch wenn ein Ausgleich eventuell vorhandener Persönlichkeitsdefizite im einen oder anderen Fall durchaus sinnvoll sein kann. Ein in diesem Sinne falsch verstandenes »Zen-Training« kann leicht zu einer Art spirituellem Größenwahn und zur Machtbesessenheit führen unter dem Deckmantel der Kultivierung der sogenannten Samurai-Tugenden. Das Ziel der Zen-Praxis ist niemals ein bloßer Austausch der Rollen oder gar ein Aufstieg in der Hierarchie, sondern immer die Anerkennung und Verwirklichung der Universalität. Mein japanischer Zen-Meister Saidan Ōi Rōdaishi hat zur Verdeutlichung dieser grenzenlosen Freiheit einmal gesagt: »In Germany you are host and I am guest, in Japan I am host and you are guest.« Es geht im Zen also auch nicht darum, sich aus jeglichen relativen Beziehungen hinauszustehlen und einen quasi übergeordneten spirituellen Standpunkt der vermeintlichen Erleuchtung einzunehmen. Es geht vielmehr um die handfeste wirkliche Erleuchtung in dieser Welt mit all ihren vielschichtigen Beziehungsgeflechten und der gleichzeitigen Erkenntnis und dem Wissen um das eigene Ungebundensein an diese Welt. Mit dieser Erkenntnis ist es ein Leichtes, in jedem Bereich der Begierde, in der Welt der reinen körperlichen Erscheinung sowie in der Welt des unkörperlichen Daseins, ganz nach Belieben zu erscheinen und wieder zu verschwinden, ohne die geringste Spur zu hinterlassen.

Hier haben wir es mit dem gründlichen Irrtum der allermeisten Buddhisten zu tun, dass es nämlich einen Bereich außerhalb der drei Welten gäbe, der die endgültige Freiheit verspricht. Die letztendliche Befreiung liegt ausschließlich in der Bewusstwerdung dieser drei Bereiche. Dass das alleinige Heil nicht im Bereich der sinnlichen Begierden zu finden ist, sollte jedem Menschen schon klar sein, aber wenn wir den Bereich der reinen Formen ohne Anhaftung und Ablehnung noch dazunehmen sowie den Bereich der Formlosigkeit, in dem es gar keine Beschränkungen mehr gibt, dann ist doch genug Platz für ein Leben in völliger Freiheit. Und dazu brauchen wir nicht mehr die Vorstellung eines Buddha oder das Hilfsmittel des Dharma, der endgültig aus diesen drei Bereichen herausführt. Das Heil liegt definitiv hier in dieser Welt und nicht in irgendeiner anderen!

Wenn wir mit Hilfe der Achtsamkeit bei der reinen Wahrnehmung bleiben, beim Essen eines Apfels also nur beim Schmecken oder beim Betrachten eines Bildes nur beim Sehen, dann haben die beiden Geistesgifte der Gier und der Ablehnung keine Chance, unser ursprünglich reines Bewusstsein in Beschlag zu nehmen. Allein durch diese Achtsamkeit verlieren unsere erworbenen und angewöhnten Konzepte und Meinungen an Kraft, und wir erziehen uns mehr und mehr zu einer direkten Wahrnehmung der Wirklichkeit. Es ist lediglich der Kritiker und Skeptiker in uns, der es einfach nicht sehen will.

Die drei Bereiche sind, um es noch einmal mit anderen Worten zu sagen, der Bereich der Gier, der Bereich der reinen Formen und der formlose Bereich. Der Bereich der Gier (Sanskr. *Kāmadhātu*) ist der uns gewohnte menschliche Bereich, in dem jede Handlung und jede Aktivität einem bestimmten Zweck dient, auch wenn uns dieser Zweck nicht immer bewusst ist. Im Bereich der Gier geht es ständig darum, irgendwelche Ziele zu erreichen und jeden möglichen Vorteil zu ergattern und selbstverständlich alles Erdenkliche zu unternehmen, um Nachteile zu vermeiden und Widersacher zu bekämpfen. Der Bereich der reinen Formen (Sanskr.

Rūpadhātu) hat nichts mehr mit Gier und Ablehnung zu tun, und es gibt hier keinerlei störende Emotionen, sondern nur noch reine Erscheinungen. Dieser Bereich ist die erste glückselige Erfahrung in der Meditation, in der alle geistigen und emotionalen Störfaktoren verschwinden und alle Dinge in einem bis dahin nie gekannten Glanz erstrahlen. Der Bereich der Formlosigkeit (Sanskr. *Arūpadhātu*) schließlich bezeichnet das ganze Spektrum des nicht-mehr-materiellen Daseins, in dem Erscheinungen, wenn überhaupt, nur noch als Energien, als Licht und geistige Wesenheiten, existieren. Die Wahrnehmung dieses Bereiches bildet die Spitze der Zustände, die in der Meditation erlangt werden können. Sie ist vom gewohnten menschlichen Bewusstsein aus betrachtet eine ziemlich erhabene Angelegenheit.

Obwohl viele spirituell orientierte Menschen ihr Heil im Bereich der Form und der Formlosigkeit suchen, geben die Zen-Meister zu bedenken, dass es auch dort keine Aussicht auf endgültige Befreiung gibt. Denn selbst die erhabensten Zustände haben einfach aufgrund der Tatsache, dass sie durch Bedingungen hervorgebracht wurden, den Nachteil, dass sie wieder enden werden, sobald die entsprechenden Bedingungen wieder verschwinden. In Bezug auf die Meditation bedeutet dies, dass jeder glückselige Zustand wieder verschwindet, sobald die Meditation ihre Wirkung verliert. Als Richtwert hat sich hier herausgestellt, dass kein meditativer Zustand länger als 49 Tage aufrechtzuerhalten ist. Wer also endgültige Befreiung sucht, wird sie nicht durch andauernde meditative Praxis finden. Obwohl Meditation natürlich eine stets zugängliche Quelle der Ansammlung von Energie und glückseligen Zuständen ist und als solche auch durchaus intensiv genutzt werden kann. Die dauerhafte Befreiung allerdings ist ausschließlich ein Akt der spontanen und allgegenwärtigen Erkenntnis, und zwar der Erkenntnis der Leerheit aller Erscheinungen, aller Phänomene wie auch aller Zustände. Und selbst die Leerheit ist leer von sich selber, oder anders ausgedrückt, leer von inhärenter Existenz.

9 Acht Versenkungsstufen

Viele Menschen sind der Meinung, dass es bei der Meditation darum geht, nichts mehr zu denken und den Geist von seinen gesamten Inhalten zu entleeren. Einmal ganz davon abgesehen, dass es Geist ohne Inhalte gar nicht gibt bzw. der Geist und seine Inhalte identisch sind, versuchen sie im Laufe ihrer vermeintlichen meditativen Praxis, die Inhalte ihres Geistes wie die Gedanken und auch die aufkommenden Gefühle zu bekämpfen und aus dem Bewusstsein zu verbannen. Das Ende einer derartigen Praxis wäre folgerichtig ein Geist bzw. ein Bewusstsein ohne Inhalte, und so ein Geist ist tot! Das tatsächliche Ergebnis dieser Praxis des sogenannten »Leichen-Zen« ist aber, dass die davon besessenen Menschen früher oder später die Meditation ganz einstellen. Jeder Kampf gegen die eigenen Gedanken und Gefühle ist von vornherein zum Scheitern verurteilt, weil genau durch diesen sinnlosen Kampf die Störungen der Gedanken und Gefühle noch weiter angestachelt werden. Der Geistesblitz »Ich will nicht mehr denken« ist bekanntlich selber ein Gedanke. Gedanken und Gefühle sind kein Hindernis in der Meditation, sondern ganz im Gegenteil ein extrem schnelles Fahrzeug hin zur Erleuchtung. Wenn man sie erst einmal so akzeptiert, wie sie sind, und dann auch noch geschickt zu nutzen weiß.

Ich habe eben von den Versenkungsstufen gesprochen, und hier speziell von den unkörperlichen Stufen. Es gibt von diesen Versenkungsstufen insgesamt acht Stück, von denen vier zur körperlichen Gruppe gehören und vier zur unkörperlichen Gruppe.

Die vier körperlichen Versenkungsstufen sind:

1. Gedankenfassung
2. Freude
3. Glück
4. Gleichmut

Die unkörperlichen Versenkungsstufen sind:

5. Raumunendlichkeit
6. Bewusstseinsunendlichkeit
7. Nicht-Irgendetwasheit
8. Weder-Wahrnehmung noch Nicht-Wahrnehmung

Besonders die vier unkörperlichen Versenkungszustände mögen vielleicht beim ersten Lesen etwas unverständlich erscheinen, aber lassen Sie mich einige Worte dazu sagen. Wir fangen mit den körperlichen Versenkungsstufen an, und zwar mit der Gedankenfassung. Bevor ich jedoch damit beginne, ist es nötig, etwas zur Entstehung des Wortes *Zen* zu sagen, denn dieses Wort bezeichnet eigentlich nichts anderes als Meditation bzw. die Versenkung in Stille. Das Wort *Zen* entstammt dem chinesischen Substantiv *Chán'nǎ*, das gekürzt wurde zu Chán (*Ch'an*), und dieses Wort ist eine Übernahme des Sanskrit-Wortes *Dhyāna*, das »Sammlung des Geistes« bzw. »Versenkung« bedeutet.

Zen ist demnach die Lehre vom Gang durch die Versenkungsstufen, angefangen von der Gedankenfassung bis hin zur Weder-Wahrnehmung noch Nicht-Wahrnehmung. Wir praktizieren im Zen also den Weg durch die Versenkungsstufen, wobei zu sagen ist, dass wir diese Stufen nicht erst erlernen müssen. Sie sind von Natur aus in unserem Geist vorhanden, nur kommen wir im Trubel unserer ständigen Gedanken gar nicht dazu, sie überhaupt unterscheiden zu können, und deswegen nehmen wir sie in der Regel auch gar nicht als solche wahr. Der Weg durch die Versenkungsstufen, ich könnte auch sagen: der Weg in die Meditation, ist eigentlich ein reines Entspannen und Zur-Ruhe-kommen-Lassen des Geistes, es ist eigentlich nur ein Loslassen von gröberen geistigen Inhalten hin zu immer feineren. Der fortgeschrittene Zen-Schüler oder die Zen-Schülerin lernt im Laufe der Zeit immer mehr, sich willentlich und bei vollem Bewusstsein in einen dieser Meditationszustände zu begeben und darin auch zu bleiben, solange sie oder er es möchte. Er gewinnt immer mehr Sicherheit hierin und kommt schließlich in den Zustand, den man als *Samādhi* bezeichnet und der nicht mehr von den fünf Hindernissen getrübt ist. Ab jetzt bleibt er größtenteils in diesem Zustand und wechselt nur noch die Versenkungsstufen, es sei denn, er begibt sich zum Zweck der Belehrung anderer Wesen in eines von den fünf Hindernissen.

Beginnen wir also jetzt mit der Versenkungsstufe der Gedankenfassung, denn sie ist die erste der acht Stufen und hat noch am meisten gemein mit dem normalen Alltagsbewusstsein. Diese Stufe wird mit dem Fachbegriff *Vitakka-vicāra* bezeichnet, was so viel bedeutet wie »Gedankenfassung und Diskursives Denken«, wobei die Gedankenfassung einen besonderen Gedanken erfasst und das Diskursive Denken das geistige Umherschweifen im Anschluss an den Gedanken beschreibt. Es ist die Aufmerksamkeit auf ein bestimmtes geistiges Objekt, das betrachtet wird wie das Anschlagen einer Glocke und das anschließende Verklingen derselben. Oder man betrachtet den Gedanken wie eine Wolke, die am Horizont erscheint und sich dann langsam auflöst und schließlich vollkommen verschwindet, oder wie eine Person auf einem belebten Marktplatz, die man beobachtet und die dann in der Menge untertaucht.

Gedankenfassung funktioniert im Prinzip mit jedem Gedanken, jedoch sollte man zur Einübung solche Gedanken auswählen, die sich mit angenehmen und harmonischen Dingen beschäftigen. Später kann man jeden Gedanken hierfür wählen, und die Konzentration wird ihr Objekt nicht mehr verlieren, was zu Anfang noch sehr schwierig sein wird. Mit Gedanken sind in diesem Zusammenhang auch Gedanken an Gefühle sowie jede geistige Widerspiegelung von Objekten der Außenwelt gemeint, und man sollte sich jeder Bewertung der Gedanken enthalten. Hat man die Gedankenfassung eine Zeitlang praktiziert, kann man in die zweite Stufe der Versenkung eintreten.

Diese Stufe trägt den Namen *Pīti* und bedeutet wörtlich »Interesse«, »Begeisterung«, »sympathische Anteilnahme« und »Verzückung«, und es ist die Freude, die entsteht, wenn das Diskursive Denken zur Ruhe kommt. Aber es ist damit auch jeder Zustand gemeint, der mit einer wohlwollenden und freudigen Geisteshaltung verbunden ist. Wenn wir uns mit diesem Versenkungszustand beschäftigen, wird genau dadurch unsere gesamte weitere Existenz von einer freudigen Grundstimmung durchstrahlt, und unser Leben wird immer mehr mit Freude erfüllt. Wir werden mit der Zeit immer unabhängiger von emotionalen Zuständen und gewinnen eine innere Freiheit, die mit nichts auf der Welt zu vergleichen ist. Diese Freude wirkt sich auch auf unsere nächsten Wiederverkörperungen aus, indem wir uns günstige Bedingungen dafür auswählen. Außerdem bildet dieser Versenkungszustand den wirksamsten Schutz gegen Depressionen, und zudem ist er ohne die Nebenwirkungen von medizinischen Mitteln zu erlangen.

Erreicht wird dieser Zustand, indem wir uns der Freude bewusst werden, die eine reine Gedankenbeobachtung zwangsläufig mit sich bringt, danach erkennen wir immer häufiger die Lücke zwischen den Gedanken, und diese völlige Abwesenheit von Gedankenketten tritt zunehmend öfter auf. Das erfüllt uns mit noch mehr Freude, die dann in der Folge in reine Verzückung übergeht. Dies ist ein Gefühl, das wir zu Beginn nur sehr sporadisch wahrnehmen, das aber im Laufe der Meditation immer häufiger auftritt.

Dieses Gefühl der Freude ist aber immer noch etwas grober Natur, wenn man bedenkt, dass es nur auftritt, wenn die alltäglichen Gedanken zur Ruhe gekommen sind. Es sollte einer weiteren Vertiefung im Laufe des Meditationsprozesses weichen, und genau jetzt kommt die dritte Versenkungsstufe ins Spiel, und die trägt den Namen Glück bzw. Glückseligkeit.

Diese dritte Meditationsstufe trägt die Bezeichnung *Sukha*, was übersetzt »Glück« bedeutet, und ist die einzige Eigenschaft, die ein zur Ruhe gekommener menschlicher Geist hat. Von diesem Geist heißt es: »Ein Gesetz ist es, dass der glückliche Geist sich sammelt.« Dieses Charakteristikum bleibt als letztes und bleibendes Gefühl im Geist des Meditierenden zurück, und es ist sein ausnahmslos einziges Attribut. Es gehört noch zu den körperlichen Versenkungszuständen, denn es hat als Grundlage den menschlichen Körper des oder der Meditierenden, aber es ist nicht mehr durch die Bedingung entstanden, dass das Denken sich beruhigt hat.

Als solches bereitet es den vierten und letzten körperlichen Versenkungszustand vor, und dieser Versenkungszustand hängt nicht mehr an den Glücksgefühlen oder den Leidgefühlen. Es ist eine Meditationsstufe, die vollkommen jenseits dieser Emotionen ist, aber trotzdem völlig klar und geistig präsent. Dieser Zustand ist es, wenn davon die Rede ist, dass der Geist eines Meditierenden vollkommen entspannt im Hier und Jetzt ist. Es ist keinesfalls ein Zustand, in dem alles egal ist, sondern vielmehr ein Zustand, in dem alles mit perfekter geistiger Achtsamkeit wahrgenommen wird.

Diese Versenkungsstufe trägt den Fachbegriff *Upekkhā*, der übersetzt »Gleichmut« bedeutet und der in buddhistischen Zusammenhängen einer der wichtigsten Begriffe überhaupt ist. Er taucht hier in den unterschiedlichsten Zusammenhängen auf, und immer wieder wird der Gleichmut als eine der höchsten Eigenschaften des menschlichen Geistes genannt. Wieso ist das so?

Unser Geist ist normalerweise so sehr damit beschäftigt, positive Inhalte aufzunehmen und negative Inhalte fernzuhalten oder zu verdrängen, dass ein Großteil seiner Aktivitäten nur hiermit beschäftigt ist. Das heißt, dass wir ständig unsere Geistesinhalte bewerten und vor lauter Beurteilungen gar nicht dazu kommen, die vollkommen neutrale Wirklichkeit hinter all diesen Bewertungen zu erkennen. Diese Wahrnehmungsweise, die für gewöhnlich als vollkommen frei von Freude und Leid bezeichnet wird, ist alles andere als langweilig und fade, sie ist von purer Präsenz der Erscheinungen erfüllt und so reich und strahlend, dass wir sie uns gar nicht vorstellen können. Die Vorstellung als solche ist genau das Hindernis, das uns diese Wirklichkeit nicht wahrnehmen lässt und stattdessen unseren Geist nur mit einer Wirklichkeit aus zweiter Hand beschäftigt. Es sind also unsere Vorstellungen, die wir als Allererstes beseitigen müssen, wenn wir den grenzenlosen Gleichmut erfahren wollen, und das ist nicht so einfach, wie es vielleicht klingt. Wie wir dahin kommen, dazu später mehr, zuerst einmal lassen Sie mich noch sagen, dass dieser Gleichmut auch als einer von insgesamt vier himmlischen Zuständen aufgelistet wird sowie als eins von sieben Erleuchtungsgliedern. Auch zu diesen Gruppierungen kommen wir noch an späterer Stelle.

Wir haben also alle leidvollen Hindernisse und alle Geisteszustände, die uns im wahrsten Sinne des Wortes Schmerzen bereiten, hinter uns gelassen und alle freudvollen Meditationsstufen auch noch überschritten und sind jetzt im Bereich angekommen, der über jegliche Unterscheidung erhaben ist. Zugleich haben wir hiermit die Grenze der körperlichen Meditation erreicht und bereiten uns darauf vor, den alltäglichen menschlichen Körper zu verlassen. Mit dem Gleichmut haben wir eine Versenkungsstufe erreicht, in der wir alle Erscheinungen, und ich meine wirklich: alle, mit gleichem Mut und vollkommen wachsam betrachten können, und wir sind mit unserem Geist im Gleichgewicht. Dies ist sozusagen die Grundausstattung, die wir brauchen, um uns in die unkörperlichen Meditationsstufen vorzuwagen, denn die Meditation in diesen Bereichen ist für den Anfänger nicht ganz ungefährlich. Wir sollten darauf achten, dass wir den Weg, den wir ab jetzt gehen, genau in der gleichen Reihenfolge wieder zurückgehen, wenn wir die Meditation beenden. Am besten machen Sie diese Meditationen nicht alleine, sondern suchen sich einen erfahrenen Meditationslehrer, der Ihnen die Fallen in den unkörperlichen Meditationen aufzeigt.

Wir verlassen jetzt also mit unserem Geist den Körper und begeben uns in den Bereich der Raumunendlichkeit, der den Fachbegriff *Ākāsānañcāyatana* trägt. Mit dieser Versenkungsstufe betreten wir die unkörperlichen Meditationen, die diese Bezeichnung tragen, weil sie nicht mehr den menschlichen Körper als Mittelpunkt haben.

Diese Meditationsstufe ist gekennzeichnet durch ein Gefühl der Grenzenlosigkeit im wahrsten Sinn des Wortes, denn es werden hier sämtliche Begrenzungen in Bezug auf den Ort aufgehoben. Man stellt sich erst einmal vor, dass zum Beispiel die Mauern um den Meditationsraum wegfallen, und es wird der grenzenlose Raum in der Stadt oder auf dem umgebenden Land bewusst. Das heißt, wir werden uns eigentlich einer Wirklichkeit bewusst, die genauso Realität ist wie vor der Meditation unsere eingeschränkte Sichtweise. Dann dehnen wir unsere Sichtweise noch weiter aus und werden uns der natürlichen Grenzenlosigkeit unserer Stadt, unseres Landkreises, unseres Bundeslandes, unserer Nation und der ganzen Welt bewusst. Achtsam kommt es in unser Bewusstsein, wie unbegrenzt unser Platz in diesem Sonnensystem ist mit seinen unermesslichen Weiten, die sich über Entfernungen erstrecken, die fast jenseits unserer Vorstellungskraft liegen.

Dann geht es weiter bis zu unserem nächsten Stern, der unvorstellbare vier Lichtjahre von uns entfernt ist, aber nach kosmischen Maßstäben direkt in unserer Nachbarschaft liegt. Weiter geht es mit unserer Vorstellungskraft in eine der beiden Hauptarme unserer Galaxie, der Milchstraße, die einen Durchmesser von unbegreiflichen einhunderttausend Lichtjahren hat. Und weiter geht die Reise in unserer Meditation, und wir werden gewahr, dass unsere Galaxie nur eine von einer unendlichen Anzahl anderer Galaxien ist, deren Zahl noch niemand je gezählt hat.

Damit hat sich unser Geist vollständig in den Bereich der Raumunendlichkeit aufgelöst, und wir sind bereit, in den nächsten Meditationsbereich einzutreten, und das ist der Bereich der Bewusstseinsunendlichkeit. Dieser Bereich trägt den Namen *Viññānañcāyatana* und ist mit der Vorstellung verbunden, dass der unendliche Raum nur im Bewusstsein entsteht, also seine Quelle hier hat. So wie eben der Raum mit seiner Grenzenlosigkeit entwickelt worden ist, findet das alles nur im Bewusstsein des Meditierenden statt, und somit ist auch das Bewusstsein des Meditierenden grenzenlos. Man geht im Zen-Buddhismus davon aus, dass so, wie der Raum unendlich ist, es auch das Bewusstsein ist, und dass es im Prinzip gar keinen Unterschied zwischen dem Raum und dem Bewusstsein gibt. Diese Identität der beiden ist die Grundlage für die sechste Meditationsstufe, die zu den unkörperlichen Meditationen gehört.

Die siebente Versenkungsstufe ist die Stufe der *Nicht-Irgendetwasheit*, auf dieser Stufe haben sämtliche Eigenschaften und Begriffe ihre Gültigkeit verloren. In dieser Versenkungsstufe bzw. Meditationsstufe, die den Fachbegriff *Ākiñcaññāyatana* trägt, gibt es nichts, dass man darüber aussagen könnte. Es wird manchmal auch als *Nichtsheitgebiet* bezeichnet, und man sollte sich davor hüten, dieses Gebiet als reine Abwesenheit von allem aufzufassen. Das Gegenteil ist der Fall. In dieser Versenkungsstufe nimmt man die Fülle aller Erscheinungen und Dinge wahr, man bildet aber keine Vorstellungen mehr von ihnen. Dieser Meditationsbereich ist nebenbei bemerkt der Aufenthaltsort der allermeisten Zen-Buddhisten.

Die achte und letzte Meditationsstufe des unkörperlichen Bereiches ist die Stufe der *Weder-Wahrnehmung noch Nicht-Wahrnehmung*, die den Fachbegriff *Nevasaññā-nāsaññāyatana* trägt. Das ist der absolute Grenzbereich des menschlichen Bewusstseins, in dem sich die unbedingte Erhabenheit des Geistes offenbart. Man kann auch über diesen Bereich nichts mehr aussagen, und alle Worte verlieren hierin ihre Bedeutung. Über diese Versenkungsstufe lässt sich lediglich sagen, dass sie die subtilste Ebene unseres Geistes darstellt. Wir sollten jetzt unbedingt den Weg wieder zurückgehen, den wir gekommen sind, und uns von der Stufe der *Weder-Wahrnehmung noch Nicht-Wahrnehmung* zurück zur Stufe der *Nicht-Irgendetwasheit* begeben. Von hier aus gehen wir zur Stufe der *Bewusstseinsunendlichkeit*, um schließlich in die Stufe der *Raumunendlichkeit* zu kommen. Von der *Raumunendlichkeit* kehren wir wieder zurück in unseren Körper und können jetzt die Meditation beenden.

Dieses System der acht Versenkungsstufen trägt den Namen *Jhāna*, der nichts anderes ist als die Pali-Bezeichnung des Sanskrit-Wortes *Dhyāna*, was in Japan, wie schon erwähnt, zu dem Wort *Zen* wurde. Zen bzw. der Zen-Buddhismus ist also nichts anderes als der systematische Gang durch die acht Versenkungsstufen, das sollten wir uns immer wieder ins Gedächtnis rufen. Und ebenfalls sollten wir uns immer wieder daran erinnern, dass diese Meditation uns zwar in der Versenkung schult, aber noch nicht die Erleuchtung garantiert, das geschieht erst bei einer korrekten Erkenntnis der Leerheit. So viel zu den acht körperlichen und unkörperlichen Versenkungsstufen; jetzt wollen wir uns dem Phänomen der Wiedergeburt und der Erleuchtung näher widmen.

10 Endgültiger Tod oder Wiedergeburt

Die Lehre von der (endlosen) Wiedergeburt ist heutzutage noch eine typisch asiatische Glaubensvorstellung, obwohl auch in unserem Kulturkreis der Glaube an ein oder mehrere Leben nach dem Tode durchaus Allgemeingut war. Zumindest war das so bis zum Einsetzen der industriellen Revolution und damit einer überwiegend materialistischen Weltsicht. Wir sollten uns aber in diesen Zusammenhang darüber im Klaren sein, dass die Annahme, dass mit unserem leiblichen Tod und dem Ende des Stoffwechselprozesses auch die geistigen Vorgänge beendet sein werden, ebenfalls eine bloße Glaubensvorstellung ist.

Menschen, die stark von der buddhistischen Kultur geprägt sind, neigen von jeher dazu, das Leben nicht als eine persönliche Angelegenheit mit einem klar definierten Beginn wie etwa der Zeugung und der Geburt und einem ebenso definierten Ende, also dem Tod, zu betrachten. Für sie ist das Leben ein universeller Prozess, der sich ohne Anfang und ohne Ende in einem ewigen Jetzt in ständiger Veränderung abspielt. Was wir als absoluten Anfang und Ende unserer Existenz wahrnehmen, ist vom universellen Lebensvorgang aus betrachtet lediglich ein Übergangsstadium bzw. ein Zwischenzustand von einer Erscheinungsform zur nächsten. Dieser mehr oder weniger automatische Ablauf des Werdens kann durch eine ethische Lebensführung dahingehend beeinflusst werden, dass man eine immer höhere Stellung in diesem Kreislauf einnimmt. Wohingegen uns natürlich unethisches oder schädigendes Verhalten in eine niedrigere Existenzform zwingt. Ein endgültiges Ende dieses ewigen Auf und Ab ist nur durch die Erkenntnis der Zusammenhänge von Ursache und Wirkung und schließlich der allem zugrunde liegenden Leerheit zu meistern. Wobei zu beachten ist, dass die Leerheit niemals als Objekt aufgefasst wird und selber nicht getrennt von den Erscheinungen auftritt.

Zen-Meister appellieren mit der Aufforderung, den Buddha hier und jetzt zu erkennen, an unser Selbstvertrauen, an das Vertrauen in unsere eigene Wahrnehmung, die sich nicht im geringsten von der Wahrnehmung eines vollkommen erleuchteten Buddha unterscheidet. Mehr noch: Unsere Wahrnehmung ist nicht gleich der eines Buddha, unsere Wahrnehmung ist Buddhas Wahrnehmung.

Im Buddhismus gilt ganz allgemein die Lehre von der Wiedergeburt, obwohl diese auch von Zen-Buddhisten hin und wieder geleugnet wird. Aber was stimmt denn nun, werden wir immer neu wiedergeboren oder ist dieses Leben unser einziges Leben und endet definitiv mit dem Tod?

Diese Frage ist gar nicht so einfach zu beantworten, denn man muss zuerst einmal klären, was unter dem »Ich«, also unter der Person, verstanden wird.

Verstehen wir darunter die Wahrnehmung der fünf Sinne und des Denkens als sechstem Sinn, dann müssen wir zwangsläufig auch unsere endgültige Vernichtung, also unseren totalen Tod, annehmen mit allen dazugehörigen Konsequenzen. Ebenso ist es, wenn wir unter unserer Person die Selbstwahrnehmung bzw. die Selbstidentifikation, mit anderen Worten: das sogenannte *Manas*-Bewusstsein, verstehen, das ebenfalls mit dem Tod völlig verschwindet.

Wenn wir jedoch zu unseren Lebzeiten das Ich-Bewusstsein, das Manas-Bewusstsein, auch nur einmal umdrehen konnten, und das geschieht in der Regel nur durch die Meditation, dann ist der Stachel des Todes ausgerissen, und wir haben unsere grundsätzliche Unsterblichkeit erkannt. Mit diesem Schritt haben wir den Zugang zum sogenannten Speicherbewusstsein erhalten, das wir bis dahin nur als Unterbewusstsein durchlebt haben. Dieses nicht-bewusste Erleben nennt man in der westlichen Psychologie das Erleben unserer Schattenseite, und es wird deutlich, dass wir durch dies tiefgreifende meditative Erleben einen Zugang zu unserem Unterbewusstsein erlangen.

Das Speicherbewusstsein, das mit dem Fachbegriff *Ālāya-vijñāna* bezeichnet wird, ist nur für diejenigen bewusst wahrnehmbar, die zu Lebzeiten mindestens die erste Stufe der sogenannten »Heiligkeit« erlangt haben. (Auf diese Stufen gehe ich im folgenden Kapitel näher ein.) Für alle anderen ist es natürlich genauso vorhanden, wird jedoch auf Grundlage des einseitig ausgerichteten Ich-Bewusstseins nur als Unterbewusstsein empfunden. Das Ich-Bewusstsein ist also die absolute Schlüsselstelle, die darüber entscheidet, wie wir unsere Person, unser »Ich« in der Welt, wahrnehmen. Entweder wir erleben es eindimensional als gewöhnliche Person, gefangen zwischen den beiden Anfangs- und Endpunkten Geburt und Tod, oder wir erleben es befreit und »erleuchtet« als ständiges Relais zwischen der Innenwelt und der Außenwelt und zumindest in der einen Richtung völlig frei von Leben und Tod. Beides ist die Wahrheit, nur ist die eine sehr viel umfassender und ganzheitlicher als die beschränkte Sichtweise eines getrennten und isolierten »Ich«.

Durch starke Identifikation mit unserem jetzigen Leben entsteht die Vorstellung, dass das Ende des Lebens für uns das Ende der Welt bedeutet. Das aber ist eine sehr weltliche Sichtweise, die nicht mit der Erkenntnis der Zen-Schule übereinstimmt. Die Spanne zwischen Geburt und Tod ist nur ein verschwindend kleiner Teil eines weitaus größeren Prozesses, den wir vollkommen aus den Augen verloren haben. Dies wird am besten verdeutlicht durch das Bild von Welle und Ozean. Durch unsere beschränkte Wahrnehmung sehen wir das Leben nur aus der Sicht einer Welle und haben völlig vergessen, dass wir eigentlich der ganze Ozean sind.

Letztendlich ist damit auch die Frage, ob wir wiedergeboren werden oder nicht, eine Frage unserer Sichtweise bzw. unserer meditativen Erfahrung.

Der Versuch, uns in den Tod zu flüchten, ist ein Trugschluss, der darauf beruht, dass es so etwas wie ein Ende geben könnte. Ein Selbstmörder macht diese ernüchternde Erfahrung, dass es so etwas wie den Tod gar nicht gibt und dass er lediglich eine neue Runde im Daseinskreislauf betritt. Das heißt, dass es den Tod nur auf der relativen Ebene eines einzelnen Lebens zwischen Geburt und Tod gibt, Leben sich aber immer wieder permanent erneuert und letztlich ein ununterbrochener Kreislauf ist.

11 Erleuchtung oder die Freiheit von den zehn niederen Fesseln

Die große Revolution des Buddhismus ist, wie schon erwähnt, die Erkenntnis der Leerheit, Shūnyatā. Der historische Buddha Siddhārtha Gautama Shākyamuni (das heißt: der Weise aus der Shākya-Sippe) erkannte die Leerheit in der Nacht seiner Erleuchtung unter dem Bodhi-Baum und bemühte sich in den darauffolgenden 45 Jahren seines restlichen Lebens, diesen Weg zur Erleuchtung auch für andere begehbar zu machen.

Wichtig ist hierbei, zu verstehen, dass ihm durch die Erleuchtung nichts offenbart wurde, was bis dahin verborgen gewesen wäre, sondern dass er durch diese Erkenntnis das wahrnahm, was schon immer zu allen Zeiten Wirklichkeit war. Aus diesem Grunde ist es für jedes Wesen in jeder Situation möglich, jene eine Wirklichkeit zu erkennen, vollkommen unabhängig von Alter, Rasse, Geschlecht oder Religion. Und es wäre ein Widerspruch in sich, diese Wirklichkeit als buddhistische Wirklichkeit zu bezeichnen, da in diesem Fall dann ausnahmslos alles buddhistisch wäre. Daraus ergibt sich ebenfalls, dass jeder Buddhist seine eigene Religion (oder auch Nicht-Religion) lediglich als zeitweiliges Mittel betrachtet oder jedenfalls betrachten sollte, wenn er oder sie es mit der Erkenntnis ernst meint. Um es einmal überspitzt auszudrücken, kann es für einen erleuchteten Buddhisten eigentlich keinen Buddhismus mehr geben. Und hier sind wir an einem Punkt angelangt, der die buddhistische Lehre vor allen Dingen für Intellektuelle so überaus reizvoll macht. Der Buddhismus ist in letzter Konsequenz nicht zu verstehen!

Der Begriff der Erleuchtung ist etwas unglücklich gewählt, da diese Bezeichnung in unserem christlichen Kulturkreis eine ganz andere Bedeutung hat als im Buddhismus.

Im Buddhismus, und speziell im Zen-Buddhismus, wird die Bezeichnung »Erleuchtung« übersetzt mit dem Wort *Kenshō*, was so viel bedeutet wie (Selbst-)Wesensschau. Bei uns wird auch der Begriff *Satori* mit »Erleuchtung« übersetzt, es ist im Gegensatz zum Kenshō hiermit jedoch die vollständige Erleuchtung gemeint. Ein Kenshō ist eine Erleuchtungserfahrung, die in Stufen immer weiter vertieft wird, ein Satori ist jedoch die vollständige Erleuchtung.

Es gibt eine Theorie, nach der der Buddhismus in einem Land eine Blütezeit von ungefähr 700 Jahren erlebt und dann in diesem Land allmählich degeneriert und verschwindet. Diese Entwicklung hat sich der Reihe nach in Indien, in China und schließlich auch in Japan vollzogen, wo der Buddhismus nach Aussage eines meiner japanischen Zen-Meister mittlerweile eher eine Angelegenheit für die staatlichen Museen geworden ist. Das ist vielleicht etwas übertrieben ausgedrückt, aber diese Theorie gibt Anlass zu der Hoffnung, dass uns in unserer westlichen Heimat Jahrhunderte des aufblühenden Buddhismus bevorstehen. Wir werden also praktisch gerade Zeugen und Teilnehmer einer historischen spirituellen Zeitenwende.

Der asiatische Buddhismus, wie wir ihn zur Zeit gerade kennenlernen, trägt kulturelle orientalische Utensilien, die sich im Laufe der Jahrhunderte und Jahrtausende angesammelt haben und zum Erscheinungsbild dieser Religion geworden sind wie die Kleidungsstücke eines Menschen. Eine der Aufgaben, die uns in Zukunft bevorstehen, ist es, den Buddhismus sozusagen neu einzukleiden und damit für die veränderte klimatische und kulturelle Umgebung neu auszustatten. Das Erstaunliche und Einzigartige ist, dass der Buddhismus stets die vorhandenen kulturellen und religiösen Traditionen integriert hat, statt sie zu bekämpfen oder gar zu vernichten. Diese Anpassungsfähigkeit führt manchmal dazu, dass die Unterschiede zwischen den verschiedenen religiösen Richtungen zumindest für Außenstehende kaum noch zu erkennen sind, betrachtet man zum Beispiel die Naturreligion des Shinto in Japan oder des Bön in Tibet. Wie dieser Integrationsprozess bei uns vonstattengehen wird, ist noch nicht abzusehen, aber auf jeden Fall wird die Veränderung, die der Buddhismus in dieser Epoche erfahren wird, größer sein als jede Veränderung in der mittlerweile 2500-jährigen Vergangenheit.

Wir müssen uns im Klaren darüber sein, dass der Buddhismus zum ersten Mal in seiner gesamten Geschichte den Kontinent wechselt. Nachdem sich in der Vergangenheit eine kulturelle Schicht über die andere gelegt hat, ist es sinnvoll, sich mit der Frage zu beschäftigen, was das Hauptanliegen dieses einzigartigen Weges unter allen anderen Religionen und spirituellen Strömungen ist. Und abseits von allen Formen und Ritualen geht es um die Verwandlung des Menschen selber. Diese Verwandlung wird nicht in Äußerlichkeiten sichtbar wie dem Anlegen von besonderen Kleidungsstücken, Roben oder rituellen Gewändern. Und auch nicht im Gebrauch und dem Tragen von Ritualgegenständen und Insignien, sondern rein innerlich durch den Abbau von Leidenschaften und die Zunahme an Weisheit.

Im alten, orthodoxen Buddhismus gibt es eine allgemein anerkannte Skala, nach der man den Erfolg im Verwandlungsprozess hin zur Leidfreiheit regelrecht überprüfen kann. Und zwar erst einmal bei sich selber, da die Beurteilung anderer in den meisten Fällen in die Irre führt. Diese Skala des spirituellen Fortschritts umfasst zehn Stufen, auf denen der Reihenfolge nach alle gröberen und feineren geistigen Verunreinigungen abgebaut werden. Bis hin zu einem Zustand, in dem die klare, erleuchtete Buddha-Natur ungetrübt erscheint. Im weiteren historischen Verlauf der Entwicklung ist diese Einteilung zugunsten einer anderen Einteilung ins Hintertreffen geraten, und zwar derjenigen der zehn Bodhisattva-Stufen oder Bhūmis, die viel umfassender ist, weil sie nicht nur das eigene Wohl im Fokus hat. Dennoch kann es hilfreich sein, sich mit diesem System der sogenannten *zehn niederen Fesseln* zu beschäftigen, um einen Maßstab für die eigene persönliche Entwicklung auf dem

Zen-Weg zu haben. Diese zehn niederen Fesseln, auch *Samyojana* genannt, sind der Reihenfolge nach:

1. Glaube an eine feste Persönlichkeit
2. Zweifelsucht
3. Hängen an Riten und Regeln
4. Grobe Gier
5. Groll und Ablehnung
6. Gier nach Feinstofflichkeit
7. Gier nach unkörperlichem Dasein
8. Dünkel und Eingebildetsein
9. Aufgeregtheit
10. Unwissenheit

Diese Zusammenstellung ist nicht so willkürlich, wie sie auf den ersten Blick erscheinen mag. Sie listet in ziemlich genauer Reihenfolge die Hindernisse auf, die jeder spirituell Praktizierende mit fortschreitender Erfahrung überwindet. Das entscheidende große Etappenziel ist erreicht, wenn die drei ersten Fesseln gelöst sind. Und nach der Einteilung des alten, orthodoxen Buddhismus hat man damit die erste Stufe von insgesamt vier Stufen der Heiligkeit erlangt. Diese Stufe trägt den Namen »Stromeintritt«, ab diesem Moment befindet man sich in dem Strom, der unweigerlich bis zur vollständigen Erleuchtung führen wird.

Es war und ist das Ziel jedes Buddhisten der alten Schule, die Gewissheit zu erlangen, niemals mehr vom Weg zum Heil und zur Heiligkeit abkommen zu können. Und in der Tat ist das Erlebnis, jeglichen Zweifel zu verlieren und vollkommene Sicherheit bezüglich der Erkenntnis der Wirklichkeit zu bekommen, von so beeindruckender Nachhaltigkeit, dass es den weiteren Lebensweg von nun an bestimmt. Außerdem ist nach buddhistischer Vorstellung mit der Erlangung des Stromeintritts die Gewissheit verbunden, bis zur vollständigen Befreiung bzw. Erleuchtung im Höchstfalle noch sieben Mal wiedergeboren zu werden. Und das auch noch in Existenzbereichen, die niemals mehr unterhalb des jetzigen Status liegen werden. Bei dieser Behauptung muss man sich vor Augen halten, dass das letztendliche Bestreben eines Buddhisten der alten Schule darin besteht, dieses weltliche Jammertal Samsāra so schnell wie möglich zu verlassen. Und die Aussicht, das rettende Ufer Nirvāna in greifbarer Nähe zu wissen, ist die frohe Botschaft derjenigen, die der Qualen und Unannehmlichkeiten der irdischen Existenz überdrüssig sind.

Mit der ersten Erkenntnis der Unpersönlichkeit des Daseins wird die Identifikation mit einem festen Wesenskern, einem Ich, zumindest tendenziell aufgehoben und weicht der Gewissheit eines in ständiger Wandlung befindlichen Prozesses von Ursache und Wirkung mit universellen Ausmaßen. Obwohl die egoistischen Regungen zu diesem Zeitpunkt noch nicht überwunden sind, so ist der Glaube an ein festes Ich oder an eine feste Person nach dem Erlebnis des Stromeintritts als reine Illusion erkannt und damit in keiner Weise mehr aufrechtzuerhalten. Obwohl diese Illusion teilweise sogar recht massiv wieder auftauchen kann, wird sie doch von nun an gleichzeitig mit ihrem Auftauchen als ein Schatten aus der Vergangenheit erkannt, der immer mehr verblasst. Ein Mensch, der den Stromeintritt erlebt hat, ist auch von der Annahme befreit, man müsse bestimmte Rituale vollziehen und sich an genau definierte Regeln halten, um zur Erkenntnis der Wirklichkeit zu gelangen. Die universelle Wirklichkeit erscheint in den festgelegten Formen der organisierten Religionen genauso wie im normalen Alltagsleben mit allen teilweise chaotischen Erscheinungsformen. Somit ist die Erkenntnis dieser Wirklichkeit jederzeit an jedem Ort und unter allen Umständen möglich.

Nach dem Erklimmen dieser ersten und entscheidenden Stufe des Stromeintritts geschieht die weitere Entwicklung des oder der Praktizierenden automatisch. Das bedeutet jedoch keinesfalls, dass keine weiteren Anstrengungen mehr nötig wären.

Ab jetzt ist sogar noch ein erhöhter Grad an Bewusstheit und Achtsamkeit notwendig, da die zu überwindenden Schwierigkeiten fortschreitend subtiler werden.

Der nächste Schritt beinhaltet, dass die beiden Wesenszüge der Aversion und der Gier unter Kontrolle gebracht werden, womit gleichzeitig ein hohes Maß an Unabhängigkeit von äußeren Umständen erreicht wird. Man lernt auf dieser Stufe, mit jeglichen Gegebenheiten zurechtzukommen, und versteht, was im abendländischen Sinne mit der Wertschätzung der gesamten Schöpfung gemeint ist. Auf dieser Ebene verwirklicht man auch den Sinn des Sprichwortes: »Glück ist nicht, das zu bekommen, was man will, sondern das zu wollen, was man bekommt.« Das Einverstandensein mit allen Dingen ist die hervorragende Charakteristik eines Menschen, der diese zweite Stufe der Heiligkeit erreicht hat. Aufgrund dessen wird er oder sie als »Einmalwiederkehrer« bezeichnet, da er nur noch eine einzige Existenz in dieser irdischen materiellen Welt vor sich hat, bevor er die vollkommene Freiheit des Nirvāna genießen kann.

Die dritte Stufe der Heiligkeit ist dadurch gekennzeichnet, dass von nun an auch keine Sucht nach erhabenen Stufen der Meditation mehr besteht. Durch den Prozess der Loslösung von allen irdischen und sinnlichen Begierden hat der Praktizierende einen Daseinsbereich kennengelernt, in dem die Glückseligkeit alles vorher Dagewesene und Gekannte in den Schatten stellt. Diese himmlische Glückseligkeit allerdings ist von einer anderen Warte aus betrachtet aber auch genau die Fessel, die den Praktizierenden an einem weiteren Fortschritt in Richtung absolute Freiheit hindert. Damit wir uns hier nicht falsch verstehen: Nicht die Glückseligkeit als solche ist das Problem und die eigentliche Fessel, sondern die Gier nach Glückseligkeit. Mit dem Verschwinden dieser letzten und subtilsten Gier gibt es nur noch drei Hindernisse zu überwinden, und diese drei Hindernisse sind besonders denjenigen vertraut, die begonnen haben, den Dharma, also die Lehre von der Wirklichkeit, zu lehren.

Das ist zum ersten der Stolz und das Eingebildetsein auf den eigenen spirituellen Fortschritt. Was als solches eigentlich kein Problem ist, wäre da nicht das damit einhergehende Abwerten derjenigen verbunden, die diesen Erfolg nicht für sich verbuchen können. Es ist hier also nicht das durchaus befriedigende Gefühl gemeint, den verdienten Lohn der spirituellen Anstrengungen zu genießen, sondern der egoistische Vergleich mit anderen.

Das vorletzte und für viele nur schwer zu beseitigende Hindernis ist die vollständige Kontrolle über die subtilen Körperenergien und der damit verbundene innere Aufruhr und die Aufregung. Nachdem man bei der Konzentration der Atmung auf den Punkt des Hara (siehe Seite 15), auch genannt die Übung des inneren Feuers, in der Lage ist, bis dahin ungeahnte Energien freizusetzen, geht es in der darauffolgenden Phase des spirituellen Weges darum, genau diese Energie zu kontrollieren. Also praktisch die wohltuende Wirkung einzusetzen, ohne dabei über das Ziel hinauszuschießen.

Das letzte Hindernis ist schließlich dann überwunden, wenn der oder die Praktizierende die grundlegende Wahrheit vom Leiden, seinen Ursachen und seiner Beendigung erkannt hat und die verschiedenen Komponenten dieses Weges unterscheiden kann. Obwohl diese vier edlen Wahrheiten (siehe dazu Seite 153 ff., »Einschub«) von ihrer Kernaussage her ziemlich einfach zu verstehen sind, so ist es doch eine ganz andere Sache, sie in der Wirklichkeit zu leben. Und dann noch die im Laufe des Zen-Weges auftretenden Versenkungszustände von der wahrhaften Befreiung, der Erkenntnis, unterscheiden zu können. Denn wie schon erwähnt ist das, was bei uns als Erleuchtung oder Erwachen bezeichnet wird, kein Zustand der Versenkung oder Meditation, sondern ein Akt der spontanen direkten Erkenntnis. Wird der geistige Boden für diese Erkenntnis jedoch nicht vorher durch Meditation und Versenkung vorbereitet, so bewirkt diese Erkenntnis keine nennenswerte Veränderung der ganzen Persönlichkeit. Und als Endergebnis bleibt einer von vielen »Aha-Momenten« des ohnehin schon unnatürlich aufgeblähten Egos.

Dass diese Kategorisierung der zehn niederen Fesseln zur Tradition des orthodoxen Buddhismus gehört, erkennt man eindeutig daran, dass die Gier in ihrer groben Form wie auch als subtiles Verlangen nach hochgeistigen Zuständen einfach nur als Hindernis betrachtet wird. Die neueren Schulen des Buddhismus, die wie der Zen-Buddhismus und der tantrische Buddhismus zum Mahāyāna, also zum Großen Fahrzeug, gehören, gehen hier anders vor und benutzen gerade die Gier als wertvollen Antrieb auf dem Weg zur Befreiung. Das ist unter anderem der Grund dafür, dass das Zölibat in diesen Traditionen niemals als höchstes Ideal betrachtet wurde, denn die menschliche Sexualität bietet eine ganze Reihe von Möglichkeiten, die durchaus wirkungsvoll mit in den Weg zur Erleuchtung integriert werden können. Dieser Aspekt findet verständlicherweise im Rinzai-Zen keine weitere Erwähnung, denn die Überlieferung des Wissens hinsichtlich der geschickten Methode des sexuellen Yoga wie auch anderer fortgeschrittener Methoden ist der mündlichen Weitergabe vom Lehrer an den Schüler unter vier Augen vorbehalten.

Das sind die zehn niederen Fesseln, deren Wegfall Schritt für Schritt das Erreichen der vier Stufen der Erleuchtung markiert. In einer ersten Stufe fallen die Fesseln eins bis drei fort, und es wird die Stufe des *Stromeintritts* bzw. der *Siebenmalwiederkehr* erreicht. Dann fallen die Stufen vier und fünf größtenteils weg, und es wird die Ebene eines *Einmalwiederkehrers* verwirklicht; bei der vollständigen Beseitigung dieser beiden Fesseln erlangt man die Ebene eines *Nichtwiederkehrers*. Zum Schluss fallen auch noch die letzten fünf Fesseln fort, und man hat die letzte der vier Stufen, die Stufe des *Arhat*, des »Würdigen« oder auch des »Feindbesiegers«, erreicht.

Zur Auflistung hier noch einmal die vier Stufen:

1. Stromeintritt (*Sotāpanna*)
2. Einmalwiederkehr (*Sakadāgāmin*)
3. Nichtwiederkehr (*Anāgāmin*)
4. Vollkommene Heiligkeit (*Arhat*)

Die vier Stufen der Erleuchtung werden auch als die vier Stufen der Heiligkeit bezeichnet, und das aus gutem Grund, denn schon ab der ersten Erleuchtungserfahrung haben wir den Zustand der Trennung aufgehoben. Und dieser Zustand, der nur durch Vorstellungen und Diskursives Denken entsteht, ist verantwortlich für unser Gefühl der Abtrennung von der Wirklichkeit. Dieses Gefühl wird mit der ersten Erleuchtungserfahrung, also mit dem ersten *Kenshō*, vollständig ausgeräumt, und mit dem Verwirklichen der vierten Erleuchtungsstufe verschwindet auch noch der Gedanke daran. Dies sind die vier Stufen der Erleuchtung, und wir werden sie jetzt zusammen mit den zehn niederen Fesseln im Einzelnen betrachten:

Die erste Stufe des Stromeintritts wird so bezeichnet, weil man ab dann im Strom der Erkenntnis mitschwimmt, und nicht mehr dagegen, wie es vor der ersten Erleuchtungserfahrung der Fall war. Diese Stufe der Erleuchtung heißt mit einem Fachbegriff *Sotāpanna*schaft, und dieser Name bedeutet »In den Strom Eingetretener«. Gekennzeichnet ist diese Stufe durch die Überwindung der ersten drei Fesseln des *Persönlichkeitsglaubens*, der *Zweifelsucht* und des *Hängens an Riten und Regeln*. Die erste Fessel des *Persönlichkeitsglaubens* besteht in der Annahme, dass da ein festes »Ich« ist, das von der Geburt bis zum Tod gleich bleibt und sich nicht verändert oder entwickelt. Es bedeutet aber auch den Glauben an eine Seele, die über den Tod hinaus erhalten bleibt, die sich also von Wiedergeburt zu Wiedergeburt nicht verändert und sich ständig wiederverkörpert. Dieser Glaube wird als reine Illusion erkannt, und man hängt nicht mehr an seiner Vorstellung von einem »Ich«. Die zweite Fessel ist die *Zweifelsucht*, wobei damit keinesfalls der konstruktive Zweifel gemeint ist, denn dieser ist notwendig, um den Weg ganz bis zum Ende zu gehen. Es ist damit eine Geisteshaltung gemeint, die alles in Zweifel zieht, ohne dabei zu einer konstruktiven Lösung zu kommen, die, um in einem Bild zu bleiben, »an nichts ein gutes Haar lässt«. Und als dritte Fessel fällt das *Hängen an Riten und Regeln* weg, denn der Meditierende weiß jetzt aus eigener Erfahrung, dass es keiner festen Rituale und keiner besonderen Regeln bedarf, um die Wirklichkeit direkt ohne Vorstellungen zu erkennen. Im Prinzip muss man gar nichts Besonderes machen, um eine direkte Einsicht zu bekommen, viel eher kann man alles loslassen, wenn man sein eigenes Selbst erkennen will. Dazu bedarf es keiner besonderen Vorbereitungen, allerdings ist einige Erfahrung in der Meditation gut, damit dieses Erlebnis auf fruchtbaren Boden fällt und nicht zu einer Erinnerung wird, die wieder verblasst.

Damit ist also die erste Stufe der Erleuchtung erreicht, die Stufe der *Siebenmalwiederkehr* .

Als zweite Ebene der Erleuchtung kommt jetzt die Stufe der *Einmalwiederkehr*, die den Fachbegriff *Sakadāgāmin* trägt. Beim »Einmalwiederkehrer« sind die beiden nächsten Fesseln der Gier und des Hasses nur noch in Spuren vorhanden, und er wird demzufolge nur noch einmal in menschlicher Gestalt oder göttlicher Gestalt wiedergeboren, bis er die vollständige Erleuchtung erreicht. Die Gier ist die Gemütsverfassung, die ihr Objekt über die Maßen attraktiv findet und die von einem unstillbaren Verlangen danach erfüllt ist. Der Hass ist genau das Gegenteil von diesem Verlangen, es ist die pure Abneigung gegen das Objekt, das über die Maßen als verabscheuungswürdig empfunden wird. Diese beiden Leidenschaften werden in zwei Klassen eingeteilt, wobei die erste Klasse eher grober Natur ist und die zweite Klasse tiefgehender Natur.

Die dritte Stufe der Erleuchtung hat man erreicht, wenn diese beiden Leidenschaften ohne Rest vernichtet worden sind und man völlig frei davon ist. Diese Stufe heißt *Anāgāmin*, was zu

Deutsch die *Nichtwiederkehr* bedeutet. Auf dieser Stufe ist man völlig frei vom Persönlichkeitsglauben, von der Zweifelsucht, vom Hängen an Riten und Regeln, von der Begierde und vom Groll. Auf der Stufe des Nichtwiederkehrers wird man nicht mehr wiedergeboren, und jetzt fehlt nur noch eine Stufe, bis man die vollständige Erleuchtung erlangt hat. Auf der letzten Stufe der Erleuchtung schließlich überwindet man auch die letzten fünf der insgesamt zehn Fesseln, die aus dem Hängen an Feinstofflichkeit bestehen, aus dem Hängen an Unstofflichkeit, aus dem egoistischen Stolz, aus dem Aufgeregtsein und schließlich aus der Unwissenheit.

Das *Hängen an Feinstofflichkeit* tritt erst nach längerer Meditationspraxis auf und steht daher am Schluss der Erleuchtungsstufen, das heißt, es wird erst hier zu einer Fessel. Vorher war es ein Mittel zu Befreiung und alles andere als unerwünscht, ja es wurde sogar sehr gefördert. Aber jetzt wird es wie gesagt zum Hindernis, und man tut gut daran, sich so schnell wie möglich davon zu befreien. Die feinstofflichen Meditationspraktiken bestehen unter anderem aus der Meditation mit einer Gottheit oder göttlichen Aspekten der Buddha-Natur. Das Hängen daran bedeutet nicht, dass man es unbedingt aufgeben soll, sich mit einer Gottheit oder göttlichen Aspekten des Buddha zu beschäftigen, aber man soll sich nicht abhängig davon machen. Die vollkommene Freiheit in der Meditation bedeutet, nichts Besonderes mehr zu machen und vor allen Dingen keine Gegenmittel gegen was auch immer mehr anzuwenden. Und Meditation auf Gottheiten oder die Manifestation eines bestimmten Mandala ist ein ganz besonderes Gegenmittel zum Schutz gegen feindliche Einflüsse oder Stimmungen. Solange Gegenmittel gebraucht werden, kann man sie beruhigt anwenden, aber wenn sie ihren Zweck erfüllt haben, sollte man im natürlichen Zustand verweilen.

Das Gleiche gilt für das *Hängen an unkörperlichen Zuständen*, das vor allen Dingen nach jahrelangem Zazen auftritt. Das Hängen an unkörperlichen Zuständen ist in diesem fortgeschrittenen Meditationsstadium ein genauso großes Hindernis wie das Hängen an feinstofflichen Zuständen.

An unkörperlichen Zuständen zu hängen bedeutet unter anderem, keine Vorstellungen mehr zu haben und krampfhaft in diesem Zustand zu verweilen. Auch hier gilt, dass die Meditation ohne Vorstellungen durchaus hilfreich sein kann, vor allen Dingen in der Anfangszeit der Meditation, aber wenn man daran hängenbleibt, wird sie zu einem großen Hindernis. Sie beseitigt zwar alle störenden Vorstellungen und Gedanken, aber wenn sie zum ständigen Aufenthaltsort in der Meditation wird, dann fesselt sie uns an die hohen Bereiche des Daseinskreislaufs.

Die nächste Fessel ist der *egoistische Stolz*, und damit ist nicht der göttliche Stolz gemeint, der entsteht, wenn wir uns als Gottheit erkennen und verwirklichen. Mit egoistischem Stolz ist das Eingebildetsein auf das bisher Erreichte gemeint, und hin und wieder wird dieser Stolz auch als Dünkel bezeichnet. Der egoistische Stolz stellt eine hohe Form des Egoismus dar, die erst bei jemandem auftritt, der sich schon in nicht unbeträchtlichem Maß befreit hat; wenn allerdings sich dieser Stolz auf den menschlichen Körper und das menschliche Ego bezieht, dann ist er vollkommen fehl am Platz.

Die neunte Fessel ist die *Aufgeregtheit*, Aufregung, die dadurch entsteht, dass man das innere Feuer nicht oder noch nicht unter Kontrolle hat. Durch die Atmung ins *Hara*, die gleichbedeutend ist mit der *Tummo*-Praxis im tibetischen Buddhismus, bekommt man dieses Hindernis in den Griff, und mit der Zeit verwirklicht man sie so weit, dass man nicht mehr unter Aufregung leidet. Dies ist die Praxis, die am meisten Zeit in Anspruch nimmt und am meisten Ausdauer erfordert, aber es ist auch die lohnendste Übung, denn sie bringt sehr viel Freude ins Leben.

Das *Hara* befindet sich drei bis vier Zentimeter unterhalb des Nabels und ist das erste und wichtigste Energiezentrum im menschlichen Körper. Hier beginnt man damit, die Energien des gesamten Körpers zu konzentrieren und sie dann in den mittleren Kanal zwischen dem linken und dem rechten Kanal einzuleiten. An dieser Stelle sei nur so viel dazu gesagt, dass der Eintritt in die Versenkung, also in das Samādhi, in ganz engem Zusammenhang mit diesem Energiezentrum am Nabel steht. Dieses Nabelzentrum ist so wichtig für den gesamten weiteren spirituellen Weg, dass ich einiges dazu sagen will.

Dieses Energiezentrum wird auf Chinesisch als *Dāntián* (*Tan-t'ien*) bezeichnet und trägt im Japanischen auch den Namen *Tanden*, hier aber bleiben wir einmal bei seiner Bezeichnung als Hara. Dies ist das wichtigste von sieben Energiezentren im feinstofflichen Körper des Menschen und wird in der Regel auch als erstes aktiviert. Die Zentren im feinstofflichen Körper können bei keiner körperlichen Untersuchung aufgefunden werden, haben jedoch einen nicht zu unterschätzenden Einfluss auf die emotionale Stabilität eines Menschen. Man aktiviert dieses Zentrum sehr schnell, indem man mit einsgerichteter Konzentration, das heißt: ohne störende Gedanken zuzulassen, immer wieder in dieses Zentrum hinein atmet. Es liegt genau in der Mitte des Körpers, und man sollte es sich am besten als kleine schimmernde Perle vorstellen, die durch die Atmung noch weiter komprimiert wird. Dabei ist es wichtig, möglichst keine hinderlichen Gedanken dazwischenkommen zu lassen und mit der Konzentration immer auf diese Perle gerichtet zu bleiben. Wenn man diese Konzentration über sieben Tage lang für zwei bis drei Sitzrunden aufrechterhält, dann sollte in der Regel bei einem Großteil der Praktizierenden die Initialzündung für das innere Feuer gelegt sein. Machen Sie die Übung niemals allein und auch nicht ohne fundierte Anleitung durch einen erfahrenen Zen-Lehrer, es können ungewollte psychische und physische Folgeerscheinungen auftreten.

Kommen wir zur letzten der zehn Fesseln, und das ist, wie nicht anders zu erwarten, die *Unwissenheit*. Mit der Beseitigung des Nichtwissens sind auch das Leiden und die Unzufriedenheit unwiderruflich vernichtet, und damit ist einer Wiedergeburt im Kreislauf des Leidens endgültig ein Riegel vorgeschoben. Die Beseitigung dieser Fessel ist das Verständnis der vier edlen Wahrheiten. Aber die vollständige Erkenntnis dieser vier Wahrheiten ist erst auf dieser Stufe der Erleuchtung zu erlangen, denn sie setzt auch voraus, dass man den ganzen Existenzkreislauf kennengelernt hat.

Mit dieser vierten und letzten Stufe, auf der man ein sogenannter *Arhat* wird, hat man die vollständige Erleuchtung des Kleinen Fahrzeugs erlangt und hat sich von einer ungewollten Wiedergeburt im Existenzkreislauf befreit. Das ist die Lehre des Kleinen Fahrzeugs des Buddhismus, zu dem die Zen-Schule nicht gehört, allerdings baut die Lehre des Zen auf diesem System auf, und insofern ist es gut, wenn wir uns auch damit beschäftigen. Der Zen-Buddhismus gehört vielmehr zum Großen Fahrzeug, zum *Mahāyāna* des Buddhismus, und hat als Ziel die Erleuchtung sämtlicher Wesen, während die zehn Fesseln noch zum Kleinen Fahrzeug gehören. Das Kleine Fahrzeug hat die eigene Erleuchtung als Ziel.

12 Die Grundlagen der Achtsamkeit

Der Schlüsselbegriff zur Wahrnehmung unseres grundlegend freien Geistes lautet: *Achtsamkeit.* Achtsames Sehen bedeutet nur sehen, ohne zu überlegen, zu vergleichen und vor allen Dingen zu bewerten. Sehen Sie wie ein Spiegel, betrachten Sie die Wirklichkeit wie ein Spiegelbild, das auf der völlig glatten Oberfläche Ihres Geistes erscheint. Ihr Geist ist nicht das Spiegelbild, sondern der Spiegel und damit die Grundlage, auf der alle Bilder erscheinen; eigentlich ist sogar die Unterscheidung zwischen dem Spiegel und den Spiegelbildern eine rein theoretische, da beide von gleicher Natur sind, vielmehr gleicht die ganze Welt einem unendlichen System von zahllosen Spiegeln, wobei sich jeder in allen anderen widerspiegelt.

Achtsames Hören bedeutet nur hören, ohne zu überlegen, zu bewerten und zu vergleichen. Hören Sie wie ein leeres Tal, das ein Echo zurückwirft. Riechen Sie einfach und nehmen Sie den Geruch der Sie umgebenden Luft wahr, egal ob es der Duft von edlen japanischen Räucherstäbchen ist oder der Geruch von Autoabgasen. Schulen Sie Ihre Achtsamkeit, indem Sie sich voll und ganz auf Ihre Sinneswahrnehmungen konzentrieren. Solange Sie bei den fünf empirischen Sinneseindrücken bleiben, dürften keine größeren Schwierigkeiten auftauchen, außer dass Sie vielleicht von anderen Eindrücken abgelenkt werden. Die Gefahr der Ablenkung nimmt jedoch mit jedem Augenblick der achtsamen Übung ab, und ziemlich schnell werden Sie einen Zustand erreichen, in dem es Ihnen leichtfällt, mehrere Minuten lang ausschließlich auf die Geräusche zu achten, die Sie hören.

Etwas schwieriger ist die achtsame Wahrnehmung der eigenen Gedanken. Hier hilft zum Beispiel die intensive und im Idealfall auch lautlose Rezitation eines Mantra. Vor diesem selbsterschaffenen Hintergrund ist jeder auftretende Gedanke sehr viel deutlicher wahrzunehmen. Die Gefahr, mit den Gedanken »mitzuschwimmen« und dadurch den Zustand des reinen Beobachters zu verlieren, ist erheblich geringer. Mitunter ist es auch hilfreich, hin und wieder die Methode zu wechseln, um im Laufe der Zeit immer häufiger auf die Anwendung von Methoden verzichten zu können und im ursprünglichen Grund des Alltagsgeistes, in der grundlegenden Buddha-Natur, aufzugehen. Diese Versenkung hat nichts zu tun mit einem trancehaften Verschwinden der Wahrnehmung und dem Absinken in einen unbewussten Zustand, sondern hat eher einen strahlenden, aufmerksamen und im wahrsten Sinne des Worte erleuchtenden Charakter. In dem alle erscheinenden Phänomene, der Akt der Wahrnehmung dieser Phänomene sowie das wahrnehmende Bewusstsein, sprich der Wahrnehmende, als vollkommen von gleicher Natur erkannt werden. Auf der einen Seite ist diese Erkenntnis einhergehend mit einer unbeschreiblichen Welle unendlichen Mitgefühls mit dem gesamten Universum und allen seinen Bewohnern. Und andererseits verschwindet spontan jegliche Abneigung und jeder Kampf gegen die bis dahin vermeintlich störenden Gedanken, die ab sofort als wundervolles Spiel des erleuchteten Weisheitsgeistes erlebt werden.

Wie gesagt ist das Denken nur dann ein Problem, wenn es sich permanent mit Trennung und Bewertung beschäftigt, und es ist diese Form des degenerierten Denkens, die durch Mañjushrī's Schwert vernichtet wird. Und wie ebenfalls schon erwähnt, wird unser an dualistisches Denken gewohnter Geist im Zen-Buddhismus mit einem Affen verglichen, der wie wild von einem Ast zum nächsten springt und nicht zur Ruhe kommen kann, bis er irgendwann vor Erschöpfung einschläft.

In der Regel ist es einem Meditierenden erst mit zunehmender Erfahrung möglich, das wild hin und her springende Diskursive Denken unter Kontrolle zu bekommen. Als wirkungsvollste Methode in diesem Zusammenhang hat sich das Zählen der Atemzüge oder die reine Atembeobachtung erwiesen. Diese Methode haben Sie ja schon auf Seite 15 kennengelernt. Der Atem als Meditationsobjekt ist erstens allgegenwärtig und zweitens dynamisch genug, um eine besondere Faszination zu bieten. So wird die Achtsamkeit auf den Atem genutzt, um den umherschweifenden Geist allmählich zur Ruhe zu bringen. Durch diese Übung in der meditativen Stabilität, die auch als Shamatha- oder Ruhe-Meditation bezeichnet wird, tritt der oder die Meditierende in einen Zustand ein, in dem er oder sie mühelos über längere Zeit das Bewusstsein auf ein beliebiges Objekt richten kann, ohne durch irgendetwas abgelenkt zu werden. Mit dieser unparteiischen Achtsamkeit ist man in der Lage, die Wirklichkeit in ihrer Vergänglichkeit wahrzunehmen, und versteht gleichzeitig die aufkommende Unzufriedenheit und das Leiden, das entsteht, wenn man diese Vergänglichkeit nicht akzeptieren kann oder will.

Als Nächstes richtet man seine Achtsamkeit auf die eigene Person und untersucht, wo im Körper oder in den geistigen und emotionalen Komponenten das eigene Wesen, die Person oder das Ich zu finden ist. Und als befreiendes Ergebnis dieser Untersuchung erkennt man zweifelsfrei die vollkommene Einheit von Suchendem und Gesuchtem. Obwohl diese Erkenntnis durchaus auch durch intensives Nachdenken zu erreichen ist, besteht ein himmelweiter Unterschied darin, ob man die fundamentale Einheit durch bloße intellektuelle Schlussfolgerung »erdenkt« oder auf der Grundlage der eigenen meditativen Erfahrung erlebt.

Die Aufgabe von Mañjushrī's Schwert, das die Gedanken abschneidet, ist nicht das Abtöten der Gedanken, sondern im Gegenteil hat dieses Schwert eher eine lebensspendende Funktion. Die Einsicht, die vorher auf gedanklicher Ebene vorbereitet wurde, wird mit Hilfe dieses einzigartigen Schwertes zum Leben erweckt, und das Einzige, was letztendlich vernichtet wird, ist die haltlose Spekulation und die Vorstellung, die sich als Behinderung der Einsicht vor die Wirklichkeit stellt.

Wenn wir als westlich geprägte Menschen an den Himmel denken, verbinden wir mit diesem Begriff, einmal abgesehen vom rein physikalischen Phänomen, häufig die Vorstellung einer jenseitigen Welt außerhalb unseres alltäglichen Erfahrungsbereiches, vielleicht sogar ein himmlisches Paradies. Der Zen-Buddhismus mit seiner pragmatischen Herangehensweise an alle spirituellen Phänomene betrachtet den Himmel als eine von vielen Daseinsmöglichkeiten, zu denen wir als Menschen durchaus Zugang finden können. Einen kleinen Einblick in diese Ebenen erfahren wir in den sogenannten Glücksmomenten, die wir mit allen erdenklichen Mitteln zu erreichen trachten und trotz besseren Wissens unbedingt festhalten möchten, wenn sie uns wirklich einmal geschehen. Häufig verfallen wir dem Irrtum, zu glauben, dass diese Glücksmomente eine Zufallserscheinung sind, die durch äußere Umstände, eben einen glücklichen Zufall, hervorgerufen werden. Diese Annahme trifft jedoch nur sehr bedingt zu, denn das eigentliche Glück liegt ja nicht in den auslösenden Begleitumständen, sondern in unserem inneren Erleben. Derselbe Begleitumstand, beispielsweise das unerwartete Erscheinen einer bestimmten geliebten Person, kann bei einem anderen Menschen sogar gelangweiltes Desinteresse und vielleicht sogar Abneigung hervorrufen. Was wir jedoch stets bei diesen Momenten des Glücks feststellen können, ist, dass verworrenes und diffuses Denken wegfallen und wir diesen Moment ohne Wenn und Aber, ohne jeglichen Zweifel und vor allem ohne jegliche gedankliche Trennung zwischen uns und den übrigen Begleiterscheinungen erleben. In diesem Moment sind wir das Glück, und alles andere ist ausnahmslos ebenso glücklich. Man kann so weit gehen und behaupten, dass in diesem einen flüchtigen Augenblick Ursache und Wirkung einmal nicht verwechselt werden: Der Moment des Nicht-Denkens ist keine Folge des Glücks, sondern er ist die eigentliche Ursache.

So simpel es sich anhört, so einleuchtend einfach ist jedoch diese Wahrheit: Unsere Fähigkeit, Glück zu empfinden, und sogar die Häufigkeit der von uns erlebten Glücksmomente steht und fällt mit unserer Fähigkeit, die Gedanken zu beherrschen. Im schlimmsten Fall werden wir von unseren Gedanken dermaßen beherrscht, dass »glückliche« Begleitumstände in Massen auftauchen können, aber wir werden trotzdem nur weiter in unsere depressiven Grübeleien versinken. Der Ansatz der Zen-Meditation ist genau dieser entscheidende Punkt, an dem wir erkennen, dass unser eigener Geist die Bühne ist, auf der das Schauspiel »die Welt« aufgeführt wird, und wir nicht nur der Betrachter, sondern auch gleichzeitig der Regisseur und Autor dieses Werkes sind. Die Sprache, in der dieses Werk verfasst ist, sind unsere Gedanken, und Meditation bedeutet unter anderem, diese Sprache aktiv zu erlernen und zu gebrauchen. Es liegt in unserer eigenen Entscheidung, ob wir die Welt als schlecht gemachtes Drama erleben, in das wir zufällig hineingeraten sind und das wir möglichst schnell wieder verlassen sollten. Oder ob wir die Aufgabe annehmen, selber zum Schöpfer eines völlig neuen Werkes zu werden, das nur so vor Lebensfreude, Kreativität und herzerwärmendem Mitgefühl strotzt. Es wird für alle Beteiligten zu einem unvergleichlichen und wahrhaft inspirierenden Erlebnis, das auch andere ermutigt, aus der Lethargie des Erleidens auszusteigen. Die Entfernung zwischen Himmel und Hölle ist in einigen seltenen Momenten geringer als eine Haaresbreite und erfordert zur Überwindung lediglich den Entschluss, diese Entfernung auch zu überwinden; so ein seltener Moment ist zufällig gerade jetzt.

Nachdem ich die grundlegende körperliche Haltung bei der Zen-Meditation geschildert habe, nachdem Hindernisse bei der Meditation genannt und die acht Versenkungsstufen aufgeführt worden sind und nachdem auch die Grundgedanken des Zen, besonders des Rinzai-Zen, dargestellt worden sind, komme ich nun zu einer sehr wichtigen Lehre, die für alle buddhistischen Richtungen gilt: die vier Grundlagen der Achtsamkeit, wie sie im *Satipatthāna-Sūtra* ausführlich dargelegt sind. Diese vier Grundlagen der Achtsamkeit sind die Achtsamkeit

1. auf den Körper,
2. auf die Gefühle,
3. auf den Geist und
4. auf die Objekte des Geistes.

Dies ist eine der bedeutendsten Meditationsübungen des gesamten Buddhismus, und ihr Wert kann nicht hoch genug eingestuft werden. Für die Erleuchtung ist es unbedingt notwendig, dass die Achtsamkeit trainiert wird, und zwar sehr viel intensiver, als man die konzentrative Meditation betreiben sollte. Achtsamkeit ist ein offener Geist, der sämtliche Eindrücke so akzeptiert, wie sie sind, während die konzentrative Meditation eher einem Kraftakt gleicht, in dem man versucht, sich möglichst lange auf einen Punkt zu konzentrieren. Die Einübung der Achtsamkeit ist also die Übung einer Geisteshaltung, die während einer formalen Meditationsrunde wie auch während der normalen Tätigkeiten des Alltagslebens trainiert werden kann.

Beginnen wir mit der ersten Grundlage der Achtsamkeit, der Achtsamkeit auf den Körper. Hier wird als fundamentale Meditationspraxis die Achtsamkeit auf den Atem empfohlen. Die Atembetrachtung genießt in allen buddhistischen Schulen den höchsten Stellenwert, und ich habe sie zu Beginn dieses Buches schon ansatzweise vorgestellt. Da der Atem ständig verfügbar ist, da er immer in Bewegung ist und da er immer wieder neu ist, ist er das ideale Objekt für die Meditation. Dabei kann man mit Achtsamkeit entweder beim Ausatmen bleiben, oder man kann auf die Einatmung achten, oder man kann sowohl auf die Ausatmung als auch auf die Einatmung achten. Die Achtsamkeit auf die Ausatmung wird empfohlen, wenn der Geist überdreht ist und einem alle möglichen Gedanken durch den Kopf gehen. Dabei ist zu beobachten, dass die Gedanken ihr wildes Eigenleben führen und sich alles andere als folgerichtig verhalten. Zumeist sind sie auch mit Inhalten beschäftigt, die sehr destruktiv und abwertend sind, zum einen in Bezug auf unsere eigene Person, aber auch in Bezug auf unsere Mitmenschen. Schädliche Gedankengänge sollte man unterbinden, wenn sie entstehen, am besten durch eine Achtsamkeit auf die Ausatmung.

Die Ausrichtung der Achtsamkeit auf die Einatmung wendet man an, wenn man sich träge, müde und schläfrig fühlt. In solchen Fällen ist es ratsam, auf die Einatmung und eventuell auf eine direkt darauffolgende kurze Atempause zu achten und so lange dabei zu bleiben, bis der Geist wieder frisch und aufnahmefähig ist. Diese Achtsamkeitsübung sollte in der Regel nicht so häufig durchgeführt werden, da sie auf Dauer zu mehr Gedankenproduktion führt. Als dritte und weitaus empfehlenswerteste Achtsamkeitspraxis wird das Achten auf Ausatmung und Einatmung empfohlen, da sie das meditative Gleichgewicht am stärksten fördert und für einen ausgewogenen Geist sorgt.

Zu Beginn der Achtsamkeit auf den Atem sollte man die Atemzüge zählen, und zwar, wie bereits geschildert, von Eins bis Zehn, und dann beginnt man wieder von vorne. Wenn sich Gedanken einschleichen und man bemerkt, dass man vollkommen vom Zählen der Atemzüge abgekommen ist, beginnt man sofort wieder bei Eins. Und auch wenn man merkt, dass man schon weiter als bis Zehn gezählt hat, beginnt man wiederum sofort bei Eins. Dieses Zählen der Atemzüge kann man immer wieder machen, wenn der Geist widerspenstig ist oder man sich von Schläfrigkeit übermannt fühlt. Ansonsten geht man dazu über, den Atem nur zu betrachten, ohne zu zählen, und so mit ruhigem Geist beim Atem zu verweilen. Die Achtsamkeit auf den Atem ist die grundlegende Praxis der Körper-Achtsamkeit.

Im nächsten Schritt wird die Beobachtung der unterschiedlichen Körperhaltungen empfohlen, und hier beginnt man wiederum am besten in einer formellen Meditation. Man nimmt wahr, wie sich der Körper auf dem Sitzkissen befindet, wie der Druck des Körpergewichts auf das Gesäß wirkt und wie sich der Rücken in der Senkrechten befindet. Dann nimmt man achtsam wahr, welche Stellung die Beine innehaben, ob sie im Fersensitz unterhalb des Körpers sind oder ob sie sich in einer Form des Lotossitzes befinden, und nimmt auch verschiedene Druckstellen an den Beinen wahr. Dann richtet man die Achtsamkeit auf den Schulterbereich und entspannt die Schultern, aber zieht sie dabei doch leicht nach hinten. Man hält den Rücken gerade und aufrecht und lässt auch die Augen leicht geöffnet auf einem Punkt auf dem Boden ruhen, ungefähr in verlängerter Richtung der Nasenspitze. Dabei sollte wie gesagt der Blick nur in der Verlängerung der Nasenspitze ruhen, ohne diese anzuschauen, da man sonst ins Schielen gerät. Die Zunge sollte leicht hinter den Schneidezähnen am oberen Gaumen anliegen, damit sich immer etwas Spucke im Mund befindet, sonst trocknet der Mund in der Meditation schnell aus. Der Kopf ruht gerade auf der Wirbelsäule, man hat das Gefühl, dass man mit dem Scheitelpunkt des Kopfes den Himmel trägt.

Nach der Körperhaltung wendet man sich dem Bereich der Bewegungen zu. Hierbei wird im Zen-Buddhismus vor allem das *Kinhin* betrachtet, das heißt die Meditation im Gehen. Bei der Gehmeditation wird jede einzelne Bewegung des Körpers achtsam durchgeführt, wobei besonderer Wert darauf gelegt wird, die einzelnen Schritte erst langsam zu machen und sie dann in einem schnelleren Tempo zu wiederholen. Achtsamkeit auf die Bewegungen kann auch in Tätigkeiten wie Arbeiten, Kochen, beim Pausemachen und anderen Handlungen des alltäglichen Lebens geübt werden. Nun folgt die Achtsamkeit auf die Körperteile, angefangen von den Füßen bis hin zu den Haarspitzen und den Fingern. Bei dieser Übung geht man einzeln jedes Körperteil durch, fühlt in das Körperteil hinein und nimmt es dadurch wahr. Diese Form der Achtsamkeitsübung bewirkt unter anderem eine immer besser funktionierende Wahrnehmung der einzelnen Körperteile bis zu einem Grad, an dem man beginnende Erkrankungen schon im Ansatz erkennt.

Dann geht man über zu einer Betrachtung der vier grundlegenden Elemente, erst einmal im eigenen Körper, und später auch in der näheren Umgebung. Man fängt mit der Festigkeit und dem Erdelement an, das man im eigenen Körper zum Beispiel in den Knochen wahrnimmt, aber auch in den Zähnen, den Fingernägeln und Fußnägeln und so weiter. Dann nimmt man jede Flüssigkeit wahr und das dazugehörige Wasserelement, das man im Körper als Blut, Schweiß und in allen anderen Körperflüssigkeiten bemerkt. Dann folgt die Wärme mit dem Feuerelement, die man im eigenen Körper als Körperwärme spürt. Und als Letztes nimmt man das Bewegende wahr, in Form der Luft bzw. des Luftelements. Zu dieser Bewegung gehören Gelenkbewegungen sowie sämtliche Bewegungen der Gliedmaßen.

Als letzter Punkt in der Gruppe der Achtsamkeit kommt eine Übung, die in unserem Kulturkreis fast überhaupt nicht bekannt ist: die Betrachtung des Verfalls einer Leiche. Diese sogenannte Leichenfeld-Betrachtung ist in asiatischen Ländern wie zum Beispiel in Indien sehr viel gebräuchlicher und wird dort heutzutage noch teilweise gepflegt. Bei dieser Übung betrachtet man eine oder mehrere Leichen kurz nach dem Ableben, dann in einem Stadium mehrerer Tage oder sogar Wochen nach dem Tod und schließlich Monate oder wenn möglich sogar Jahre danach. Das soll unter anderem zu einer äußerst objektiven Einstellung gegenüber dem Tod und dem menschlichen Körper ganz allgemein führen.

Diese sechs Achtsamkeitsübungen bilden zusammen die erste der vier Grundlagen der Achtsamkeit, die Achtsamkeit auf den Körper, und wir können uns der zweiten Gruppe widmen, und zwar der Achtsamkeit auf die Gefühle. Wir sollten uns im Klaren darüber sein, dass auch die Gefühle nur von vorübergehender Natur sind. Wer zum Beispiel heute unser Freund ist, kann morgen schon unser ärgster Feind sein. Die Gefühle bzw. Emotionen werden herkömmlicherweise in drei Kategorien eingeteilt, in angenehme Gefühle, unangenehme Gefühle und neutrale Gefühle. Was neutrale Gefühle sind und ob es sie überhaupt gibt, lasse ich jetzt einmal dahingestellt, nehmen wir einfach mal an, dass sie uns nicht weiter in positiver oder negativer Richtung beeinflussen. Bei den angenehmen Gefühlen liegt der Fall einfacher, es sind die Emotionen, die uns Freude bereiten, die ein Gefühl der Harmonie und des Glücks hervorrufen und die wir anstreben. Aber wir sollten uns bewusst sein, dass diese Emotionen nur einen sehr vergänglichen Charakter haben und es sich nicht lohnt, nach ihnen zu gieren. Auf der anderen Seite stehen die negativen Gefühle, die uns Unwohlsein bereiten und mit negativen Attributen behaftet sind. Gefühle wie Wut, Ärger und Hass gehören dazu, ebenso Neid, Eifersucht und das Gefühl von Feindschaft. Die Achtsamkeit auf die neutralen Gefühle betrifft die Gefühle, die weder Attraktion noch Abwehr in uns hervorrufen. Die Achtsamkeit auf die Gefühle und Emotionen bringt eine schrittweise Loslösung von ihrem Potential der Anhaftung bzw. der Abwehr zustande, und wir tun gut daran, uns in dieser Übung stetig weiter zu betätigen. Diese drei Kategorien bilden die Grundlage der Achtsamkeit in Bezug auf die Emotionen.

Als dritte Gruppe wird hier die Achtsamkeit auf den Geist genannt, manchmal wird er auch als Intellekt bezeichnet, obwohl ich diese Wortwahl nicht so passend finde. Unter anderem, weil der Begriff »Geist« sehr viel mehr umfasst als nur den Intellekt.

Mit der Achtsamkeit auf den Geist betrachtet man nicht die Gedanken, denn diese fallen unter die vierte Gruppe der Grundlagen, es ist vielmehr die allgemeine geistige Verfassung, in der wir uns gerade jetzt befinden. Ist unser Geist konzentriert oder ist er unkonzentriert, ist er klar oder unklar und vernebelt. Entweder ist unser Geist entspannt oder er ist angespannt, entweder ist er gelassen oder er ist verkrampft, so müssen wir ihn also untersuchen und nehmen dann achtsam wahr, in welcher Verfassung er sich gerade befindet. So nehmen wir also die gegenwärtige Lage unseres Geistes wahr, ohne sie zu bewerten oder gar zu verurteilen, das ist hierbei äußerst wichtig. Achtsam zu sein bedeutet wahrzunehmen, ohne dabei wertend einzugreifen, es ist also eine sehr objektive Form der Aufmerksamkeit, und in dieser Weise schulen wir uns.

Als vierte Grundlage der Achtsamkeit wenden wir uns dann den Objekten des Geistes zu. Das sind vor allem unsere Gedanken, Vorstellungen, die wir haben, sowie alle Meinungen und Theorien, die wir zu den Dingen des Lebens entwickelt haben. Diese Gruppe der Achtsamkeit wird wiederum in vier bzw. fünf Untergruppen unterteilt, wobei die zehn niederen Fesseln mitunter dazugezählt werden:

1. 5 Hindernisse (*Nīvarana*)
2. 5 Bereiche des Anhaftens (*Skandha*)
3. 10 Niedere Fesseln (*Samyojana*)
4. 7 Erleuchtungsglieder (*Bodhyanga*)
5. 4 Edle Wahrheiten (*Ārya-satya*)

Auf die Untergruppen 4 und 5 gehen ich in den folgenden Kapiteln noch näher ein.

Sie beginnt mit der Gruppe der geistigen Hemmungen oder Hindernisse, die wir schon kennengelernt haben. Zur Sicherheit wiederhole ich sie hier noch einmal, es sind die *Nīvaranas*, die aus der Müdigkeit bestehen, aus dem Ärger, aus der Begierde, aus dem aufgeregten Denken und aus dem destruktiven Zweifel. Diese fünf Hindernisse bilden also die erste Gruppe, die uns unter dem Stichwort Achtsamkeit auf die Geistobjekte gedanklich beschäftigen soll. Wir befassen uns also mit ihnen, ohne sie zu bewerten und ohne ihnen irgendetwas Weiteres hinzuzufügen, als lediglich ein geistiges Hemmnis zu sein.

Als nächste Gruppe tauchen unter diesem Stichwort die fünf Bereiche des Anhaftens auf, und auch diese Gruppe ist uns schon begegnet. Es sind die Bereiche des Körpers und der physischen Existenz, der Bereich der Gefühle, der Wahrnehmung inklusive der geistigen Wahrnehmung, womit ganz grob gesagt auch das Denken gemeint ist, der Bereich des Willens bzw.

der Willensregungen und der Bereich des Bewusstseins. Diese Gruppe bildet die zweite Abteilung der Geistobjekte. Die nächste Gruppe besteht aus den zehn Fesseln, die uns an *Samsāra* binden, und auch diese Gruppe haben wir schon früher behandelt. Es sind die sogenannten *Samyojana*, und sie bestehen aus dem Glauben an eine feste und unveränderliche Persönlichkeit, aus dem starren Hängen an Riten und Regeln sowie aus der Zweifelsucht.

Diese Dreiergruppe ist deswegen so wichtig, weil mit ihrer Überwindung die erste große Hürde genommen ist und der Eintritt in den Zen-Weg beginnt. Diese Überwindung der ersten Hürde wird auch als »Stromeintritt« bezeichnet, weil man ab dann mit dem Strom der Wirklichkeit mitschwimmt und nicht mehr dagegen an.

Als nächste Fessel wird sinnliches Begehren und Groll genannt. Diese beiden Fesseln bilden die zweite große Gruppe innerhalb der zehn Fesseln, denn eine teilweise Überwindung der beiden führt zur »Einmalwiederkehr«, welche ich schon früher besprochen habe, und eine vollständige Überwindung der beiden zieht direkt die sogenannte »Nichtwiederkehr« nach sich. Auch diese Phase des spirituellen Weges habe ich schon besprochen.

Die dritte große Gruppe unter der Gruppe der zehn niederen Fesseln ist das Begehren nach Feinkörperlichkeit und das Begehren nach Unkörperlichkeit. Diese beiden Fesseln beziehen sich auf Stufen der meditativen Versenkung und treten erst ziemlich spät auf. Dann kommen noch die Fessel des Dünkels, die Fessel der Aufgeregtheit und als letzte Fessel die Unwissenheit. Mit der Überwindung der zehn Fesseln ist das höchste Ziel des Kleinen Fahrzeugs erreicht, und sie bilden auch die vierte Gruppe der vier Grundlagen der Achtsamkeit.

13 Sieben Glieder der Erleuchtung

Von allen Charaktereigenschaften und Wesenszügen, die ein Mensch haben kann, wird im Buddhismus einer als wesentlich betrachtet. Und zwar so wesentlich, dass er letztendlich darüber entscheidet, ob wir unser Leben grundsätzlich genießen können und glückliche Menschen werden oder ob wir dieses Leben als ein Jammertal voller Leiden und Versuchungen empfinden. Diese fundamentale Fähigkeit entwickelt jedes menschliche Wesen schon in frühester Kindheit und eigentlich auch schon vor der Geburt durch die Fürsorglichkeit der Eltern und ganz besonders der Mutter. Auch in späteren Jahren ist sie die Wurzel aller freudvollen Erfahrungen im zwischenmenschlichen Bereich, angefangen bei einer glücklichen Partnerschaft bis hin zu einer angesehenen Stellung in der Gesellschaft.

Dieser Wesenszug heißt *Vertrauen.*

In der persönlichen Entwicklung eines heranwachsenden Menschen wird allgemein davon ausgegangen, dass das Maß an Vertrauensfähigkeit, das ein Kind in der sehr frühen Phase seiner Entwicklung mitbekommt, entscheidend ist für sein gesamtes späteres Welterleben. Im Allgemeinen wird es auch als Urvertrauen bezeichnet und ist vor allem verantwortlich für das Vermögen, befriedigende zwischenmenschliche Beziehungen aufzubauen und zu erhalten. Im psychischen Bereich des Selbsterlebens ist die Vertrauensfähigkeit bzw. der Vorschuss, den wir davon aus unserer Kindheit, und hier wiederum vor allem von unserer Mutter, mitbekommen haben, der entscheidende Faktor für unsere spätere Selbstsicherheit und Ich-Stärke. Nach dieser Sichtweise wird ein großer Teil unseres späteren Schicksals also in frühester Jugend festgelegt, und alle Erfahrungen im sozialen und therapeutischen Bereich scheinen diese Annahme zu bestätigen.

Obwohl man sich im Zen aus gutem Grund davor hütet, die spirituelle Übung als Therapie zu bezeichnen, so ist doch nach langjähriger Erfahrung nicht von der Hand zu weisen, dass eine meditative Ausbildung vor allem unter Anleitung eines kompetenten Lehrers durchaus auch therapeutische Effekte zeitigt. Und der Grund dafür ist sehr einfach. Wie groß auch immer die Fähigkeit zum Vertrauen am Anfang des spirituellen Weges sein mag, die Methode, die im Laufe des Weges angewendet wird, mündet stets in einer Steigerung dieser Fähigkeit bis hin zu einem Stadium, das im Buddhismus als vollkommenes Vertrauen bezeichnet wird.

Das vollkommene Vertrauen ist das Ende des destruktiven Zweifels und geht einher mit der absoluten Gewissheit, vollkommen eins mit der Wirklichkeit in allen Erscheinungsformen zu sein. Ein derartiges Vertrauen ist durch nichts und niemanden mehr zu erschüttern und stellt das erste Etappenziel des Zen-Weges dar.

Als nächste Gruppe kommt nun ein System, das ich noch nicht besprochen habe, und deswegen werde ich ihm an dieser Stelle etwas mehr Aufmerksamkeit schenken als den vorhergehenden. Es sind die sogenannten sieben Erleuchtungsglieder, auf Sanskrit *Bodhyanga*, und sie bestehen aus

1. Achtsamkeit,
2. Wirklichkeitsergründung,
3. Willenskraft,
4. Freude,
5. Ruhe und Gestilltsein,
6. Sammlung,
7. Gleichmut.

Das sind in aller Kürze die Anteile, die den Geist eines Erleuchteten ausmachen, und mehr braucht er eigentlich auch nicht. Was diese Anteile jedoch im Einzelnen bedeuten, dazu komme ich jetzt:

Die wichtigste Eigenschaft auf dem Weg, ein Bodhisattva zu werden, ist Achtsamkeit. Ihr kommt eine besondere Bedeutung zu, da die Achtsamkeit für die Erleuchtung unbedingt notwendig ist, während Sammlung bzw. *Samādhi* eine eher untergeordnete Rolle zukommt. Warum ist jetzt die Achtsamkeit so überaus wichtig für den spirituellen Weg, warum nimmt sie eine dermaßen erhabene Position ein?

Wie ich schon einmal erwähnt habe, gibt es die Haltung des offenen Geistes sowie die Meditation der konzentrativen Sammlung, das Samādhi. Durch die konzentrative Meditation werden die Wunderkräfte der Versenkung hervorgebracht, die aus folgenden Kräften besteht: Als Erstes kommt die Kraft, sich zu vervielfältigen und aus einem Körper mehrere zu machen, als Nächstes kommt die Fähigkeit, sich zu verwandeln bzw. sich magisch zu verändern. Drittens ist es die Fähigkeit, durch feste Dinge zu wandeln, zum Beispiel durch Wände oder sogar durch Gebirge. Als Viertes kommt die Kraft, auf dem Wasser zu gehen, als ob es fester Boden wäre, und fünftens ist es die Fähigkeit, Sonne und Mond zu berühren. Sechstens ist es die Kraft, in den höchsten Himmel aufzusteigen, und siebentens, aus einem Körper verschiedene andere geistig erzeugte Körper hervorzubringen. Dann kommt als Achtes die Macht der durchdringenden Erkenntnis, die einen vor jeder Gefahr beschützt, und neuntens ist es schließlich die Kraft der vollkommenen Sammlung. Diese Fähigkeiten kommen aus dem Samādhi hervor, und sie stellen hohe geistige Fähigkeiten dar, auf der anderen Seite sind sie aber mit Gefahren verbunden und sind vor allen Dingen nicht zu verwechseln mit Erleuchtung. Für sich allein genommen sind sie sogar ein großes Hindernis auf dem Weg zur Erleuchtung, wenn nicht vorrangig die Achtsamkeit geübt wird.

Die Achtsamkeit muss die Basis des spirituellen Weges bilden, wenn er erfolgreich sein soll, und erfolgreich heißt, dass er in der Erleuchtung mündet. Falls jemand sich rühmen sollte, die vorher beschriebenen neun Fähigkeiten oder auch nur einige davon zu besitzen, so konnte das in früheren Zeiten zum Ausschluss aus der Gemeinde führen, und man tut auch heute noch gut daran, sich in so einem Fall bedeckt zu halten.

Das zweite der Erleuchtungsglieder, die wie schon erwähnt auf Sanskrit den Namen *Bodhyanga* tragen, ist die Unterscheidung der Phänomene gemäß der buddhistischen Lehre von der Wirklichkeit, oder kurz gesagt die Wirklichkeitsergründung. Hierbei handelt es sich um die Fähigkeit, Sachverhalte des Lebens in Bezug auf ihren Stellenwert in der Lehre des Buddhismus ergründen zu können und schließlich zu erkennen. So überprüfen wir die Wirklichkeit und versuchen, sie auf der Grundlage des Buddhismus zu verstehen. Dabei ist es gut, so kritisch wie möglich mit buddhistischen Axiomen umzugehen und zu untersuchen, ob sie der Wirklichkeit entsprechen oder auch nicht. So untersuchen wir zum Beispiel, ob der Geist die Materie bestimmt oder ob es umgekehrt die Materie ist, die den Geist regiert. Oder wir untersuchen die Grundlagen des Geistes, woraus er besteht, wie er funktioniert und wohin er sich entwickelt.

Das dritte Erleuchtungsglied ist die Willenskraft, häufig auch als Energie bezeichnet, und es ist der Brennstoff, der den oder die Übende(n) mit einem unerschöpflichen Maß an Inspirationskraft erfüllt. Es ist diese Willenskraft, die einen dazu bringt, unerschöpfliche Anstrengungen zu unternehmen und das auch noch mit Freude zu tun, und vor allen Dingen sorgt sie dafür, dass Praktiker des Weges eine schier endlose Zahl an Kunstwerken geschaffen haben, die uns immer wieder aufs Neue begeistern.

Das vierte Erleuchtungsglied ist die Freude, und mit Freude ist vor allen Dingen die Freude über die Verwirklichung auf dem Erleuchtungsweg gemeint. Die Bandbreite der Freude ist äußerst vielfältig, sie reicht von einem leichten Gefühl der inneren Zufriedenheit bis hin zu einer überschäumenden Glückseligkeit, die schier grenzenlos ist. Es ist die Freude, die aus der Beschäftigung mit der buddhistischen Lehre erwächst und die im

Laufe der Zeit eher zunimmt als abnimmt. Unter anderem erwächst sie aus einem zunehmenden Verständnis der Wirklichkeit, und dieses Verständnis gründet auf einer gültigen Wahrnehmung. Die Frage ist, wodurch man eine gültige Wahrnehmung von einer ungültigen unterscheidet, und diese Frage ist durchaus berechtigt. Von einer gültigen Wahrnehmung im buddhistischen Sinne spricht man dann, wenn sie erstens einem gesunden Geist entspringt. Gesund ist ein Geist zum Beispiel dann, wenn er Staub im Auge nicht für eine himmlische Erscheinung hält. Oder wenn er ein Seil auf der Straße nicht für eine Schlange hält. Zweitens ist eine Wahrnehmung dann gültig, wenn sie nicht dem weitaus überwiegenden Teil der Menschheit und deren Wahrnehmung widerspricht, und drittens ist sie gültig, wenn sie einer logischen Untersuchung standhält.

Das fünfte Erleuchtungsglied ist die Gestilltheit bzw. die Ruhe des Geistes. Die Gestilltheit des Geistes tritt dann auf, wenn alle Begierden zum Schweigen gekommen sind und man, vielleicht zum ersten Mal, den Geist in seiner glückseligen Grundstruktur wahrnimmt. Dieser Geist ist nicht mehr begierig nach Äußerlichkeiten, sondern hat ein ständig zunehmendes Interesse an inneren Vorgängen. Äußere Reize bilden für ihn kaum noch ein Objekt der Anziehung, wohingegen das innere Universum so spannend wird, dass er sich fast ständig im Samādhi befindet. Samādhi ist gleichzeitig das sechste Erleuchtungsglied. Es wird auch übersetzt als vollkommen zielstrebige Meditation, und wenn dieser Zustand erreicht ist, gibt es nur noch den Prozess von Meditation und Erleuchtung, der jetzt den Namen Satori verdient. Diese Erleuchtung vergeht nicht mehr, sondern wechselt sich nur noch ab mit dem Zustand der Versenkung, also dem Samādhi.

Aber man kann diesen Zustand auch wieder verlassen und durchaus in die Welt der Süchte und des Verlangens eintreten. Im Grunde genommen ist man jetzt überhaupt nicht mehr gezwungen, irgendwo zu verweilen, und kann den geistigen Aufenthaltsort vollkommen frei wählen. Mit dem Erleuchtungsglied der Gestilltheit befreien wir uns von allen Zwängen der Welt, denn es kann nichts mehr so faszinieren, dass wir darüber unsere Ruhe verlieren würden. Und so kommen wir zum siebenten und wichtigsten Erleuchtungsglied, und das ist der Gleichmut.

In dem Zustand ist man an nichts mehr gebunden und von nichts mehr abhängig und hat eine geistige Verfassung erreicht, in der einen absolut nichts mehr aus dem Gleichgewicht bringen kann. Der Gleichmut ist nicht zu verwechseln mit der Gleichgültigkeit, die genau das Gegenteil von Gleichmut darstellt. Gleichgültigkeit ist eine Geisteshaltung, die allem gegenüber keine bestimmte Position einnimmt und in der eigentlich alles egal ist. Der Gleichmut ist im Gegenteil dazu die Haltung, die im wahrsten Sinne des Wortes mutig ist, die allen Situationen gegenüber völlig achtsam ist und die vor allem niemals in der Wachsamkeit nachlässt. Der Gleichmut genießt im Buddhismus den höchsten Stellenwert und geht damit über Glückseligkeit hinaus. Während die Glückseligkeit noch an den Gegensätzen von Wohl und Weh hängt, ist der Gleichmut frei von jeder Dualität. Er lässt den Geist vollkommen im Hier und Jetzt aufgehen und bleibt in jeder Situation entspannt.

14 Mahāyāna oder Hīnayāna – Großes oder Kleines Fahrzeug

In der buddhistischen Tradition hat es seit jeher zwei Ideale von Heiligen gegeben: Menschen, denen es gelungen ist, ihre innere Zerrissenheit zu überwinden und wieder ganz, also vollständig, zu werden. Das Wort »Heiligkeit« bezeichnet keinen Zustand der überweltlichen Verklärung und der himmlischen Gnade, sondern ist vielmehr ein Zustand und eine Instanz, die in jedem von uns schon zumindest im Keim angelegt ist, wenn nicht sogar unseren innersten Urgrund darstellt. Dieser Zustand befindet sich jenseits der uns vertrauten Dualität und ist gewissermaßen sogar deren Ursprung, das heißt die Einheit, aus der die Dualität hervorgeht. Die Beschäftigung mit Religion oder Spiritualität im weitesten Sinne ist immer ein Streben in Richtung dieser Einheit und damit der Versuch, dem unerbittlichen Klammergriff der Dualität zu entkommen. Diese Sehnsucht nach der Einheit und der Wunsch nach Befreiung aus der, im wahrsten Sinne des Wortes, VerZweiFlung der Dualität ist äußerst verständlich und nachvollziehbar. Allerdings ist sie auch gleichzeitig von Beginn an zum Scheitern verurteilt, denn die Dualität ist nichts anderes als die natürliche Erscheinung der Einheit, das heißt, die beiden sind, obwohl der Definition nach unterschiedlich, vom Wesen her identisch.

Beschäftigen wir uns mit den zwei Idealbildern des Heiligen. Der eine ist der Idealtypus des asketischen Einsiedlers, der durch höchste Selbstdisziplin und äußerste Anstrengung die Erkenntnis der Einheit in der Dualität, man könnte vereinfacht auch sagen: die Erkenntnis der Leerheit, erlangt hat. Ein solcher Heiliger wird im Buddhismus als *Arhat* (chinesisch *Luóhàn*/*Lohan* und japanisch *Rakan*) bezeichnet und ist ein Mensch, der durch eigene Anstrengung alle zehn niederen Fesseln (siehe Seite 87) überwunden hat, die ihn an eine niedere Daseinsebene des Leidens und der Unzufriedenheit binden könnten. Eine derart verwirklichte Persönlichkeit genießt auch im Zen-Buddhismus hohe Verehrung.

Das zweite Idealbild eines verwirklichten spirituellen Menschen entspricht jedoch noch mehr dem Ideal des Zen-Buddhismus. Es ist ein Mensch, dessen Streben nach eigener Befreiung und Erleuchtung in den Hintergrund tritt zugunsten der verwirklichten Aktivitäten zum Wohle aller fühlenden Wesen. Dies ist das Ideal des *Bodhisattva*, eines Menschen, der erkannt hat, dass das eigene Glück untrennbar verbunden ist mit dem Glück aller anderen Wesen, was auch für das Leiden gilt. Die zwangsläufige Folge einer derartigen Erkenntnis ist, dass ein Bodhisattva nie mehr Gefahr läuft, anderen Wesen absichtlich Schaden zuzufügen. Und darüber hinaus das Glück sämtlicher Wesen als das eigene Glück empfindet; ein Reichtum, der mit Worten nicht zu beschreiben und mit Gold und Geld nicht zu kaufen ist.

Ein weit verbreiteter Irrtum besteht darin, zu glauben, ein Bodhisattva sei jemand, der das Wohl aller anderen über sein oder ihr eigenes Wohlergehen stellt. Und bildlich gesprochen allen anderen beim Eintritt ins Nirvāna, den Zustand der endgültigen Befreiung, den Vortritt lässt. Eine solche Sichtweise, die im alltäglichen Leben gar nicht so selten anzutreffen ist, führt letztendlich dazu, dass die Menschen, die nach so einem Glaubensgrundsatz leben, von allen möglichen Personen und widrigen Umständen ausgenutzt und als billige Energiequelle missbraucht werden. Dieses sogenannte Helfersyndrom endet in den meisten Fällen damit, dass davon Betroffene in jeder Beziehung völlig ausgebrannt sind. Die Ursache für dieses falsch verstandene Bodhisattva-Ideal ist dieselbe wie die des ausufernden Egoismus, der den Hauptantrieb für unser westliches Wirtschaftssystem darstellt: Es ist die falsche Annahme eines unabhängig existierenden Selbst, das getrennt von allen anderen Individuen ein mehr oder weniger isoliertes Einzelschicksal fristet. Es geht darum, die grundlegende Einheit aller fühlenden

Lebewesen zu erkennen und damit deren grundsätzliche Gleichberechtigung anzuerkennen, wobei den eigenen Interessen derselbe Stellenwert zugeordnet wird wie denen jedes anderen. Menschen, die nur das eigene Wohl im Blickfeld haben, wie auch solche, die sich nur um andere kümmern, leben nicht auf Grundlage der Erkenntnis der Leerheit.

Man unterscheidet im Buddhismus grundsätzlich zwei Richtungen, vergleichbar dem Christentum, in dem man die Katholiken von den Protestanten unterscheidet, ungeachtet anderer christlicher Gruppierungen. Diese beiden Richtungen sind zum einen das Große Fahrzeug, das Mahāyāna, und das Kleine Fahrzeug, das Hīnayāna. Das Kleine Fahrzeug wird auch als Älteres Fahrzeug, als Theravāda, bezeichnet. Der Unterschied zwischen dem Großen und dem Kleinen Fahrzeug besteht unter anderem darin, dass das Kleine Fahrzeug die vollständige Erleuchtung nur für möglich hält, wenn man die Mönchsgelübde bzw. die Gelübde für Nonnen auf sich genommen hat. Im Gegensatz dazu hält das Große Fahrzeug die Befreiung vom Leiden, also die Erleuchtung, für jeden für möglich, egal ob Mönch oder Laie. Der Zen-Buddhismus ist ganz eindeutig eine Schule des Buddhismus, die zum Großen Fahrzeug, zum Mahāyāna, gehört. Wie aber wird man nun ein Praktizierender des Großen Fahrzeugs?

Der entscheidende Unterschied ist die Motivation. Im Bodhisattva-Gelöbnis kommt dies klar zum Ausdruck:

SHU JO MUHEN SEIGAN DO
BONNO MUJIN SEIGAN DAN
HOMON MURYO SEIGAN GAKU
BUTSU DO MUJO SEIGAN JO

Der Wesen sind unendlich viele. Ich gelobe, allen zu helfen.
Geistige Blindheit ist unerschöpflich. Ich gelobe,
sie zu überwinden.

Die Lehren der Wahrheit sind unermesslich. Ich gelobe, alle zu meistern.
Der Buddha-Weg ist ohne Ende. Ich gelobe, ihm zu folgen.

Dieses kleine Gelöbnis ist es, das das Kleine Fahrzeug vom Großen Fahrzeug des Buddhismus unterscheidet, oder vielmehr ist es die Motivation, die dahintersteht. Es ist die Motivation, ein Bodhisattva zu werden, die durch das Gelöbnis entwickelt wird.

Was also steckt hinter diesem Gelöbnis, oder besser gesagt: Was steckt hinter diesem Gelübde? Es ist genau dieses Gelübde, das aus einer Praxis des Kleinen Fahrzeugs die Praxis des Großen Fahrzeugs des Buddhismus macht. Je mehr man es durchdenkt, desto mehr wird es mit Inhalt erfüllt, und schließlich geht einem der tiefere Sinn dahinter auf.

Wo existieren denn die unendlich vielen Wesen, wenn nicht in uns selber? Wo existiert denn der zerstörende Irrtum, wenn nicht im eigenen Geist? Wo sind denn die unermesslichen Lehren der Wahrheit, wenn nicht im eigenen geistigen Kontinuum, und wo ist denn der unendliche Buddha-Weg, wenn nicht genau in der gegenwärtigen Existenz? Es ist die Erkenntnis der tiefsten Ebene unserer geistigen Existenz als Urgrund des gesamten Universums, als Wurzel der universellen Buddha-Natur. Wenn wir das zweifelsfrei und klar erkennen, dann begreifen wir, dass sich unser Geist in nichts vom Geist anderer Menschen unterscheidet, und diese Erkenntnis lässt uns zu unserer vollen Individualität erwachen.

Wenn ich mich an meine ersten Meditationserfahrungen erinnere, dann waren diese von sehr viel Verwirrung und unerwünschten Gedanken, Erinnerungen und Gefühlen bestimmt. Es hat gut ein halbes Jahr gedauert, bis ich das erste Mal eine Empfindung davon bekommen habe, was mit der Meditation, dem Zazen, überhaupt beabsichtigt ist. Ich war zu Anfang der Meinung, dass Meditation die Gedanken unterdrücken solle bis zu einem Zustand, in dem keinerlei Gedankentätigkeit mehr stattfindet und auch die Gefühle keine Rolle mehr spielen. Es sollte nach meiner Vorstellung so sein, dass ich mich vollkommen auflöse zugunsten eines Zustands, der frei ist von allen komplizierten Gemütsverfassungen und dualistischen Gedanken.

Aber nach diesem halben Jahr wurde mir durch fortwährende Anleitung durch meinen Zen-Meister immer klarer, dass es gar nicht darum geht, den Wald der Gedanken abzuholzen. Vielmehr geht es darum, ihn als wunderbaren Urwald zu erkennen und die Reichhaltigkeit seiner Biosphäre würdigen zu lernen. Das genau ist der Weg, die Gedanken ganz allmählich zur Ruhe kommen zu lassen, denn sie können niemals durch Aversion bekämpft werden.

Wie also gehen wir dann mit unseren Gedanken und den Gefühlen um, wenn wir nicht mit Gewalt gegen sie ankämpfen können, sie aber auch nicht gerade zu unserer Erbauung beitragen? Eigentlich ist es ganz einfach, aber zu Beginn unserer Meditationspraxis kommen wir schlicht nicht darauf. Man lenkt die Aufmerksamkeit auf ein anderes Objekt und zieht damit die Achtsamkeit von den belastenden Gedanken ab. Und auf welches Objekt richten wir die Aufmerksamkeit? Natürlich auf den Atem, der erstens immer verfügbar ist und zweitens in Bewegung ist, so dass es nicht langweilig wird. Das gelingt zu Beginn nicht ohne weiteres, aber im Laufe der Zeit wird man immer geschickter darin, und schon bald kann man Erfolge beobachten, die für den Anfänger vollkommen erstaunlich sind.

Lassen Sie uns nun zum eigentlichen Kern dieses Buches kommen, und das ist die Erleuchtung des Großen Fahrzeugs des Buddhismus, wobei das Wort »Erleuchtung« schon etwas in die Irre führt. Erleuchtung ist der ursprüngliche Zustand des Menschen, und die Verblendung entsteht nur durch die unachtsamen Gedanken, denen wir uns seit der Zeit hingegeben haben, in der unser Denken erwacht ist. Mit anderen Worten ist die Verblendung eigentlich eine Illusion, und wir brauchen diese Tatsache einfach nur anzuerkennen, um aus dem Traum vom

Kreislauf des Leidens aufzuwachen. Nur wie erkennen wir diese Tatsache an? Unser Denken und unser Verstand wehren sich permanent dagegen. Wir halten sogar krampfhaft an der Vorstellung von Verblendung und Erleuchtung fest. Wenn uns jemand sagt, dass wir im Grunde schon erleuchtet sind, dann reagieren wir darauf fast mit Feindseligkeit und Abwehr und glauben allen möglichen anderen Unsinn. Und nur darauf beruhen die legendären zehntausend Lehren des Buddha mit all seinen Anleitungen, um mit dieser Illusion endgültig Schluss zu machen. Im Grunde sind sie vollkommen unnötig und überflüssig, und daraus resultieren auch die unzugänglichen und teilweise sogar unverständlichen Äußerungen der Zen-Meister, wenn es um den Weg zur Befreiung der Menschen geht.

Die erste Wahrheit des Zen-Buddhismus ist also, dass wir alle schon erleuchtet sind. Wer diese Wahrheit als solche zumindest akzeptiert, steht kurz davor, durch das Eingangstor des Zen zu treten. Wer diese Wahrheit nicht akzeptiert oder noch nicht akzeptieren kann, der ist dazu verurteilt, den Worten der alten Meister zu folgen.

Auf der Basis der allumfassenden Erleuchtung findet eine Umwandlung der sonst leidbehafteten fünf Bereiche der Anhaftung statt. Diese fünf Bereiche der Anhaftung sind der Bereich des Körpers, der Bereich der Gefühle, der Bereich der Wahrnehmung, der Bereich der Willensregungen und der Bereich des Bewusstseins. Diese fünf Bereiche werden umgewandelt in die fünffache Weisheit, die aus der *spiegelgleichen Weisheit*, aus der *Weisheit des Gleichmuts* oder der *Weisheit der Wesensgleichheit*, aus der *unterscheidenden Weisheit* bzw. der *Weisheit der wunderbaren Beobachtung*, aus der *alles vollendenden Weisheit* bzw. der *Weisheit der alles vollendenden Tat* und schließlich der *alles durchdringenden Weisheit* bzw. der *Dharmadhātu-Weisheit* besteht. Diesen fünf Bereichen sind fünf Meditationsbuddhas zugeordnet, und jeden der fünf Bereiche betrachtet man ebenfalls als Familie.

Lassen Sie uns mit der *spiegelgleichen Weisheit* beginnen, die genauso gut durch die *alles durchdringende Weisheit* ausgetauscht werden kann. Die spiegelgleiche Weisheit gehört zum Bereich des Körpers bzw. des Bewusstseins und stellt die Umwandlung des Zorns oder auch des Hasses dar. Die spiegelgleiche Weisheit zeichnet sich dadurch aus, dass sie sämtliche Dinge, ob begehrenswert oder hässlich, so unparteiisch wie ein Spiegel wiedergibt. Es wird praktisch die Energie des Zorns dazu genutzt, diese nicht diskriminierende Weisheit herzustellen, und wenn normalerweise das Gefühl des Hasses hochkommt, entsteht stattdessen ganz spontan die spiegelgleiche Weisheit. Der dieser Eigenschaft zugeordnete Meditationsbuddha ist *Akshobya* bzw. *Vajrasattva*, und sein zugehöriges Element ist das Wasser. Auch ein Energiezentrum im menschlichen Körper steht mit ihm in Verbindung, es ist das zentrale Zentrum des Herzens. Mit dem Herzen nimmt er das bedeutsamste Energiezentrum des Menschen ein.

Von den Emotionen ist der Hass das, was uns am elementarsten vom Gefühl des Nicht-Getrenntseins abhält, und dieses Gefühl entsteht im Herzen. Sinnbildlich gesprochen ist das Herz häufig verschlossen, und wir wissen meist gar nicht, dass die spiegelgleiche Weisheit die Macht hat, dieses Herz sofort zu öffnen. Dieser Weisheitsaspekt ist derjenige, den die meisten Zen-Praktizierenden als Erstes wahrnehmen, und es benötigt gar nicht so lange Zeit, um das Geistesgift des Hasses in die spiegelgleiche Weisheit umzuwandeln. Man kann schon nach einer Woche bzw. sieben Tagen mit einer Veränderung rechnen, bei hartnäckigen Fällen dauert es bis zu drei Jahren. Aber dann können Sie sicher sein, dass Ihnen dieser Aspekt des erleuchteten Geistes bewusst geworden ist.

Der Name des Meditationsbuddhas *Akshobya* bedeutet »der Unerschütterliche« bzw. »der Unveränderliche«. Diesen Namen trägt er, weil er die spiegelgleiche Weisheit vollkommen verwirklicht hat, diese Erkenntnis nicht mehr verlieren kann und seine Sichtweise unumstößlich geworden ist. Die ihm zugeordnete Himmelsrichtung im Mandala ist der Osten, und man erkennt ihn an der Erdberührungsgeste. Sein Handemblem ist der buddhistische Donnerkeil, der *Vajra*, und dementsprechend gehört Akshobya zur sogenannten *Vajra-Familie*. Das Reittier, mit dem er häufig dargestellt wird, ist ein Elefant, und seine Keimsilbe, die kürzeste Form eines Mantra, ist das blaue *Hūm*, so wie auch Akshobya zumeist in blauer Farbe dargestellt wird. Mit ihm wird eine ganze Reihe an zornvollen Gottheiten in Verbindung gebracht, worunter die wichtigsten Hevajra, Kālachakra, Chakrasamvara, Guhyasamāja, Vajrabhairava und Vajrakīla sind.

Das nächste Geistesgift, das verwandelt wird, ist der Egoismus bzw. der egoistische Stolz, und er wird umgewandelt in die Weisheit des Gleichmutes oder die Weisheit der Wesensgleichheit. Egoistischer Stolz ist das Geistesgift, das uns an das irdische Dasein bindet, und das Haupt-Gegenmittel ist, ein Gefühl der liebenden Güte mit allen Lebewesen hervorzubringen. Der Meditationsbuddha, der diesem Weisheitsaspekt zugeordnet wird, ist der gelbe *Ratnasambhava*, und sein Handemblem ist ein Juwel, von dem er auch seinen Namen hat. Er heißt übersetzt »der Juwelengeborene«, und *Ratna* bedeutet das »Juwel«. Seine *Mudrā*, das ist die Haltung seiner Hände, ist die Segen spendende Geste der Freigebigkeit, was ein weiteres Mittel zur Überwindung des Egoismus aufzeigt, nämlich das Geben. Abgeben ist das beste Gegenmittel gegen Geiz, der eine von den geistigen Verunreinigungen ist und mit dem Egoismus in engem Zusammenhang steht. Das Element, das Ratnasambhava zugeordnet wird, ist die Erde, und sein Reittier ist das Pferd. Er hat, wie Akshobya und jeder andere der fünf Meditationsbuddhas, auch eine Keimsilbe, die ebenso gelb ist wie er selbst, sie lautet *Tram*. Das ihm zugeordnete Energiezentrum ist das Nabelzentrum. Auch mit ihm werden im Buddhismus einige Gottheiten in Verbindung gebracht, wie zum Beispiel der Reichtumsgott Jambhala und Vasudhārā. Die große Aufgabe von Ratnasambhava ist es, den egoistischen Stolz in die

Weisheit des Gleichmutes und der Wesensgleichheit zu verwandeln. Seine Familie ist die *Ratna-Familie*, was übersetzt die »Juwelenfamilie« bedeutet, ihm ist der Süden zugeordnet.

Das folgende Energiezentrum ist die Kehle, die in Zusammenhang mit der Sprache und der Bildung von Begriffen steht. Diesem Energiezentrum ist die Gier zugeordnet, der Weisheitsaspekt, in den sie sich verwandelt, ist die Weisheit der Unterscheidung und der vollkommenen Beobachtung. Diese Weisheit wird repräsentiert durch den roten Buddha Amitābha, dessen Name »grenzenloses Licht« bedeutet. Dieser Buddha genießt vor allen Dingen in Japan großes Ansehen, und nicht wenige Anhänger der Zen-Schule praktizieren dort die rituelle Anrufung seines Namens. Ihm ist ein eigenes Sūtra gewidmet, das den Namen »Sūtra des Buddha Amitābha« trägt. Dieses Sūtra schildert die Praxis der Anrufung seines Namens, es bildet die Grundlage der »Reines-Land-Schule«, die vor allem in China und Japan weit verbreitet ist. Durch Rezitation des Namens Amitābhas wird dem Praktizierenden in der Todesstunde die Angst vor dem Tod genommen, und er wird in einer Lotosblüte im reinen Land des Buddha Amitābha wiedergeboren. Auf Japanisch wird Amitābha auch Amida genannt, und er ist der volkstümlichste und wichtigste Buddha, obwohl er erst spät in den Buddhismus integriert worden ist. Die Formel für die Anrufung seines Namens lautet auf Japanisch »Namu Amida Butsu«, und dieser Heilsweg erinnert stark an den christlichen Pfad, da er auf Hilfe von außen baut.

Amitābha gehört zur *Lotos-Familie*, sein Element ist das Feuer, und nicht wenige Gottheiten wie zum Beispiel Kurukullā, Avalokiteshvara und Hayagrīva gehören ebenfalls zu dieser Familie. Er ist als Himmelsrichtung dem Westen zugehörig, und in dieser Richtung liegt ebenso sein Paradies *Sukhāvatī*, das unter seinen Anhängern auch als das »Westliche Paradies« bekannt ist.

Die Weisheit der Unterscheidung verwandelt die Gier. Statt des Verlangens nach dem Objekt der Gier tritt nun automatisch das unterscheidende Denken in Aktion. Dies ist vor allem in der Suchttherapie eine durchaus gängige Methode, so wird das Verlangen mit dem logischen Denken überwunden. Die Handhaltung des Amitābha ist die Meditationsgeste, und seine Keimsilbe ist ein rotes *Hrīh*, das dem Aspekt der Rede im Energiezentrum der Kehle entspricht. Der Bereich der Anhaftung, der ihm beigeordnet wird, ist die Wahrnehmung, und dies entspricht sinnbildlich dem »gesunden Menschenverstand«.

Dass der Buddha Amitābha im japanischen Volksglauben eine so große Rolle spielt, ist auch der Tatsache geschuldet, dass er derjenige ist, der seine Anhänger ohne Zuhilfenahme der Meditation befreien und erlösen kann. So hat er der Legende nach das Gelübde abgelegt, dass er jeden seiner Anhänger, der mit vollem Vertrauen seinen Namen ausspricht, in sein Westliches Paradies aufnimmt. Als Reittier dient ihm ein prächtiger Pfau, der sich dadurch auszeichnet, dass er selbst Gift als Nahrung aufnehmen kann, um es dann in sein farbenfrohes Federkleid zu verwandeln.

Das nächste Energiezentrum ist das Sexualzentrum auf der Höhe der Geschlechtsorgane. Hier werden die Geistesgifte des Neides und der Eifersucht umgewandelt in die Weisheit der alles vollendenden Tat. Dieser Weisheitsaspekt wird in der Regel als letzter der fünf Weisheitsaspekte verwirklicht, denn diese Geistesgifte halten sich am hartnäckigsten im geistigen Kontinuum des Menschen.

Diese Weisheit ist erkannt, wenn die davor liegenden Aspekte der spiegelgleichen Weisheit, der Weisheit des Gleichmutes bzw. der Wesensgleicheit und die unterscheidende Weisheit verwirklicht worden sind. Das heißt, dass die Wirklichkeit ohne Bewertung einfach wahrgenommen wird, dass sie als im Grunde gleichwertig akzeptiert wird und dass verschiedene Verhaltensweisen durch den Aspekt unterschieden werden, ob sie der Befreiung förderlich sind oder eben nicht; abhängiges Verhalten ist es im weitaus größten Teil der Fälle nicht.

Dann ist die logische Folge der Weisheit der alles vollendenden Tat, dass alles, was getan wird, richtig ist, ohne dass man noch darüber nachzudenken braucht, ebenso ist es mit allem, was gesagt wird. Der dazugehörige Meditationsbuddha ist Amoghasiddhi, dessen Name »der alles Verwirklichende« bzw. »der sein Ziel unbeirrt verwirklicht« bedeutet, und seine ihm zugeordnete Himmelsrichtung ist der Norden. Er gehört zur *Karma-Familie*, und sein Handemblem ist ein gekreuzter Donnerkeil oder auch ein Schwert. Seine Handlungen sind schneller, als es das logische Denken ist, und deswegen benötigt er es nicht mehr. Auch seine Keimsilbe ist die kürzeste von allen, es ist das grüne *A*, das sämtliche Aktivitäten repräsentiert. Sein Reittier ist der Garuda, ein Wesen halb Vogel und halb Mensch, das ein grimmiger Feind aller Schlangen ist.

Amoghasiddhis Handhaltung ist die Geste der Furchtlosigkeit und der Schutzgewährung, und Göttinnen wie die Heilige Tārā werden mit ihm in Verbindung gebracht. Von den fünf Bereichen der Anhaftungen sind es die Willensregungen, die von Amoghasiddhi repräsentiert werden, und sein ihm zugehöriges Element ist Luft.

Der fünfte Bereich, der Bereich der Anhaftung, der das gesamte Bewusstsein repräsentiert, wird durch die alles durchdringende Weisheit, die *Dhamadhātu-Weisheit*, transzendiert. Der zugehörige Meditationsbuddha ist der weiße Vairochana, was übersetzt so viel wie »der Erleuchter« bzw. »der Sonnengleiche« bedeutet, und seine Keimsilbe ist ein weißes *Om*. Das Energiezentrum, das ihm zugeordnet wird, ist das Scheitelzentrum, und seine Familie ist die *Tathāgata-Familie*. In Japan genießt auch er ein großes Ansehen, denn als Sonnenbuddha bildet er das Zentrum eines Systems, in dem die vier anderen Meditationsbuddhas um ihn kreisen.

Auf Japanisch wird er häufig als *Dainichi-nyorai* bezeichnet. Er repräsentiert das Ziel der Praxis, selber zum Buddha zu werden und die ganze Welt zu erleuchten. Dies geschieht mit Hilfe der sogenannten »Drei Mysterien« Körper, Rede und Geist, und mit Hilfe dieser kommt der Übende zur Erkenntnis, dass er selber eins mit allem, dass er selber *Dainichi-nyorai* ist.

Vairochana ist in gewisser Weise der Erste unter den fünf Meditationsbuddhas, und dass er hier in der Reihenfolge der Letzte von ihnen ist, wird seiner Rolle nicht ganz gerecht. Aber er kann seine Position mit Akshobya, der hier an erster Stelle genannt wurde, vertauschen, und dann nimmt er auch dessen Körperfarbe, Blau, an. Seine Handhaltung, an der er immer leicht zu erkennen ist, ist die Handhaltung der Belehrung, und in einigen Fällen, vor allem auf japanischen Darstellungen, sind seine Hände in der Geste der höchsten Erleuchtung. Sein Handemblem ist ein Rad, und sein Reittier ist der Drache bzw. der Löwe. Mit ihm werden unter anderem Göttinnen wie Vājravārāhī, die »Diamantsau«, in Verbindung gebracht. Ihm ist keine der vier Himmelsrichtungen beigeordnet, denn er sitzt im Zentrum zwischen ihnen, nur wenn er seinen Platz mit Akshobya tauscht, zieht er in den Osten. Als Element ist ihm der Raum zugeschrieben, wenn er mit Akshobya tauscht, erhält er stattdessen das Wasser als sein zugehöriges Element. Sein Weisheitsaspekt ist die alles durchdringende Weisheit, die auch als *Dharmadhātu-Weisheit* bezeichnet wird und eine Zusammenfassung aller vier einzelnen Weisheitsaspekte ist.

Diesem Konzept der fünf Meditationsbuddhas liegt ein älteres Konzept zugrunde, das nur drei Meditationsbuddhas bzw. Familien enthielt. Diese drei Familien sind die Tathāgata-Familie, die Lotos-Familie und die Vajra-Familie, die für die drei Wurzeln der Unwissenheit, der Gier und des Hasses stehen. Doch anstatt dass ihnen die Meditationsbuddhas Vairochana, Amitābha und Akshobya vorstehen, haben sie als Gottheiten die Bodhisattvas Mañjushrī, Avalokiteshvara und Vajrapāni an ihrer Spitze. Hierzu muss ich anmerken, dass die Zuordnung der Bodhisattvas gelegentlich auch etwas variieren kann.

Die drei Familien standen für die Eigenschaften von Körper, Rede und Geist sowie für die Wurzelgifte Unwissenheit, Gier und Hass. Die drei Geistesgifte werden durch die drei Tiere Schwein, Hahn und Schlange symbolisiert und haben so Eingang in das bekannte Schaubild des Lebensrades gefunden.

Später wurden die drei Wurzelgifte auf fünf Gifte erweitert, wodurch der egoistische Stolz und der Neid bzw. die Eifersucht dazugekommen sind. Dadurch hat sich die grundlegende Struktur eines *Mandala* entwickelt, das ursprünglich nichts anderes bedeutete als »Kreis«. Heute bezeichnet man damit ein Schaubild, das in sehr komplexer Form die Entwicklung auf dem spirituellen Weg darstellt, es ist ebenso eine symbolische Darstellung des Universums und wird im Kontext einer Meditation visualisiert. Es wird in einfachster Form auf den Boden in Sand geritzt und in komplizierterer Form mit farbigem Pulver auf einen Tisch gestreut. In einfachster Form sind die vier Farben Blau, Gelb, Rot und Grün um ein weißes Zentrum angeordnet, wobei man unten mit Blau beginnt und dann im Uhrzeigersinn weitergeht. Blau steht für die spiegelgleiche Weisheit, Gelb für die Weisheit der Wesensgleichheit, Rot für die unterscheidende Weisheit und Grün für die Weisheit der alles vollendenden Tat. Das weiße Zentrum ist im Mandala die alles durchdringende Weisheit des Buddha Vairochana.

Nun meditiert man wieder und wieder, dass man diesen Kreis entweder mit dem Uhrzeigersinn oder dagegen abschreitet und sich schließlich in der Mitte niederlässt. Während der Meditation können Sie noch einmal die verschiedenen Aspekte der fünf Meditationsbuddhas durchlesen, bis Ihnen so viele Aspekte wie möglich geläufig sind. Mit der Zeit werden diese Aspekte immer geläufiger. Später brauchen Sie nur noch die Keimsilbe, um sich die unterschiedlichen Eigenschaften der Meditationsbuddhas in Erinnerung zu rufen, das bedeutet, es genügt ein Wort, um eine ganze Gedankenkette in Ihrem Geist hervorzurufen.

Diese Art der Meditation ist, nebenbei bemerkt, sehr viel befriedigender als die Meditation über die fünf Hindernisse, obwohl es wichtig ist, auch hierüber informiert zu sein.

Unser eigener Geist ist in der Lage, Realitäten zu erschaffen. Wenn wir uns zunächst einmal als Vorstellung den Plan vornehmen, ein Haus zu erbauen, so wird diese Vorstellung bei ausreichendem Beharrungsvermögen irgendwann zur Realität, und kurze Zeit später ziehen wir mit unseren Möbeln ein. Den Anfang hat dieses Haus in unserem Geist genommen, man kann also durchaus mit einiger Berechtigung sagen, dass die Realität geistgeschaffen ist, zumindest die menschliche Realität und Umgebung. Und wenn wir auch die natürliche Umwelt nicht direkt selber erschaffen können, so können wir sie jedoch zu einem großen Teil nach unseren Vorstellungen zumindest mitgestalten. Die Erfolge der unterschiedlichsten Züchtungsversuche der Menschen auf pflanzlicher Ebene und in der Tierhaltung sprechen auf jeden Fall für diese Annahme.

Die wirklich spannende Frage ist nun aber, wer oder was unseren Geist erschaffen hat? Für überzeugte Buddhisten kommt aus Gründen der Unvereinbarkeit mit allen logischen Gesetzen ein absoluter Schöpfergott nicht in Frage. Obwohl nicht alles allein mit der Logik zu erklären ist, so sollte doch zumindest eine Behauptung nicht der allgemeinen Logik zuwiderlaufen. Die Annahme einer Existenz eines absoluten Schöpfergottes würde unseren Bemühungen um Selbsterkenntnis und Übernahme der vollen Verantwortung eine Grenze setzen, die unüberwindlich wäre. Genau das ist für Buddhisten im Grunde eine Vorstellung, die nicht mit der Realität übereinstimmt. Wenn es also kein Gott war, der unseren menschlichen Geist erschaffen hat, wer oder was ist es dann gewesen? Wer bei der Beantwortung dieser Frage eine einzige »richtige buddhistische« Erklärung erwartet, wird leider enttäuscht, denn darauf gibt es mindestens zwei scheinbar widersprüchliche Aussagen: Die Anhänger des Kleinen Fahrzeuges Hīnayāna nehmen als ersten Ursprung des menschlichen Geistes eine grundlegende Unwissenheit an. Diese wiederum bewirkt den Daseinsdurst (Sanskr. *Trishnā*), der als nahezu unerschöpflicher Treibstoff des gesamten Daseinskreislaufs Samsāra hervorruft. Bis zu dem Zeitpunkt, an dem ein gereiftes Individuum diese Unwissenheit endgültig überwindet und damit aus dem ständig sich erneuernden Daseinskreislauf aussteigen kann.

Für die Anhänger des Großen Fahrzeuges Mahāyāna ist nicht die Unwissenheit der letzte bzw. erste Grund, sondern hier wird eine grundlegende Ebene des Bewusstseins postuliert, die von unseren menschlichen Vorstellungen von Leben und Tod in keiner Weise berührt wird. Ein Bewusstsein also, das niemals erschaffen wurde und demzufolge auch niemals vergehen kann, von dem man jedoch ebenso wenig sagen kann, dass es nicht existiert. Für diesen Grund des Bewusstseins und damit auch des menschlichen Geistes, der jegliche Vorstellung von Existenz und Nichtexistenz übersteigt, gibt es unterschiedliche Bezeichnungen, von denen die gebräuchlichsten beiden im tantrischen Buddhismus »Geist des klaren Lichtes« und im Zen-Buddhismus »Buddha-Natur« lauten. Dieser »eine Geist«, wie ihn der Zen-Meister Huángbò (Huang-po) während der Táng-Dynastie in China nannte, ist kein individueller Geist, sondern bildet sozusagen den Ozean, aus dem jedes individuelle Dasein hervorgeht und in das es wieder zurückkehrt, wenn der Traum der abgesonderten individuellen Existenz ausgeträumt ist. Nach dieser Sichtweise ist kein Ausstieg aus dem Daseinskreislauf notwendig, um das Leiden zu beenden, da nicht das Leiden bzw. die Leidenschaften die Ursache für das Dasein bilden, sondern diese nur sekundäre Begleiterscheinungen des Daseins sind und somit durch geeignete Methoden ebenso beseitigt werden können, wie sie einmal entstanden sind. Mit diesen Lehren habe ich mich besonders während meines Studiums an der Hochschule Bremen beschäftigt, das ich im Anschluss an meine Wanderschaft als Zimmermann absolviert habe.

15 Die drei Körper eines Buddha

In buddhistischen Schulen gibt es die unterschiedlichsten Kategorisierungen zur Beschreibung der Wirklichkeit, die allesamt keine absoluten Wahrheiten, sondern relativ nützliche Hilfsmittel sind, um eine einheitliche und eigentlich unteilbare Wirklichkeit in verschiedenen Facetten darzustellen. Man sollte sich bei diesen Kategorisierungen darüber im Klaren sein, dass sie nicht mit der Wirklichkeit identisch sind, sondern ein Werkzeug des begrenzten Verstandes, um diese universelle Wirklichkeit ansatzweise begreifen zu können. Aus diesem Grunde wird im Zen-Buddhismus weniger Wert auf (auch buddhistische) Theorien gelegt, aber umso mehr Wert auf das persönliche und direkte Erleben der Wirklichkeit! Eine berechtigte Frage könnte nun lauten: Wann erlebe ich die Wirklichkeit direkt, und wann mache ich mir lediglich eine Vorstellung von dieser direkten Wahrnehmung? Die Antwort darauf lautet, dass es außer dieser Wirklichkeit gar nichts anderes gibt, und deswegen gehört auch die Vorstellung einer direkten Wahrnehmung ebenso zu dieser Wirklichkeit. Was aber bleibt, ist der Zweifel. In diesem Fall der Zweifel an der eigenen Wahrnehmung. Aber auch hier gilt, dass selbst der Zweifel genauso zur Wirklichkeit gehört wie alles andere. Im Zustand der vollkommenen Wirklichkeit gibt es nichts mehr, was nicht zu dieser Wirklichkeit gehören könnte. Diese allumfassende Wirklichkeit ist der sogenannte *Dharmakāya*, der Wirklichkeitskörper. Vom Standpunkt der vollkommenen Wirklichkeit gibt es keinerlei Notwendigkeit für die Einführung weiterer Körper oder einer Unterscheidung innerhalb dieses einen Körpers der Wirklichkeit.

Nun ist unser menschliches Erleben häufig geprägt von einer distanzierten Haltung gegenüber sogenannten leidverursachenden Gefühlen und Geistesverfassungen wie auch körperlicher Unannehmlichkeiten. Diese Distanzierung, um nicht zu sagen: Abwehrhaltung, ist eine der hauptsächlichen Ursachen unseres alltäglichen Leidens, denn in dem Augenblick, in dem wir alles so akzeptieren können, wie es nun einmal ist – unseren Zweifel, unsere Unlustgefühle, unseren Schmerz –, genau in diesem Augenblick verschwinden nicht unsere Gefühle, aber sehr wohl das Leiden darunter. So kann man eigentlich sagen, dass das Vermeiden-Wollen des Leidens die Ursache für das Leiden darstellt. Die Wirklichkeit ist sehr einfach, wenn man sie akzeptieren kann.

Mit der Erfindung der Sprache entstand der unterscheidende Geist, ein Bewusstsein, das sich mit Hilfe von Worten und Begriffen von der Wirklichkeit distanzieren kann. Das damit die Wirklichkeit zu einem Objekt macht, dem ein reflektierendes Subjekt scheinbar gegenübersteht. Es ist ein zweiter Körper auf den Plan getreten, den man als Geschöpf unseres unterscheidenden und Begriffe bildenden Bewusstseins bezeichnen kann. Das ist der Körper des Entzückens oder der Freude, der *Sambhogakāya*. Entzücken und Freude über das (Wieder-)Entdecken der grundlegenden Einheit der Wirklichkeit. Weltliche Leidensgenossen befinden sich zwar ebenso in der unteilbaren Wirklichkeit, im ursprünglichen Paradies, können dies aber aufgrund ihres Gefangenseins in Begrifflichkeit und parteilichem Denken nicht erkennen. Wie der Zen-Meister Hakuin es im Lobgesang auf das Zazen (der ganze Text auf Seite 165 f.) ausdrückt, sind sie

> »wie jene, die mitten im Wasser stehen
> und doch nach Wasser schreien.
> Sie sind Kinder aus reichem Hause,
> die in Armut und Elend ihren Weg verloren haben.«

Diese eigentlich künstlich geschaffene Trennung zwischen der Welt der Freiheit und der Welt des Leidens, also zwischen Nirvāna und Samsāra, ist somit keine objektive Wahrheit, sondern eine Frage des geistigen Standpunktes. Wer es nicht schafft, die Versklavung durch die eigenen Begriffe zu beenden, ist fortlaufend dazu gezwungen, ein Übel durch ein anderes zu ersetzen, und zwar endlos, solange die Knechtschaft durch Worte und Begriffe nicht ein für alle Mal überwunden wird. Das bedeutet jedoch keinesfalls, dass Worte und Begriffe nicht mehr benutzt werden sollten, ganz im Gegenteil. Es bedeutet lediglich, dass die Wirklichkeit nicht mit Statthaltern, Substituten und Symbolen verwechselt werden sollte. Der Sambhogakāya ist ein Phänomen, das hauptsächlich die Ebene der Worte, der Sprache, der Rede und der Begriffe betrifft, und folgerichtig wird hier mit dem Medium Sprache gearbeitet, und zwar in Form von Mantras oder Dhāranīs, also längeren Mantras. Die Mantras stellen hier das Medium dar, mit Hilfe dessen der oder die Praktizierende die Brücke schlägt zwischen dem profanen Gebrauch von Worten und dem beglückenden Klang der universellen göttlichen Sprache. Wobei jedoch die Sicht der Leerheit und Bedingtheit aller Erscheinungen, auch die der göttlichen, aufrechterhalten wird. Einfach gesagt integriert der Sambhogakāya die gewöhnliche Sprache in die absolute Wirklichkeit und macht sie damit zur »wirkenden Sprache« oder zum »wahren Wort«, was die sinngemäße Übersetzung des japanischen Wortes *Shingon* ist, also die Bezeichnung für den esoterischen Buddhismus in Japan.

Die zwangsläufige Folge einer lang andauernden Praxis der Meditation auf Grundlage der direkten Erkenntnis der Wirklichkeit und wesentlichen Einheit aller fühlenden Wesen ist schließlich der Erscheinungskörper, der *Nirmānakāya*, der alle Qualitäten und Handlungen in sich vereinigt, die mit dem Erscheinungsbild eines vollkommen erleuchteten Buddhas assoziiert werden. Auf der physischen Ebene findet tatsächlich eine Veränderung im Körper der Meditierenden statt, da er oder sie durch zunehmende Beherrschung des inneren Energieflusses in der Lage ist, körperliche Veränderungen willentlich hervorzurufen oder zu beeinflussen. Zwei der wirksamsten Methoden in diesem Zusammenhang sind die Aktivierung des Nabelzentrums (Hara) und die Praxis des inneren Feuers (Tummo).

Für den erleuchteten Buddha gibt es keinen Unterschied zwischen dem sogenannten normalen verblendeten Menschen und dem Erleuchteten oder, um es mit den Worten des 6. Patriarchen des Zen, Huìnéng (Hui-neng), zu sagen: Erleuchtung ist Verblendung und Verblendung ist Erleuchtung. Selbst die Idee eines Weges, der zu beschreiten wäre, um die Erleuchtung zu verwirklichen, beruht auf der dualistischen Annahme einer Trennung der beiden Zustände Erleuchtung und Verblendung; bei dem der vermeintliche Weg zur Befreiung dann selber zu einem weiteren Objekt der Abhängigkeit wird und damit seiner eigenen Intention widerspricht. Dieser Widerspruch zwischen der relativen Wirklichkeit, der Entwicklung in Raum und Zeit einerseits, und der absoluten Wirklichkeit, der Einheit andererseits, kann dem dualistischen Menschenverstand einige Schwierigkeiten bereiten.

Der Nirmānakāya, der Verwandlungskörper, ist die Folge und das Ergebnis der anfänglichen grundlegenden Erkenntnis und deren Verwirklichung durch die fortgesetzte Praxis der Meditation. Diese Meditation kann durchaus auch aus der Rezitation von Mantras und der Visualisierung bestimmter göttlicher Formen, Eigenschaften und Umgebungen bestehen. Die fortgesetzte Meditation eben auf dem Pfad der Meditation verwandelt letztlich die gesamte Person einschließlich der körperlichen und geistig-seelischen Aspekte in den Körper, die Sprache, den Geist, die tugendhaften Qualitäten und die perfekten Aktivitäten eines vollkommen erleuchteten Buddhas. An dieser Stelle sei noch einmal ausdrücklich betont, dass wir alle ohne Ausnahme diese Anlagen eines oder einer vollkommen Erleuchteten schon jetzt in uns tragen. Es liegt ganz allein bei uns, sie zu verwirklichen. Die Welt ist für alle gleich, und es steht in unserer Macht, ob wir sie als Hölle auf Erden, als irdisches Jammertal oder als Paradies im Hier und Jetzt erleben. Entscheidend ist das eigene Tun oder eben auch das Nicht-Tun. Die meisten Menschen machen es sich an diesem Punkt sehr leicht, in dem sie ihr Nicht-Tun damit rechtfertigen, dass sie die Verantwortung auf die Mächte des Schicksals, einen allmächtigen Schöpfergott oder die gesellschaftlichen Umstände schieben. Das ist der sichere Weg, niemals Herr und Meister der eigenen Umstände zu werden.

Ich möchte dies einmal mit anderen Worten veranschaulichen, wobei zu bemerken ist, dass »Buddha« hier als Einheitsbegriff für die gesamte Wirklichkeit vom obersten Prinzip bis hin zur leibhaftigen Erscheinung zu verstehen ist.

Der erste der drei Körper des Buddha ist der Wahrheits- oder auch Wirklichkeitskörper, der Dharmakāya, der die gesamte Wirklichkeit mit allen Erscheinungsformen beinhaltet. Die einzige Eigenschaft dieses ersten und wichtigsten Körpers ist, dass er keine Eigenschaften hat, weil er die Gesamtsumme aller Eigenschaften ist, vergleichbar etwa der Farbe Schwarz, die eigentlich keine Farbe, sondern die Summe aller Farben ist. Wenn wir als Beispiel für die drei Buddhakörper Dharmakāya, Sambhogakāya und Nirmānakāya einmal einen Zen-Kreis heranziehen, so ist der Dharmakāya das Papier, auf das dieser Kreis geschrieben wird. Weil dieser Körper keine Eigenschaften hat, ist die persönliche Erfahrung ohne speziellen Inhalt, es ist die Erfahrung reiner Leerheit, allerdings nicht als Abwesenheit von irgendetwas, sondern als Fülle von allem. Die persönliche Erfahrung des Dharmakāya ist so beeindruckend, dass dadurch jeglicher Irrtum und aller Zweifel verschwindet, denn es ist nicht die Erfahrung irgendeiner künstlichen Konstruktion, sondern die direkte Erfahrung der Wirklichkeit. Und an dieser Wirklichkeit gibt es so wenig Zweifel wie an der Existenz der eigenen Hand, die man vor den eigenen Augen sieht.

Der zweite Körper ist der des vollkommenen Genusses, der Sambhogakāya. Dieser Körper kann nur von denjenigen wahrgenommen werden, die eine gewisse Stufe der spirituellen Entwicklung erreicht haben. Dieser Körper besteht nicht aus Materie, sondern ist ein Körper, der aus Geist, Licht und Energie besteht. Und zwar aus einem Licht, das mit unseren organischen Augen nicht wahrzunehmen ist. Um diesen Körper ranken sich alle möglichen esoterischen Vorstellungen vom Astralleib, der Aura, bis hin zu göttlichen und dämonischen Erscheinungsformen. Die Wahrnehmung des Genusskörpers gewinnt im Laufe der spirituellen Entwicklung immer mehr Priorität gegenüber der gewöhnlichen sensitiven Wahrnehmung durch die fünf Sinne und der geistigen Wahrnehmung des Denkens. Als Genusskörper wird er bezeichnet, weil er völlig befreit ist vom Leiden und den Ursachen des Leidens, die eine Existenz auf der materiellen Ebene mit sich bringt. Auch sollte man sich diesen Körper nicht vorstellen als eine Existenzweise außerhalb oder jenseits unserer alltäglichen Realität, er durchdringt diese vollkommen und ist somit jedem zugänglich, der das Hängen an Materie überwunden hat. Vom Standpunkt des Sambhogakāya aus betrachtet ist unsere gewöhnliche Wahrnehmung von fester Materie und starren materiellen Gegenständen nur das Ergebnis eines sehr groben und fixierten Bewusstseinszustandes, der nicht in der Lage ist, die permanente Veränderung und Lebendigkeit der Wirklichkeit zu erfassen.

Und schließlich der dritte Körper des Buddha, der Nirmānakāya, der Erscheinungskörper, ist zwar ein Körper aus Fleisch und Blut und damit für jedermann sichtbar, wird aber nur von vollkommen Erleuchteten auch als solcher erkannt. Dieser Erscheinungskörper, der manchmal auch als Emanationskörper, als Ausstrahlungskörper, bezeichnet wird, ist das endgültige Resultat des spirituellen Schulungsweges und lässt den Praktizierenden in einem Zustand, in dem es nichts mehr zu lernen oder zu erreichen gibt. Hier ist der Zustand der Allwissenheit (bezüglich des Weges zur dauerhaften Glückseligkeit und endgültigen Zufriedenheit) unerschütterlich geworden, und das Verhalten stimmt vollständig mit den eigenen Grundprinzipien überein. Das heißt, Handeln, Sprechen und Denken sind aus einem Guss, der oder die Erleuchtete ist vollkommen im Reinen mit sich und der Welt. In einigen buddhistischen Traditionen kommt noch ein vierter Körper hinzu, der in der Tradition des Zen-Buddhismus keine große Rolle spielt. Dieser Körper wird der Svābhāvikakāya genannt, er ist die Einheit der drei vorher genannten Körper und bezeichnet den Zustand, in dem sie als untrennbar voneinander wahrgenommen werden. Übersetzt heißt dieser Körper der »Körper der Eigennatur«.

Das Zitat »Triffst du den Buddha, dann töte den Buddha!«, welches es sogar bis zum Buchtitel gebracht hat, ist kein Aufruf zum Totschlag, sondern die Ermahnung, alle Vorstellungen und begrifflichen Konstruktionen über Bord zu werfen und mit leichtem Gepäck weiterzureisen. Letztendlich zählt nur die Wirklichkeit, und die drei Körper eines Buddha sind eine äußerst geschickte Hilfskonstruktion, um die universelle Wirklichkeit des Geistes und des gesamten Universums zu erkennen. Seit undenklichen Zeiten haben wir uns daran gewöhnt, uns als eigenständiges körperliches und geistiges Individuum zu identifizieren. Um uns aus dieser Sackgasse einer vorgestellten getrennten Individualität zu befreien, erscheinen sozusagen als hilfreicher Trick die Nirmānakāyas in Form von leiblichen Buddhas, erleuchteten Meistern und Lehrern sowie die Sambhogakāyas in Form von transzendenten Buddhas und Bodhisattvas und den unendlich zahlreichen Schutzgottheiten.

Diese Wesen der geistigen Ebene erscheinen erst in sehr fortgeschrittenen Phasen des spirituellen Weges denjenigen, die sich auf dem direkten Weg zur Erleuchtung befinden. Ganz im Sinne der Zen-Meister geht es in erster Linie darum, das volle Potential als Mensch ohne Rang zu verwirklichen. Und für diesen Menschen ohne Rang gibt es keinerlei Unterschied zwischen einem vollkommen erleuchteten Buddha und einem normalen Menschen. Alle vorläufigen Hilfskonstruktionen wie die Aufteilung in einen Formkörper (Nirmānakāya und der Sambhogakāya) und einen Wirklichkeits-Weisheitskörper (Dharmakāya) haben angesichts der einen, unteilbaren Wirklichkeit ihre Notwendigkeit verloren. Der Buddha ist nichts anderes als der wahre Mensch ohne Rang, und der wahre Mensch ohne Rang ist nichts anderes als der Buddha selbst.

Aber kommen wir noch einmal auf die Theorie von den drei Körpern zurück; speziell im Rinzai-Zen gibt es die Ausbildung anhand der Kōan, das sind Übungsaufgaben, die der Schüler vom Zen-Meister bekommt und die er Stück für Stück löst. Von diesen Kōan, von denen es mindestens 1700 Stück gibt, nimmt der Schüler in 15 Jahren der Ausbildung etwa 700 Kōan durch.[1]

Für den Zen-Schüler stellt das Erlebnis des Wirklichkeitskörpers, des Dharmakāya, den eigentlichen Eintritt in den Zen-Weg dar, und bevor er nicht zweifelsfrei erkannt worden ist, kann man nicht von authentischem Zen sprechen. Er ist der wichtigste dieser drei, denn ohne ihn gibt es keine weitere Entwicklung. Zu diesem Erlebnis kommt es, wenn man zum ersten Mal ein Hosshin-Kōan (Dharmakāya-Kōan) löst und ohne jeden Zweifel weiß, dass die Lösung richtig ist, und man dazu noch die Bestätigung des eigenen Meisters erhält. Dabei kann jedes Kōan ein Hosshin-Kōan sein, denn die Erfahrung des Wirklichkeitskörpers ist an keine Regeln und keine festen Kategorien gebunden. Die Erleuchtung liegt im Geist des Praktizierenden, und nicht in der Einteilung der Kōan! Aber mehr zu den Kōan in einem späteren Kapitel.

Der nächste Schritt ist die Erlangung des Genusskörpers, des Sambhogakāya, und diese Stufe ist wenigen Praktizierenden vorbehalten, weil sie eine so große Ausdauer erfordert. Dieses Stadium ist nach ungefähr 15 Jahren der Übung erlangt, obwohl es wie gesagt keine Garantie dafür gibt. Ich habe Übende erlebt, die ihr ganzes Leben lang Zen-Meditation betreiben und

1 Von diesen Kōan handelt mein Buch *Warum scheißen die Vögel auf Buddhas Kopf?*, in dem ich die ersten 160 Kōan übersetzt und mit Kommentaren versehen habe.

doch niemals zu einem Verständnis des Dharmakāya gekommen sind. Es wird allerdings gesagt, dass, wenn die Übenden nicht vorher aufgeben, ihnen im nächsten Leben die Erkenntnis des Dharmakāya sicher ist.

Wenn also die Chancen gut stehen, dann kann man nach 15 Jahren der Meditationspraxis davon ausgehen, dass die Erfahrung des Sambhogakāya zumindest ansatzweise verstanden worden ist. Dann ist die Kōan-Schulung unter dem eigenen Meister abgeschlossen, und man beginnt selber damit, eigene Schüler in der Kōan-Praxis zu unterrichten. Und gleichzeitig begibt man sich auf den letzten Teil des Übungsweges, der zugleich auch der schwierigste ist: auf den Weg, den Nirmānakāya zu verwirklichen. Und dieser Weg dauert dann noch einmal 15 Jahre, so dass man sagen kann, dass ein Praktizierender nach 30 Jahren der Meditationspraxis so weit ist, das erste Mal so etwas wie das Ziel des Zen-Weges vor Augen zu haben!

Diese letze Phase des Übungsweges ist deswegen so schwer, weil man jetzt alle Erfahrungen des geistigen Weges in das ganz normale Alltagsleben integrieren muss. Dann ist es so, dass es nichts mehr außerhalb des Weges gibt und sogar die fünf Nīvaranas zum Zen-Weg werden, so dass zu den acht Versenkungsstufen nun noch fünf dazukommen und wir eigentlich davon sprechen können, dass es dreizehn Versenkungsstufen gibt. Man geht im Zen sogar davon aus, dass es zehntausend Samādhi gibt, was natürlich auch nur eine theoretische Anzahl ist, da die Zahl der Samādhi unbegrenzt ist. Aber entscheidend ist, dass jetzt die fünf Hindernisse dazugekommen sind, die vorher die Übung nur behindert haben.

Ein wichtiges Hindernis sind hierbei die Schuldgedanken, die unter die Rubrik »Aufgeregtheit und Gewissensunruhe« fallen. Waren sie vorher ein Hemmnis in der Meditation, so werden sie nun zu einer niemals versiegenden Quelle an immer neuen Einfällen und Inspirationen auf dem spirituellen Weg, denn wo Schuldgedanken sind, da gibt es auch neue Wege zu entdecken! Solange man noch das Gefühl hat, unter dem Einfluss von schlechtem Karma (das Gesetz von Ursache und Wirkung) zu stehen, was vom Standpunkt der Erleuchtung auf reiner Täuschung beruht, halten einen genau diese Schuldgedanken davon ab, das Leben in seiner unermesslichen Vielfalt wahrnehmen zu können und in den Zustand der Versenkung einzutreten. Zu Beginn des Zen-Weges sind die Schuldgedanken also ein nicht zu unterschätzendes Hindernis bzw. ein Hemmnis. Während es sich im Laufe der Praxis in das Gegenteil verwandelt und man sozusagen ganz scharf darauf wird, sie im alltäglichen Leben und im eigenen geistigen Kontinuum ausfindig zu machen.

Oder nehmen wir das Übel eines aufgeregten Geistes, der nicht in der Lage ist, sich längere Zeit auf einen bestimmten Punkt zu konzentrieren. Dies ist vor allem bei uns im Westen das am häufigsten auftretende Hindernis in der Meditation. Es wird unter anderem extrem verstärkt durch unsere Informationsgesellschaft, in der wir von morgens bis abends mit einer Unzahl an Nachrichten bombardiert werden. Gegen keine dieser Nachrichten ist etwas zu sagen, aber in ihrer Masse können sie nicht mehr bewältigt werden und verursachen damit ein Chaos in unseren Köpfen, das sich auf die Meditation äußerst störend auswirkt. Auf der anderen Seite stellt aber gerade die Meditation die beste Medizin gegen dieses Chaos dar, und wenn wir uns nicht frühzeitig, und damit meine ich einen Zeitraum von nur drei Wochen, von der Meditation abbringen lassen, dann erfahren wir in ständig wachsendem Maß die Wohltat, die ein ruhiger Geist mit sich bringt. Aber bis es so weit ist, müssen wir uns mit den Schwierigkeiten auseinandersetzen, die ein aufgeregter Geist mit sich bringt, und das sind gerade in der Anfangszeit unserer Meditationspraxis nicht wenige! So wird unser Geist fast jedes Mal aus seiner Ruhe gebracht, sobald wir uns zur Meditation hinsetzen; allein schon der Versuch, uns zu konzentrieren, bringt genau das Gegenteil als Resultat, und wir sind konfrontiert mit einer irrsinnigen Anzahl an unterschiedlichen Gedanken. Wenn wir die Freiheit von Gedanken wollen, begegnen wir genau der Kehrseite davon, und unser Geist wird noch lebhafter. Er wird von einer Fülle an unverarbeiteten Geistesinhalten malträtiert, die er umso weniger unter Kontrolle bringen kann, je mehr er es versucht. Je mehr wir versuchen, das Loslassen von Gedanken zu unserem Übungsobjekt zu machen, desto mehr Gedanken scheint unser Geist zu produzieren. Dies ist allerdings nur ein scheinbarer Prozess, in Wirklichkeit wird nur unsere Aufmerksamkeit zum ersten Mal auf diesen Vorgang gerichtet, und die Gedankenflut erscheint in unserer Wahrnehmung als äußerst bedrohlich. Wir haben das Gefühl, von dieser Welle schier übermannt zu werden, und die Gefahr ist groß, dass wir schon zu Anfang dieser geistigen Entdeckungsreise die Flinte ins Korn werfen.

Wenn dies auch Ihr größtes Problem ist, dann gehen Sie am besten so dagegen vor: Sie gehen mit ihrer Achtsamkeit den ganzen Körper durch, von den Füßen angefangen bis hin zur Scheitelspitze und dann wieder zurück in die Füße. Lassen Sie keinen Körperteil aus, und vor allen Dingen lassen Sie sich Zeit damit. Diese Meditation kann eine ganze Woche lang durchgeführt werden mit einer Übungszeit von sieben bis fünfundzwanzig Minuten pro Sitzrunde. Eine Sitzrunde am Tag reicht aus, sie können jedoch durchaus mehrere am Tag machen. In der nächsten Woche konzentrieren Sie sich auf ihre Gefühle und bleiben möglichst die ganze Sitzperiode bei dieser Achtsamkeitsübung. Auch diese Übungsphase sollte eine ganze Woche lang durchgeführt werden. Und scheuen Sie sich nicht, auch negative Gefühle wahrzunehmen, denn das ist besonders förderlich für Ihren weiteren spirituellen Weg! In der dritten Woche legen Sie Ihre Aufmerksamkeit auf Ihre geistige Verfassung – prüfen Sie, ob Ihr Geist hellwach ist oder eher dumpf und nicht beweglich. Legen Sie die Zeit fest, die Sie meditieren wollen, und hören Sie vor allen Dingen nicht mit der Meditation auf, bevor diese Zeit abgelaufen ist – das ist besonders in der dritten Woche wichtig. Und in der vierten Woche schließlich widmen Sie sich ganz Ihren geistigen Inhalten, also Ihren Gedanken. Sie sollten sie auf keinen Fall irgendwie bewerten, es gibt keine guten und keine schlechten Gedanken. Nehmen Sie lediglich Ihre Gedanken wahr, ohne einen auszulassen. Diese Übungsphase ist die schwerste, aber Sie sollten auch sie eine ganze Woche praktizieren. Das macht bei einer Übungszeit von sieben Minuten täglich eine gesamte Übungslänge von knapp dreieinhalb Stunden, die Sie mit Ihrer Achtsamkeit auf einer dieser vier Ebenen bleiben.

Das ist nicht sehr lange, aber der Erfolg wird Sie begeistern! Nur vor einer Sache sollten Sie sich hüten: Hören Sie nicht mit der Übung vor Ablauf der vier Wochen auf. Wenn Sie zwischendurch einen Tag oder auch länger Pause gemacht haben, beginnen Sie unbedingt wieder von vorne. Falls Sie mit dem Erfolg Ihrer Praxis unzufrieden sein sollten, schadet das der Übung in keinster Weise, sondern ist auf lange Sicht sogar äußerst förderlich. Aber verstoßen Sie während dieser vier Wochen auf keinen Fall gegen die regelmäßige Praxis, denn dafür gibt es überhaupt keinen plausiblen Grund. Nach dieser anfänglichen Übungszeit können Sie eine Pause einlegen, aber bitte nicht vorher! Gönnen Sie sich die Zeit von dreieinhalb Stunden, verteilt auf 28 Tage, da es die Regelmäßigkeit in der Übung ist, die eine geistige Veränderung bewirkt. Wenn Sie die Achtsamkeitsübung vier Wochen lang durchgehalten haben, dann merken Sie, dass die Gedanken gar nicht das Hindernis sind. Sie kommen und gehen, wie auch Gefühle kommen und wieder vergehen, ohne eine Spur in unserem Geist zu hinterlassen. Wenn wir jedoch anfangen, uns gegen sie zu wehren, dann werden sie automatisch zu unseren Feinden und bekommen eine Macht, die sie vorher gar nicht hatten. Das Gehirn produziert Gedanken, wie die Gallenblase die Gallenflüssigkeit produziert, es ist seine natürliche Aufgabe. Die Inhalte des Geistes, also die Gedanken, stellen in der Meditation kein Hindernis dar, wohl aber unsere Abneigung gegen sie. Es geht darum, den geistigen Gedanken-Urwald in seiner ganzen Pracht zu genießen, statt ihn abholzen zu wollen, was uns sowieso niemals gelingen wird.

So gehen wir in der Folge auch mit den anderen fünf geistigen Hemmnissen um, und das universale Therapeutikum heißt regelmäßige Praxis. Wenn wir diese Praxis von sieben Minuten täglich in unseren Routineablauf integrieren, dann sind wir in wenigen Jahren in der glücklichen Lage, sämtliche geistigen Hindernisse integrieren zu können. Damit beginnt eine glückliche Zeit und ein Leben in ungeahnter Freiheit, wir sind den drei Grundübeln Gier, Hass und Verblendung nicht länger machtlos ausgeliefert. Damit beginnt auch eine Zeit, in der wir unser ganzes menschliches Potential entwickeln und uns nicht mehr länger im Wege stehen. Das wird in einer Bemerkung deutlich, die ein Zen-Meister zu einem Kōan verfasst hat, der Satz lautet: »Er ritt nicht nur auf dem Kopf des Tigers, sondern ergriff auch noch seinen Schwanz« (siehe dazu Seite 266). Dieser berühmte Satz, der auch in anderen Zusammenhängen wieder auftaucht, besagt in kürzester Form, wie ein Mensch beschaffen ist, der sämtliches selbstgeschaffene Leiden endgültig beseitigt hat. Ein Mensch, der einen Tiger reitet, ist an sich schon etwas ganz Besonderes, aber wenn er dazu noch den Schwanz des Tieres ergreift, dann hat er ihn ganz unter seine Kontrolle gebracht. Eine Großtat, die ihn endgültig aus der Masse seiner Mitmenschen erhebt! So ein Mensch ist nicht mehr mit normalen menschlichen Maßstäben zu messen.

16 Das Herz-Sūtra – *Maka Hannya Haramita Shingyō*

Das Herz-Sūtra ist ein Sūtra, das heißt eine Lehrrede des Buddha, das in kürzester Form die gesamte Lehre des Buddhismus ausdrückt.

»Herz-Sūtra« ist die Abkürzung des vollen Titels »Das Sūtra von der Vollkommenheit des Herzgeistes«, und auf Japanisch heißt es *Maka Hannya Haramita Shingyō*. Es ist eines der Sūtras, denen im Zen-Buddhismus die höchste Verehrung zu eigen ist, und in aller Kürze (es besteht auf Deutsch lediglich aus 331 Wörtern) beinhaltet es die Leerheit aller relativen Erscheinungen.

Diesen Text bringe ich an dieser Stelle, weil er erstens der wichtigste Text ist, den es überhaupt im Zen-Buddhismus gibt. Zweitens hören Sie ihn in jeder Meditationshalle und jeder Zen-Gemeinschaft, die sich dem japanischen Zen-Buddhismus verbunden fühlt.[2]

Es ist dem Bodhisattva Avalokiteshvara in den Mund gelegt, und es ist sehr bezeichnend, dass nicht der Bodhisattva der Weisheit, Mañjushrī, dieses Sūtra spricht, sondern der Bodhisattva des Mitgefühls Avalokiteshvara.

Das Herz der vollkommenen Weisheit

Der heilige Bodhisattva Avalokiteshvara, in tiefste Weisheit versenkt, erkennt, dass die fünf Skandhas, die fünf Bereiche des Anhaftens – nämlich Körper, Gefühl, Wahrnehmung, Willensregungen und Bewusstsein –, an sich leer sind.

Alle Bitterkeit und alles Leiden tilgt er, wenn er zum ehrwürdigen Shāriputra spricht: Form ist Leerheit, Leerheit ist Form. Leerheit ist nicht verschieden von Form, noch ist Form ver-

2 Zu hören auf https://www.youtube.com/watch?v=xWp7bc8FQAY.

schieden von Leerheit. Alle Dinge in der Welt sind leer, so auch Gefühl, Wahrnehmung, Willensregungen und Bewusstsein.

Alle Dinge sind wie die Leerheit, frei von Entstehen und Vergehen; sie sind weder rein noch unrein, weder vollkommen noch unvollkommen.

In der Leerheit gibt es keinen Körper, kein Gefühl und keine Wahrnehmung, keine Willensregungen und kein Bewusstsein; da gibt es weder Augen noch Ohren, weder Nase noch Zunge, weder Leib noch Geist, weder Sinnesobjekte noch Vorstellungen; da gibt es weder den Bereich der Sinne noch den Bereich der Sinnesobjekte, noch den Bereich des Bewusstseins.

In der Leerheit gibt es weder geistige Blindheit noch Auflösung der geistigen Blindheit; es gibt weder Altern noch Sterben, noch Aufhebung des Alterns und Sterbens. In der Leerheit gibt es kein Erkennen, kein Verwirklichen, kein Leiden, kein Entstehen des Leidens, kein Ende des Leidens und keinen Weg, der zum Ende des Leidens führt.

Nach dieser Weisheit, dass es nichts zu verwirklichen gibt, streben die Suchenden. Darum ist kein Schleier vor ihren Herzen und keine Angst. Befreit von allen Verwirrungen und allen Trübungen des Geistes, frei von allen Vorstellungen wird endlich Nirvana erreicht!

Die Erleuchteten aller Zeiten, der Vergangenheit, Gegenwart und Zukunft, folgen diesem Weg der vollkommenen Weisheit, auf dem sie die große Befreiung erlangen. Lasst auch uns diese tiefste Wahrheit erfahren!

Dies ist das große Wort, das große Mantra, das Wort an Tiefe ohnegleichen, das alle Leiden stillt; die Wahrheit, in der es

nichts Falsches mehr gibt; das Wort, das letzte Weisheit offenbart:

Gate, gate, pāragate, pārasamgate, bodhi svāhā.

Im Japanischen ist der Text wörtlich die japanische Aussprache eines chinesischen Textes, und dieser Text ist wiederum die Übersetzung einer Sanskrit-Ausgabe dieses Sūtra. Es lautet folgendermaßen:

HAN NYA SHIN GYO

MA KA HAN NYA HA RA MI TA SHIN GYO.
KAN JI ZAI BO SA.
GYO JIN HAN NYA HA RA MI TA JI.
SHO KEN GO ON KAI KU.
DO IS SAI KU YAKU.
SHA RI SHI. SHIKI FU I KU. KU FU I SHIKI.
SHIKI SOKU ZE KU. KU SOKU ZE SHIKI.
JU SO GYO SHIKI. YAKU BU NYO ZE.
SHA RI SHI. ZE SHO HO KU SO.
FU SHO FU METSU. FU KU FU JO.
FU ZO FU GEN. ZE KO KU CHU.
MU SHIKI MU JU SO GYO SHIKI.
MU GEN NI BI ZES SHIN I.
MU SHIKI SHO KO MI SOKU HO.
MU GEN KAI NAI SHI MU I SHIKI KAI.
MU MU MYO YAKU MU MU MYO JIN.
NAI SHI MU RO SHI YAKU MU RO SHI JIN.
MU KU SHU METSU DO.
MU CHI YAKU MU TOKU. I MU SHO TO KO.
BO DAI SA TA. E HAN NYA HA RA MI TA KO.
SHIN MU KEI GE MU KEI GE KO.
MU U KU FU ON RI IS SAI TEN DO MU SO.

KU GYO NE HAN.
SAN ZE SHO BUTSU E HAN NYA HA RA MI TA KO.
TOKU A NOKU TA RA SAN MYAKU SAN BO DAI.
KO CHI HAN NYA HA RA MI TA.
ZE DAI JIN SHU. ZE DAI MYO SHU.
ZE MU JO SHU. ZE MU TO DO SHU.
NO JO IS SAI KU.
SHIN JITSU FU KO KO SETSU HAN NYA HA RA MI TA SHU.
SOKU SETSU SHU WATSU.
GYA TEI. GYA TEI. HA RA GYA TEI.
HA RA SO GYA TEI. BO JI SO WA KA.
HAN NYA SHIN GYO.

Lassen Sie uns nun zum Inhalt dieses Sūtra kommen, in dem es um die Leerheit aller Erscheinungen geht.

Das Sūtra wird vom Bodhisattva des grenzenlosen Mitgefühls, Avalokiteshvara, gesprochen, und es ist dieser Bodhisattva, der auf die Schreie der unendlich vielen Lebewesen in der Welt des Leidens hört. Er erkennt im Zustand der Weisheit, dass die fünf Skhandas, die fünf Bereiche der Anhaftung von Körper, Gefühl, Wahrnehmung, Willensregungen und Bewusstsein, leer von einem festen Wesenskern sind. Ohne Substantialität existieren sie lediglich aufgrund des Namens, den sie tragen. Des Weiteren bestehen sie aus einer Anzahl von Komponenten, die ihrerseits aus verschiedenen Bestandteilen zusammengesetzt sind. Sie existieren also nicht in einem endgültigen Sinn und sind somit leer von einer inhärenten Existenz. So erkennt Avalokiteshvara, dass sämtliche Dinge im Universum leer sind, dass es nichts gibt, was einen festen Wesenskern besitzt. Befreit vom Haften an eine gegenständliche Wirklichkeit, hat er erkannt, dass es nichts gibt, dem es nachzurennen lohnt, und nichts, vor dem man wegzulaufen braucht. Mit dieser Erkenntnis ist das Leiden ein für alle Mal beseitigt, und er genießt die Wirklichkeit vollkommen frei. Er sieht das Leben als das, was es ist: eine vorübergehende Erscheinung im Weltgeschehen, der nicht nachgetrauert werden sollte, wenn sie schließlich vorüber ist. Auf der anderen Seite sind wir es unseren fühlenden Mitwesen schuldig, uns um sie zu kümmern, ihnen Mitgefühl entgegenzubringen und ihnen auf jede nur erdenkliche Weise zu helfen. Denn im Grunde sind wir dazu bestimmt, uns und allen Wesen dieses Leben so angenehm wie möglich zu gestalten. Und das größte Hindernis in diesem Zusammenhang ist der Egoismus, der unsere heutige Zeit bestimmt und unser jetziges Leben regiert.

In unserem Leben sind wir frei, zu tun, was wir wollen, aber in Verantwortung für das Wohlergehen aller Wesen.

Im Text wird behauptet, dass alle Dinge wie die Leerheit sind, das heißt, dass sie neben ihrer mangelnden Existenz auch frei sind von Entstehen und Vergehen. Wenn sie nicht so existieren, wie sie normalerweise erscheinen, dann hat deren Existenz keinen Anfang und kein Ende, das ist eigentlich logisch. Überdies sind sie auch frei von jeder Bewertung wie rein oder unrein, gut oder schlecht und so weiter, und unterliegen ihr in keiner Weise. Sie existieren praktisch nur auf der Ebene der Worte, darüber hinaus kommt ihnen keinerlei Beständigkeit zu. Und wenn das so ist, dann stehen sie auch über jeder Bewertung. Die Dinge dieser Welt sind also nicht vollkommen, noch sind sie unvollkommen, einfach weil sie nicht so existieren, wie sie erscheinen.

Diese Sichtweise ist die erste, die man sich in einer gründlichen Ausbildung mit Kōan aneignet. Diese Sichtweise übersteigt jede Therapie, jede therapeutische Heilmethode vollkommen. Ich sage das, obwohl ich selber eine therapeutische Ausbildung habe.

Im Text heißt es, dass sämtliche Erscheinungen, Dinge oder Sachverhalte letztendlich leer sind, das Ganze ist demnach eine Beschreibung dessen, was mit dem Fachbegriff *Shūnyatā* bezeichnet wird. Dieser Fachbegriff ist eine Bezeichnung, die nur sehr unzureichend mit »Leerheit« übersetzt werden kann; in Ermangelung einer passenden Übersetzung bleiben wir jedoch erst einmal bei »Leerheit«, obwohl der Begriff »Nicht-Selbst« passender wäre.

Alle Dinge in der Welt sind also leer, wie es eben auch die fünf Daseinsbereiche sind. Leerheit bedeutet Freiheit von Begriffen, es bedeutet nicht, dass die Dinge nicht existieren. Dies würde weit über das Ziel hinausschießen und direkt in die Falle des Nihilismus führen. Diese Untiefe muss unbedingt umfahren werden, da es aus ihr kein Entkommen mehr gibt. Der Nihilismus verneint jede positive Entwicklung des oder der Praktizierenden und lässt einen im Niemandsland der Polemik verhungern. Mit dem Begriff »Leerheit« ist also in jedem Fall nur die Abwesenheit einer inhärenten Existenz gemeint, und nicht die Abwesenheit der Existenz als solcher. Und das bedeutet unter anderem, dass nur Vorstellungen wegfallen, dass jegliche Begrifflichkeit wegfällt und dass jede konzeptuelle Wahrnehmung der Wirklichkeit als solche erkannt wird. Diese Form der Leerheit beschreibt das Herz-Sūtra, und nicht die »Nicht-Existenz« der Wirklichkeit; es ist ganz wichtig, das deutlich zu machen.

Dann geht der Text weiter und benennt die Leerheit unserer Sinnesorgane, der Augen, Ohren, Nase und Zunge. Es gibt keinen Leib und keinen Geist, der die Sinnesobjekte wahrnehmen könnte. Auch hier gilt wieder, dass nur das Konzept von Augen, das Konzept von Ohren, das Konzept einer Nase und so weiter geleugnet wird und nicht die Wirklichkeit. Die Schwierigkeit ist, dass wir nicht zwischen dem Konzept »Auge« und dem Sinnesorgan Auge unterscheiden, auch das ist wieder die erste Aufgabe in der Arbeit mit Kōan, aber das nur nebenbei.

Dann werden im Herz-Sūtra die Objekte der Sinneswahrnehmung als leer entlarvt, also das Gesehene, das Gehörte, das Gerochene, das Geschmeckte, das Gefühlte und das Gedachte. Hier gilt ebenfalls, dass damit die Konzepte vom Objekt der Sinneswahrnehmungen gemeint sind und nicht die Wirklichkeit, dies müssen wir immer im Gedächtnis behalten.

Und schließlich werden auch die sechs Bewusstseinsarten, also das Sehbewusstsein, das Hörbewusstsein, das Riechbewusstsein und so weiter bis hin zum Geistbewusstsein als leer erkannt, und auch hier geht es um die konzeptuelle Vorstellung der Bewusstseinsarten. Um diese Vorstellung als solche zu erkennen, bedarf es meditativer Erfahrung. Man kann ein gutes Verständnis davon entwickeln, was mit dem Konzept »Leerheit« gemeint ist, das direkte Erlebnis der Leerheit ist jedoch von anderer Art.

In der direkten Wahrnehmung der Leerheit gibt es nicht mehr die Vorstellung von Erleuchtung und Verblendung, von Wissen und Nicht-Wissen und so fort. Das heißt, um es noch einmal zu betonen, dass in der Weisheit der Wesensgleichheit jegliche Bewertungen aufgehoben sind und ein Zustand erreicht ist, in dem alles Erscheinende als gleichwertig erkannt werden kann, nämlich als leer von inhärenter Existenz.

Jetzt aber kommt das Sūtra zum Höhepunkt seiner Aussagen, dass nämlich auch die buddhistische Kernlehre vom Altern und Sterben sowie die Aufhebung des Alterns und Sterbens im Zustand der Befreiung völlig leer ist, das heißt, dass auch die Konzepte des Alterns und Sterbens nicht existieren. Oder besser gesagt, dass die Konzepte von Altern und Sterben nicht so existieren, wie sie uns normalerweise erscheinen. Dasselbe gilt für die Vorstellungen bzw. Konzepte von Erkennen und Verwirklichen, auch diese Vorstellungen stellen sich als leer heraus.

Einschub: Die Lehre von den vier edlen Wahrheiten

Viele Menschen sind der Meinung, dass es in der Meditation darum geht, etwas völlig Neues zu praktizieren, eine Art geistig-mentaler Erfahrung hervorzurufen, die vollkommen im Gegensatz zu dem steht, was uns sonst so durch den Kopf geht. Mit einer solchen Erwartungshaltung beginnt man die Meditation und ist schnell enttäuscht, da sich kein transzendentales Erlebnis einstellen will. Dann übt man die unterschiedlichsten Meditationstechniken, vom Zählen der Atemzüge über Konzentration auf Energiezentren der Chakras bis hin zur Visualisierung von Meditationsgottheiten mit den dazugehörigen Mandalas und dem mehr oder weniger lautlosen Rezitieren der vielfältigen langen und kurzen Mantras, bis ein Zustand der Erschöpfung eintritt und sämtliches spirituelle Pulver verschossen ist. Anschließend mag vielleicht der Gedanke hochkommen, dass die Zen-Meditation doch (noch) nicht die passende spirituelle Praxis ist, und für diejenigen, die diese Enttäuschung nicht ertragen können, ist das tatsächlich auch der Fall.

Wer aber trotzdem weitermacht, findet sich schneller als vermutet in einem Zustand jenseits aller Vorstellungen und Erwartungen wieder. In dem man sogar sich selber vollkommen vergessen hat und eigentlich ohne Absicht und eigenes Dazutun in einen Bereich abgetaucht ist, der sich jeglicher Beschreibung entzieht. Dieses erste Loslassen, das natürlich nur dann möglich ist, wenn sämtliches Wollen und jede Anstrengung abgefallen sind, wird im Zen-Buddhismus als der Einstieg ins Samādhi, oder japanisch *Zanmai*, bezeichnet. Es hat im Geist des Meditierenden einen so starken Eindruck hinterlassen, dass dieser Zustand von nun an immer häufiger auftritt, wenn man mit der Übung des Zazen fortfährt. Erfahrungsgemäß versucht der Übende in der Folgezeit, diesen Zustand wieder und wieder zu erreichen, und selbstverständlich bewirkt dieses absichtsvolle und angestrengte Streben genau das Gegenteil. Aber gleichzeitig wird dadurch auch die Erfahrung der Anstrengung und des letztendlich befreienden Loslassens immer weiter vertieft, bis der Praktizierende schließlich verinnerlicht und nicht nur dualistisch versteht, dass das Ziel des Sitzens (Zazen) das Sitzen selbst ist. Das ist das Ende der Anstrengung und Mühe, und Zazen ist für den Praktizierenden zu dem geworden, was es eigentlich ist: die sich selbst befreiende mühelose Aktivität der Buddhas. Das ist der Beginn des eigentlichen Zen-Weges.

Für den Zen-Praktiker wird es spätestens ab jetzt notwendig, sich mit den theoretischen Grundlagen seiner Praxis zu beschäftigen, obwohl nicht wenige gerade diese Beschäftigung scheuen. Es besteht ein sehr subtiler Unterschied zwischen dem Phänomen Samādhi, also der meditativen Versenkung, und Kenshō, der Selbstwesensschau, die bei uns auch manchmal sehr verallgemeinernd als Erleuchtung bezeichnet wird. Um hier nicht in Verwirrung zu geraten, ist es wichtig, zu verstehen, was der Buddha mit der Lehre von den vier edlen Wahrheiten gemeint hat, die das Grundgerüst des gesamten Buddhismus darstellen. Wie bei allen wirklich wichtigen Dingen ist es gerade bei dieser Lehre von den vier edlen Wahrheiten notwendig, sich immer wieder mit ihr zu beschäftigen. Durch wiederholtes Nachdenken darüber entwickelt sich ein stetig tiefer gehendes Verständnis vom Inhalt dieser anscheinend so einfachen und simplen Darstellung menschlicher Problematik und der Befreiung davon.

Um es noch einmal zu betonen: Die Bedeutung dieser Lehre vom Leiden und seinen Ursachen liegt nicht darin, eine Kultur der Leidensbetrachtung zu pflegen, sondern ganz im Gegenteil darin, die felsenfeste Grundlage für dauerhaftes Glück zu schaffen. Und genau dafür ist neben der Übung und Praxis des meditativen Gleichgewichtes ebenso ein vernünftiges Begreifen des Sachverhaltes notwendig. Beides zusammen gipfelt in einer Lebensführung, die mit dem Wort »ethisch« zwar zutreffend, aber nicht vollständig beschrieben wird und die das nach außen hin sichtbare Merkmal des innerlichen Glücks und der dauerhaften Zufriedenheit bildet. Diese Lebensführung bezieht sich nicht nur auf den Orden der Mönche und Nonnen, sondern beinhaltet alle Bereiche der menschlichen Gesellschaft und wird im Laufe der nächsten Jahrzehnte und Jahrhunderte die Maßstäbe und Werte unserer Gesellschaft entscheidend mitbestimmen.

Beginnen wir mit der ersten edlen Wahrheit, der Wahrheit vom Leiden, das auf Sanskrit als *Duhkha* bezeichnet wird. Ein großes Missverständnis ist durch die verhängnisvolle Fehlinterpretation entstanden, die besagt, dass das Leben ganz allgemein Leiden bedeutet, das Leben also gleich Duhkha ist. Die natürliche und logische Schlussfolgerung aus dieser Irrlehre, die auch unter traditionellen Buddhisten nicht selten anzutreffen ist, wäre dann eine möglichst rasche Beendigung des Lebens und damit auch des Leidens. Dieser Schritt wird in der buddhistischen Terminologie als Ausstieg aus dem Rad der Wiedergeburten oder des Daseinskreislaufes bezeichnet. Und einige Meditationstechniken bestehen darin, zum Zeitpunkt des Todes den Übergang in ein neues Leben zu verhindern. Diese Vorstellung ist für uns als westliche Menschen schon deswegen mehr als erstaunlich, da wir bewusst oder auch unbewusst vom Tod als definitivem Ende unserer Existenz ausgehen; eine Annahme, die als solche ebenfalls als Irrlehre bezeichnet werden muss und mit dem Gesetz von Ursache und Wirkung in keiner Weise in Übereinstimmung gebracht werden kann. Denn damit würden viele zu Lebzeiten gesetzte Ursachen ohne Wirkung bleiben, und so etwas ist auch theoretisch nur für jemanden möglich, der nicht mehr existiert. Wenn wir also von einer fortlaufenden Wiederverkörperung auch über die Grenzen des Todes hinaus ausgehen, dann führt allein schon diese Annahme zu einem verantwortungsbewussteren Umgang mit unseren körperlichen Handlungen, sprachlichen Äußerungen und gedanklichen Vorgängen, wobei den gedanklichen Vorgängen, wie wir noch sehen werden, die entscheidende Rolle zukommt.

Mitunter wird das Leiden in drei Kategorien eingeteilt unter dem Gesichtspunkt der zunehmenden Subtilität. Die erste und offensichtliche Kategorie ist das manifeste Leiden in Form von körperlichen Schmerzen, Verletzungen, Krankheiten, dem Vorgang des Sterbens und schließlich dem physischen Tod. Diese Form des Leidens ist für jedermann ersichtlich und bedarf keiner weiteren Erklärung. Die zweite Kategorie des indirekten Leidens ist äußerlich nicht sofort zu erkennen und bezieht sich auf das innere Erleben in Form von Enttäuschungen, Frustration, emotionalen Kränkungen, Trauer, Depressionen, unerfüllten Wünschen und unerwünschten Begegnungen. Die dritte Kategorie ist das verborgene Leiden und nur für diejenigen erkennbar, die bereit sind, sich der Tatsache des Leidens zu stellen, und statt kurzzeitiger Vergnügungen das dauerhafte Glück der endgültigen Befreiung anstreben. Dieses verborgene und subtilste Leiden besteht darin, dass alle weltlichen glückseligen Zustände wieder vergehen und selbst die höchsten geistigen und emotionalen Höhenflüge früher oder später ihr Ende finden und dabei nicht selten in tragischen Abstürzen enden. Wenn wir ehrlich sind, verbringen wir den größten Teil unseres Lebens mit allen möglichen Anstrengungen, das allumfassende Leiden zu vermeiden. Und wenn uns das schon nicht gelingt, so versuchen wir, uns irgendwie davon abzulenken; entweder mit den Mitteln der Unterhaltungsbranche und Medienindustrie oder durch Ausleben der unterschiedlichsten stoffgebundenen und unstofflichen Süchte und Abhängigkeiten. Wenn diese Ablenkungsmanöver tatsächlich funktionieren würden, wäre dagegen eigentlich nichts einzuwenden, denn das Leiden als solches ist nicht so attraktiv, dass man sich tagein, tagaus damit beschäftigen möchte. Zu unser aller Nachteil produzieren aber diese Verhaltensweisen der Vermeidung und Verdrängung wiederum selber ein solches Maß an Leiden, dass es schließlich immer schwieriger wird und einen immer größeren Kraftaufwand erfordert, diesen Teufelskreislauf zu durchbrechen.

Die zweite edle Wahrheit von der Entstehung und den Ursachen des Leidens behandelt den inneren Antrieb des Kreislaufs, in dem wir üblicherweise gefangen sind. Trotz besseren Wissens und guter Absichten finden wir uns immer wieder mit Situationen konfrontiert, die wir eigentlich vermeiden wollten. In diesen Situationen sind wir scheinbar gezwungen, automatisch und machtlos zu handeln wie ferngesteuerte Maschinen; wir kommen aus den unendlich ermüdenden Rollenmustern einfach nicht heraus. Der Grund dafür ist simpel und liegt ganz einfach darin, dass wir die Ursache für diesen betrüblichen Zustand genau an der falschen Stelle vermuten und folglich immer wieder vergeblich danach suchen. Der eigentliche Grund für unsere Unzufriedenheit liegt nicht in den äußeren Umständen, in denen wir uns befinden, nicht im Verhalten oder der Wesensart unserer Mitmenschen und nicht in der Macht äußerer himmlischer oder dämonischer Wesenheiten, Götter oder Geister. Diese himmlische und höllische Erklärung trifft nur dann zu, wenn wir die Verantwortung für unser eigenes Handeln und Erleben noch nicht selber tragen wollen oder können.

Die Entstehung des Leidens findet an einem ganz bestimmten Ort statt, und dieser Ort befindet sich genau im Zentrum unseres Geistes. Die entscheidende Frage lautet nun jedoch nicht, wo sich dieses Zentrum im Geist befindet, sondern wo sich Ihr Geist gerade befindet. Die letztendliche Ursache für jegliche Form des Leidens und der Unzufriedenheit ist die Gier, noch genauer: die Unwissenheit von der Existenz dieser Gier.

Das Wort »Gier« steht hier stellvertretend für einen ganzen Themenkomplex. Angefangen vom basalen Lebenstrieb, dem (Über-)Lebenswillen, und dem anderen Extrem, der Todessehnsucht und der Lebensmüdigkeit, bis hin zur ausufernden Sucht in allen möglichen Bereichen, vollkommen unabhängig von der gesellschaftlichen Konvention der Legalität. Diese grundlegende Gier oder, wie es auf Sanskrit sehr treffend heißt, *Trishnā*, der Durst, ist das offensichtliche Merkmal und gleichzeitig die sich selbst reproduzierende Ursache jeglicher empfundener Unzufriedenheit in der Gegenwart. Ist diese Gier auch nur für einen einzigen kurzen Augenblick aus welchen Gründen auch immer verschwunden, so folgt sofort ein Gefühl tiefer Befriedigung und ein umfassendes Einverständnis mit allem, was ist. Wird die Gier ständig aufrechterhalten, entweder absichtlich oder aus Unwissenheit, folgt darauf zwangsläufig als Erscheinung auch die Kehrseite der Medaille, nämlich die Wut und der Zorn. Und zwar als Reaktion auf die unerfüllten Wünsche und Gelüste bzw. auf Personen, die vermeintlich dafür verantwortlich sind. Damit ist es jetzt aber auch genug der unangenehmen Wahrheit, und wir können uns dem freudigen Teil der Arbeit widmen und den Lohn der Anstrengung in Empfang nehmen.

Die frohe Botschaft des Buddhismus lautet, dass jeder Mensch die Möglichkeit hat, das Leiden und die Unzufriedenheit vollkommen zu überwinden. Und zwar einfach dadurch, dass er oder sie die Ursache für das Leiden überwindet, also die Gier, und damit auch den Hass und die Unwissenheit um diesen Zusammenhang. Manche Menschen mögen der Meinung sein, dass es enormer Anstrengung bedarf, die Gier und das Verlangen niederzukämpfen und mit Hilfe einer asketischen Lebensweise die Triebhaftigkeit zu reduzieren und schließlich vollkommen auszulöschen. Es ist durchaus wünschenswert, dass jeder von uns die Tugend des Verzichts und der Entsagung zumindest ansatzweise übt und hin und wieder die Erfahrung macht, wie wohltuend eine Zeit des körperlichen und geistigen Fastens sein kann. Als Fleischesser kann man erstaunliche Erfahrungen machen, wenn man einmal auf Currywurst, Frikadelle und Chateaubriand verzichtet und stattdessen die Wunderwelt der vegetarischen Küche entdeckt.

Kommen wir jetzt zur wichtigsten der vier edlen Wahrheiten, der Wahrheit von der Beendigung des Leidens und der Unzufriedenheit, oder ganz einfach gesagt: der Wahrheit vom dauerhaften und unvergänglichen Glück.

Die dritte edle Wahrheit besagt, dass mit der Beendigung der Ursachen des Leidens auch das Leiden selber verschwindet. Vielleicht haben Sie sich schon einmal gefragt, warum das Leiden eigentlich überwunden werden sollte, denn einige Leidenschaften sind ja durchaus reizvoll und machen das Leben ganz schön bunt und interessant. Genau hier liegt der springende Punkt. Leiden wird einzig und allein dadurch definiert, dass es Schaden anrichtet, und jegliche Verhaltensweise wird erst dadurch zu einer »Leiden-schaft«, dass sie das legitime Recht auf Leben und Glück eines fühlenden Wesens verletzt. Um also unterscheiden zu können, was wahres Leiden und was wahres Glück ist, sollte man zuvor untersuchen, ob durch die betreffende Verhaltensweise irgendein Wesen zu Schaden kommt. Ist dies nicht der Fall, so sollte man nicht mehr von Gier, sondern vielmehr von Vergnügen sprechen, und nach einem derartigen Vergnügen zu gieren ist äußerst empfehlenswert! Wie schon gesagt sind Handlungen oder Verhaltensweisen nicht von sich aus gut oder schlecht, das einzig entscheidende Kriterium ist der Schaden, der dadurch angerichtet wird oder eben auch nicht. Im Idealfall sollte eine Handlung nicht nur nicht schädlich sein, sondern darüber hinaus möglichst auch noch das Glück aller anderen fühlenden Wesen bewirken.

In den bis jetzt genannten drei edlen Wahrheiten ist eigentlich schon die Kernaussage des Buddhismus enthalten, und es fehlt nur noch eine präzise Handlungsanweisung bzw. eine Wegbeschreibung, nach der wir uns richten können. Dies genau ist der Inhalt der vierten edlen Wahrheit, der Wahrheit vom Weg, der zum dauerhaften Glück führt. Hätten wir lediglich den Grundsatz des Nicht-Schädigens als oberstes Gebot, so wäre das allein schon ausreichend, um uns vor zukünftigem Unheil zu bewahren. Da wir aber nicht nur die Abwesenheit von Leid anstreben, sondern darüber hinaus noch dauerhaftes Glück und Wohlbefinden, wenn nicht sogar ekstatische Glücksgefühle in nicht unbeträchtlichem Ausmaß, gibt es im Buddhismus einen genau ausgearbeiteten Fahrplan, wie wir unser Ziel, das Glück, auf schnellstem und direktestem Weg erreichen.

Die vierte edle Wahrheit ist die Wahrheit vom edlen achtfachen Pfad, der zur Erleuchtung und zur Befreiung vom Leiden führt. Die acht Stufen sind:

1. Erkennen
2. Denken
3. Reden
4. Handeln
5. Lebenserwerb
6. Anstrengung
7. Achtsamkeit
8. Sammlung

Die einzelnen Stufen werden als edel bezeichnet, weil sie in letzter Konsequenz zu einem Dasein führen, das weit über das normale Maß unseres gewöhnlichen Alltagsdaseins hinausgeht. Mit der Erkenntnis der Unzulänglichkeit unseres gewöhnlichen Alltagslebens und der Notwendigkeit des spirituellen Weges beginnt also unsere Karriere auf dem Zen-Weg.

Durch folgerichtiges Denken und Unterscheidungsvermögen gewinnen wir im Laufe der Zeit eine ständig zunehmende Sicherheit in Bezug auf die Verhaltensweisen, die förderlich sind, wie auch solche, die unseren Fortschritt eher behindern. Unsere Rede als sprachliche Äußerung des Denkens wird mehr und mehr zum wichtigsten Werkzeug, um andere auf dem geistigen und spirituellen Weg anleiten zu können. Bis wir dieses Stadium erlangt haben, in dem wir andere wirklich hilfreich »belehren« können, ist es unbedingt notwendig, auf jedes unserer Worte zu achten und vor allen Dingen zu vermeiden, die Sprache als Waffe zu gebrauchen, um anderen zu schaden oder sie auch nur verbal zu verletzen. Das Gleiche gilt natürlich auch für unsere körperlichen Handlungen, die unter der absoluten

Prämisse des Nicht-Schädigens stehen sollten, bis wir das Stadium des mitfühlenden Helfens in jeder Situation verwirklichen können. Der offensichtlichste Bereich der alltäglichen Handlungen ist unser Lebenserwerb, also unser Beruf. Hier gibt es die Empfehlung, keine Tätigkeit auszuüben, die anderen Wesen, Menschen wie Tieren, Schaden zufügt. Als Beispiele werden Berufe aufgeführt, die mit dem Töten von Menschen und Tieren, dem Waffenhandel sowie dem Handel mit Rauschmitteln verbunden sind. Jedoch rate ich gerade in diesem sensiblen Bereich von pauschalen Urteilen ab und empfehle hier eine sorgfältige Einzelfallprüfung nach dem Motto: Beton ist, was man daraus macht.

Unter Anstrengung auf der sechsten Stufe versteht man den Einsatz der Kräfte, um das große Ziel des immerwährenden Glücks zeitnah zu verwirklichen. Das Bestreben aller Wesen ist im Grunde die Suche nach diesem Glück, jedoch lässt es ohne die Anstrengung in Verbindung mit den anderen Komponenten des achtfachen Pfades meistens lange auf sich warten und ist dann zudem noch alles andere als dauerhaft. Die Achtsamkeit auf der siebten Stufe als wichtigste Eigenschaft und Fähigkeit eines Buddhisten ist die Eigenschaft, vorurteilsfrei und aufmerksam wahrnehmen zu können. Eine Fähigkeit, die in einer hektischen Welt umso mehr Bedeutung gewinnt, je mehr unsere Aktivität und Tatkraft gefordert wird. Denn ohne das Vermögen zum ruhigen und aufmerksamen Verweilen wird jede Aktivität früher oder später in einem zerstörerischen Chaos enden. Dieses Chaos wird dann als sogenannter Schicksalsschlag empfunden und erlebt, der mit einiger Achtsamkeit auf die im Vorfeld auftretenden subtilen Anzeichen jedoch sehr leicht vermieden und sogar in sein Gegenteil gewendet werden kann.

Die letzte und achte Stufe des edlen achtfachen Pfades schließlich ist der Kern des Zen-Buddhismus, die Praxis der Sammlung, auf Sanskrit *Samādhi*, was bei uns landläufig als Meditation bezeichnet wird. Durch fortgesetzte sanfte, aber bewusste Ausrichtung des Geistes in der Meditation wird ein Zustand angestrebt, in dem es zwischen der meditierenden Person und dem Objekt der Aufmerksamkeit keinerlei Trennung mehr gibt. Die im Zen gebräuchlichste Methode ist das Loslassen jeglicher Fixierung auf ein bestimmtes Meditationsobjekt, und geübt, oder besser: praktiziert wird hier das reine Nur-Sitzen, auf Japanisch *Shikantaza*. Andere Möglichkeiten der Meditation beinhalten die bewusste Ausrichtung des Geistes auf ein bestimmtes Objekt, sei es ein Mantra, eine Visualisierung oder die Vergegenwärtigung gewisser göttlicher Eigenschaften. Dabei ist keine Methode höherwertiger als eine andere, jede hat ihren Wirkungsbereich und sollte im Idealfall zeitlich begrenzt und geschickt nach Lage der Dinge angewandt werden.

Aber kommen wir zurück zum Herz-Sūtra:

Nun behauptet das Herz-Sūtra, dass auch diese vier Zustände, die sogenannten vier edlen Wahrheiten, nicht existieren.

Was soll das heißen?

Soll es heißen, dass unsere ganzen Bemühungen um das Erkennen der vier edlen Wahrheiten völlig umsonst waren? Soll es heißen, dass wir uns vergeblich bemüht haben, den acht Stufen zur Beendigung des Leidens zu folgen, oder dass es gar keine Beendigung des Leidens gibt?

Zu diesem Schluss kommen wir nur, wenn wir das Herz-Sūtra und seine Aussagen aus einer nihilistischen Sicht der Dinge verstehen. Das heißt, dass wir nicht unterscheiden zwischen dem Konzept von der Wirklichkeit und der Wirklichkeit selbst und dass wir das Konzept von der Beendigung des Leidens nicht von der wirklichen Beendigung des Leidens trennen. Der Nihilismus ist eine Form, die das rationale Denken annehmen kann, und gleichzeitig ist es auch die gefährlichste Maske, denn sie ist am schwersten zu durchschauen.

Dies ist nebenbei bemerkt auch der Vorwurf, den man dem Meister *Nāgārjunā*, der im 2.–3. Jahrhundert in Indien gelebt und einige der wichtigsten Bücher des Mahāyāna-Buddhismus verfasst hat, machte. Er wird als der 14. Patriarch in der Tradition des Zen-Buddhismus angesehen. Man hat ihm vorgeworfen, er sei ein Nihilist gewesen und habe sämtliche Maximen des Buddhismus abgelehnt. Das jedoch lag daran, dass seine Kritiker eben nicht unterschieden haben zwischen Konzepten von der Wirklichkeit und der Wirklichkeit als solcher.

Auch im Herz-Sūtra wird nicht behauptet, dass die vier edlen Wahrheiten überhaupt nicht existieren, sondern es wird festgestellt, dass sie nicht als Konzepte, also nicht als Vorstellungen, existieren. Das ist ein großer Unterschied, der jedoch auf der Ebene der Worte und Begriffe nicht widerspruchslos klarzumachen ist.

Die Weisheit, dass es nichts zu verwirklichen gibt, nach der alle Suchenden streben, bedeutet, dass alle Vorstellungen, alle Konzepte und gedanklichen Konstruktionen über Bord geworfen werden und man direkt in die Wirklichkeit eintauchen muss. Sobald wir über diese Wirklichkeit nachdenken, verfallen wir schon der Unwissenheit und sind im Dualismus von Richtig und Falsch, Entstehen und Vergehen, Rein und Unrein, von Vollkommen und Unvollkommen verstrickt, ohne die Wirklichkeit direkt zu sehen. Welche Wirklichkeit sehen Sie also jetzt, die konzeptuelle oder die direkte Wirklichkeit? Das allein ist der Unterschied zwischen Erleuchtung und Verblendung, so einfach ist es!

Dies ist der einzige Weg zur endgültigen Erleuchtung, wie Meister Hakuin, der Zen-Meister des berühmten Lobgesanges auf das Zazen, zu dem wir im Anschluss an das Herz-Sūtra kommen werden, schon gesagt hat. Es gibt keinen zweiten oder dritten, denn der Weg, die Gedanken unter Kontrolle zu bekommen, ist die unbedingte Voraussetzung zur Erleuchtung. Es ist gleichzeitig der Weg, der von allem Leiden und jeder Unzufriedenheit, von jeglicher Angst und jedem Schleier vor dem Herzen befreit. Das ist die frohe Botschaft des Herz-Sūtra: Durch Erkenntnis wird Verwirrung vertrieben, und Trübungen des Geistes werden beseitigt, wie zum Beispiel auch die fünf Hindernisse der Meditation, wie wir sie schon zu Beginn kennengelernt haben. Die fünf Hindernisse Müdigkeit, Begierde, Boshaftigkeit, unruhige Gedanken und Zweifelsucht fallen im Zustand der Erleuchtung weg. Ebenso sind die fünf Bereiche der Anhaftung, also Körper, Gefühle, Wahrnehmungen, Willensregungen und Bewusstsein, vollständig umgewandelt in die fünf Weisheitsaspekte, nämlich die spiegelgleiche Weisheit, die Weisheit der Wesensgleichheit, die Weisheit der Unterscheidung, die Weisheit der alles vollendenden Tat und die alles umfassende Weisheit.

Damit haben wir uns von hinderlichen Vorstellungen befreit, und der Weg ins Nirvāna steht uns offen. Aber was ist das Nirvāna, wie sieht es aus und wie fühlt es sich an?

Im Herz-Sūtra wird deutlich gemacht, dass dies der Weg zur vollkommenen Weisheit ist, dem sämtliche Erleuchtete der drei Zeiten, nämlich Vergangenheit, Gegenwart und Zukunft, gefolgt sind und auf dem sie die große Befreiung erreicht haben. Und jetzt sind wir dran und werden aufgefordert, diesem Weg zu folgen. Und als Abschluss des Ganzen bekommen wir ein Mantra an die Hand, das ausreicht, um den Sinn dieses Sūtra in wenigen Worten zusammenzufassen. In diesen sechs Worten ist der gesamte Sinn des Sūtra enthalten, und eigentlich reicht es, dieses Mantra siebenmal am Tag auszusprechen, um den Sinn des Sūtra zu verstehen. Allerdings sollte man diese Übung mindestens ein Jahr lang durchhalten, und dann hat man das Mantra zweitausendfünfhundertfünfundfünfzigmal rezitiert. Hier ist das Mantra in seiner Ursprungssprache, dem altindischen Sanskrit:

Gate, gate, pāragate, pārasamgate, bodhi svāhā.

17 Lobgesang des Zazen – *Hakuin Zenji Zazen-wasan*

Eine weitere Lehrrede, die im Zen, und hier vor allem im Rinzai-Zen, höchste Verehrung genießt, ist das *Hakuin Zenji Zazen-wasan* oder der Lobgesang des Zen-Meisters Hakuin. Wie beim Herz-Sūtra werde ich diesen Gesang erst einmal in der deutschen Übersetzung vorstellen und ihn dann im japanischen Original zur Rezitation zur Verfügung stellen. Hier also zuerst der deutsche Text:

Chorgesang des Zen-Meisters Hakuin (Lobpreis des Zazen)

Die Menschen sind in ihrem tiefsten Wesen Buddha; es ist wie bei Wasser und Eis: Wie es kein Eis gibt ohne Wasser, so gibt es nicht einen Menschen ohne Buddha-Natur.

Wehe den Menschen, die in weiter Ferne suchen und nicht wissen, wie nahe die Wahrheit ist.

Sie gleichen denen, die mitten im Wasser stehen und doch nach Wasser schreien.

Sie sind Kinder aus reichem Hause, die in Armut und Elend ihren Weg verloren haben.

Irrend durchwandern sie alle Welten, verstrickt im Finstern ihrer Unwissenheit. Wie könnten sie je frei werden von Geburt und Tod, wenn sie endlos im Dunkel des Irrtums suchen?

Zazen, wie es der Buddha lehrt: Kein Lob kann sein Verdienst erschöpfen! Alle Tugenden, Barmherzigkeit und Sittlichkeit, alle gute Tat, Lobpreisung Buddhas und alle Übungen, alle münden sie hier!

Wem nur ein einmaliger Sitz sich vollendet, dem löst sich alles Karma auf, angehäuft in zahllosen Leben. Wo sind die Pfade des Übels, wenn Reines Land so nahe ist?

Wer voll Demut auch einmal nur diese Wahrheit vernimmt, wer sie preist und mit Vertrauen verfolgt, erlangt unendliche Glückseligkeit.

Mehr noch: Wenn wir uns ganz der Suche hingeben und unmittelbar unsere eigene Natur erleben, dann ist unser eigenes Wesen nichts anderes als die Natur des vollendeten Nichts, und wir sind erhaben über des Denkens Spiel.

Weit öffnet sich das Tor der Einheit von Ursache und Wirkung, und der einzige Weg tut sich auf: Geradeaushin, kein zweiter und dritter.

Wer ihn beschreitet, der nimmt an als Gestalt die Gestalt des Gestaltlosen, und sein Gehen und Kommen geschieht nirgends, denn wo er ist.

Der nimmt an als sein Denken das Denken des Nicht-Denkens, und sein Singen und auch sein Tanzen sind Stimme der Wahrheit.

Der Himmel des Samadhi ist grenzenlos und frei, und es leuchtet der volle Mond der vierfachen Weisheit.

In diesem Augenblick: Was fehlte da noch, wo sich offenbart das Nirvana? Hier und jetzt ist Reines Land, und dieser Leib hier ist nichts anderes als Buddha.

Und das ist die japanische Übersetzung:[3]

HAKUIN ZENJI ZAZEN WASAN

SHUJO HONRAI HOTOKE NARI
MIZU TO KORI NO GOTOKU NITE
MIZU O HANARETE KORI NAKU
SHUJO NO HOKA NI HOTOKE NASHI

SHUJO CHIKAKI O SHIRAZU SHITE
TOKU MOTOMURU HAKANASA YO
TATOEBA MIZU NO NAKA NI ITE
KATSU O SAKEBU GA GOTOKU NARI

CHOJA NO IE NO KO TO NARITE
HINRI NI MAYOU NI KOTONARAZU
ROKUSHU RINNE NO INNEN WA
ONORE GA GUCHI NO YAMIJI NARI

YAMIJI NI YAMIJI O FUMISOETE
ITSUKA SHOJI O HANARU BEKI
SORE MAKAEN NO ZENJO WA
SHOTAN SURU NI AMARI ARI

FUSE YA JIKAI NO SHOHARAMITSU
NENBUTSU ZANGE SHUGYO TO
SONO SHINA OKI SHOZENGYO
MINA KONO UCHI NI KISURU NARI

ICHIZA NO KO O NASU HITO MO
TSUMISHI MURYO NO TSUMI HOROBU

3 Zu hören auf https://www.youtube.com/watch?v=eQwGVjkQDRY.

AKUSHU IZUKU NI ARINU BEKI
JODO SUNAWACHI TOKARAZU

KATAJIKENAKUMO KONO NORI O
HITOTABI MIMI NI FURURU TOKI
SANDAN ZUIKI SURU HITO WA
FUKU O URU KOTO KAGIRI NASHI

IWANYA MIZUKARA EKO SHITE
JIKI NI JISHO O SHO SUREBA
JISHO SUNAWACHI MUSHO NITE
SUDENI KERON O HANARETARI

INGA ICHINYO NO MON HIRAKE
MUNI MUSAN NO MICHI NAOSHI
MUSO NO SO O SO TO SHITE
YUKUMO KAERUMO YOSO NARAZU

MUNEN NO NEN O NEN TO SHITE
UTAU MO MAU MO NORI NO KOE
ZANMAI MUGE NO SORA HIROKU
SHICHI ENMYO NO TSUKI SAEN

KONO TOKI NANI O KA MOTOMU BEKI
JAKUMETSU GENZEN SURU YUE NI
TOSHO SUNAWACHI RENGEGOKU
KONO MI SUNAWACHI HOTOKE NARI.

Das ist meiner Meinung nach die beste Darstellung vom Ziel des buddhistischen Weges, die derzeit im westlichen Kulturkreis im Umlauf ist. Der Chorgesang des Zen-Meisters Hakuin bringt alle wichtigen Punkte des spirituellen Weges zur Sprache und stellt gleichzeitig die Lösung für die problematischen Abschnitte des Weges dar.

Er beginnt mit der Voraussetzung, die alle guten Zen-Texte auszeichnet, nämlich mit der Feststellung, dass alle Menschen in ihrem tiefsten Wesen Buddha sind, das heißt, sie sind von Natur aus erleuchtet, und eigentlich braucht man nicht mehr zu tun, als dies bewusst wahrzunehmen.

Das ist natürlich leicht gesagt, denn ausnahmslos niemand, ich betone: niemand, vermag diesen Zustand ohne weitere Vorbereitung zu akzeptieren, geschweige denn zu genießen, und so beschreibt Meister Hakuin erst einmal den Zustand, in dem wir uns jetzt befinden.

Aber zuerst einmal sollte ich den Zen-Meister Hakuin näher vorstellen, denn er war derjenige, der im 17. Jahrhundert das Zen in Japan vor dem Verfall gerettet und durch seine eigene Erleuchtungserfahrung wiederbelebt hat. Begonnen hat er damit, dass er von seinem Meister Dōkyō Etan sein erstes Kenshō bestätigt haben wollte, was dieser jedoch aus gutem Grund ablehnte. Denn er wusste, dass Hakuin's Kenshō mit so viel Stolz beladen war, dass es das Ende von Hakuin's spirituellem Werdegang gewesen wäre, wenn er ihm diese Erfahrung bestätigte hätte. So unterzog er Hakuin einer strengen Zen-Ausbildung und nannte ihn immer wieder einen »armen höhlenbewohnenden Teufel«. Es ist also mehr als verständlich, dass Hakuin Ekaku's Zen von ganz besonderer Art gewesen war und er ein Erneuerer der Zen-Schule geworden ist. Er hat das Kōan-System der Zen-Ausbildung neu geordnet und in die Form gebracht, in der wir es heute noch benutzen, und nicht zuletzt hat er mit dem *Hakuin Zenji Zazen-wasan* ein Werk geschaffen, das seinesgleichen sucht. Und Hakuin Ekaku war noch mehr, er war außer einem gewaltigen Zen-Meister auch ein berühmter Maler, ein Dichter und ein bekannter Bildhauer, der Zen auch in Kunstwerken umsetzte.

Wir wollen uns nun diesem Lobgesang auf das Zazen widmen und die einzelnen Teile näher beleuchten. Nachdem er uns gleich zu Beginn gesagt hat, dass wir in unserem tiefsten Wesen Buddha, also erleuchtet, sind und dass dieser Zustand dem Menschsein so verbunden ist wie der Zustand des Eises mit dem des flüssigen Wassers, offenbart er uns, dass es stets den Zustand des Menschseins nur mit dem Zustand der Erleuchtung zusammen gibt. Nur ist uns dieser Zusammenhang nicht klar, und so rennen wir herum auf der Suche nach der Erleuchtung und verlieren dabei völlig aus den Augen, dass man in dem Augenblick, in dem man mit der Suche aufhört, sofort eins mit der Buddhaschaft, mit der Erleuchtung ist. Meister Hakuin vergleicht uns mit wohlhabenden Kindern, die im Laufe ihres Lebens und durch widrige Umstände ihren eigentlichen Reichtum vollkommen vergessen haben und nun als Bettler unterwegs sind und andere Leute um Almosen bitten. Hier folgt eine Anspielung auf die sechs Bewusstseinswelten im Buddhismus, nämlich die Menschenwelt, die Welt der Tiere, die Welt der Götter, die Welt der Halbgötter, die Welt der hungrigen Geister und die Höllenwelt. Meister Hakuin geht sogar noch weiter und enthüllt, dass der Zustand der Erleuchtung vollkommen befreit ist von Zuständen des Todes und der Geburt. Wie kann das sein, wie können wir uns von diesen Zuständen befreien, wo sie doch zu unserem alltäglichen Leben gehören?

Dies werden wir im Zustand der Erleuchtung erkennen, im relativen Zustand der Verblendung jedoch werden wir weiter dem Zustand der Befreiung hinterherrennen. Meister Hakuin sagt, dass es so ist, als ob wir verstrickt in der Unwissenheit und im Dunkeln des Irrtums nach einem Ort der Befreiung suchen, dort werden wir ihn jedoch niemals finden.

Wenn wir jedoch anfangen zu meditieren, wenn wir also Zazen üben, dann beginnen wir mit einer Praxis, deren Verdienst kein Lob erschöpfen kann. Und er geht weiter, wenn er sagt, dass Barmherzigkeit und Sittlichkeit, alle guten Taten, Lobpreisungen Buddhas und alle Übungen in dieser einen Praxis, im Zazen, münden. Das ist eine wirkliche Revolution.

Wenn wir uns still hinsetzen, mit geradem Rücken möglichst aufrecht, dann sind wir auf dem besten Weg, unsere eigene Buddha-Natur zu erkennen. Jede Runde der Meditation bringt uns der Selbstwesensschau ein Stückchen näher, bis sich schließlich die Erfahrung einstellt, dass wir schon immer Buddha gewesen sind, dass wir schon immer erleuchtet waren, dies jedoch vergessen haben. Wenn wir anfangen, uns zu erinnern – und dazu müssen wir erst einmal das Denken beiseitelassen –, wenn sich ein einmaliger Sitz vollendet, dann löst sich alles negative Karma auf, das wir im Laufe der Zeit angesammelt haben. Von einem Augenblick auf den anderen sind wir befreit, frei von Geburt und Tod, und vor allen Dingen sind wir erhaben über das Spiel des Denkens, ein Spiel, das unseren Alltagsgeist so lange beherrscht hat. Kleinkinder bis ins Alter von ungefähr drei Jahren besitzen diese vollkommene Freiheit noch, die dann jedoch verlorengeht. Es liegt allein an uns, diesen Zustand wiederherzustellen, wir müssen es allerdings üben und nicht weiter in der Außenwelt nach Befreiung und Erleuchtung suchen. Solange wir sie dort suchen, werden wir sie nicht finden; wenn wir sie in uns selber suchen, sind wir auf direktem Weg, sie zu erfahren.

Im Text werden wir aufgerufen, unsere Situation zu überprüfen und nachzuforschen, wo die Hindernisse jetzt in diesem Augenblick sind. Der Chorgesang drückt das so aus, dass er uns fragt: »Wo sind die Pfade des Übels, wenn Reines Land so nahe ist?« Das Reine Land ist ein Hinweis auf den Zustand der unbegrenzten Erleuchtung, und jeder Meditationsbuddha hat ein eigenes Reines Land, in dem er residiert. Dieses Reine Land ist vergleichbar mit unserem Paradies, in dem es kein Leiden und keine Unzufriedenheit mehr gibt, in dem dauerhafte Glückseligkeit herrscht und jede Grundlage für leidbehaftete Zustände ein für alle Mal beseitigt ist.

Wenn wir mit Demut diese Wahrheit hören, nimmt die Glückseligkeit sogar noch zu.

Wenn wir voll und ganz in der Suche aufgehen, wenn wir keinen doppelten Boden und keine Sicherheitsleine mehr haben, dann erleben wir unsere eigene Natur ganz direkt. Und wenn wir sie direkt erleben, dann vollendet sich das Nichts, die Erkenntnis der Leerheit. Dieses Nichts ist nicht etwa eine Abwesenheit von etwas, sondern es ist die ganze Fülle des Daseins. Was nicht mehr vorhanden ist, sind die falschen Vorstellungen, die wir uns von der Wirklichkeit und dem Geschehen um uns herum gemacht haben. Jetzt sind wir wirklich erhaben über das Spiel der Gedanken und können unser Leben in vollen Zügen genießen. Wenn die Mauern unserer Vorstellungen und Konzepte fallen, können wir zum ersten Mal in unserem Leben bewusst die ganze Fülle alles Seienden wahrnehmen und genießen. Meister Hakuin spricht hier zwar vom Nichts, aber gemeint ist genau das Gegenteil, denn er ist kein Nihilist, und die Übersetzung seiner Worte hat in unserer deutschen Sprache kein adäquates Gegenstück.

Mit den Worten, dass sich das Tor der Einheit von Ursache und Wirkung auftut, beschreibt Meister Hakuin das Erlebnis von Kenshō, in dem sich das Karma, das wir seit undenklichen Zeiten angesammelt haben, mit einem Schlag auflöst. Und man erkennt, dass es nur in unserem ungeklärten Denken bestanden hat, in nichts anderem. Mit anderen Worten existiert Karma auf der relativen Seite der Wirklichkeit, und nicht in der Wirklichkeit, in der absoluten Wirklichkeit.

In der relativen Wirklichkeit ist Karma wirksam, aber in der absoluten Wirklichkeit fehlt ihm jede Existenzgrundlage.

Diese Sichtweise führt gleich zu einem entscheidenden Punkt auf dem spirituellen Weg, den zwei Wahrheiten des Buddhismus. Mit diesen beiden Wahrheiten ist es etwas ganz Besonderes, denn beide sind vollkommen gültig, und zwar in ihrem jeweiligen Bereich. Wie kann es sein, dass für eine Wirklichkeit zwei Wahrheiten Gültigkeit besitzen, und zwar gleichberechtigte Gültigkeit?

Es gibt zum einen die relative Wahrheit, mit der wir aufwachsen, die uns vertraut ist, die Welt der Konventionen. In den meisten Fällen leben wir ohne Kenntnis der anderen, der absoluten Wahrheit, und ohne Hilfe kommen wir nicht auf ihre Existenz.

Wenn wir uns immer wieder zunächst einmal gedanklich mit dieser Wahrheit beschäftigen, dann bekommen wir allmählich eine zutreffendere Idee davon, um was es sich bei der absoluten Wahrheit handeln könnte. Erst entsteht nur eine Vorstellung davon, mit der wir weiterarbeiten können, und im besten Fall beginnt nun die Meditation.

In der Zeit, in der wir Meditationsanfänger sind, ändert sich nicht sehr viel, und wer mit zu hohen Erwartungen darangegangen ist, läuft Gefahr, die Meditation in dieser Phase aufzugeben. Wenn wir diese erste Hürde auf dem spirituellen Weg jedoch gemeistert haben, dann wartet eine Zeit auf uns, in der wir viele Höhen und Tiefen durchmachen. Wir geraten von Phasen, in denen wir Zustände erleben, die uns zum Trugschluss verleiten könnten, wir hätten schon die Erleuchtung erlangt, in Phasen, in denen wir uns völlig unfähig fühlen, den meditativen Weg weiter zu gehen. Aber irgendetwas bringt uns dazu, nicht mehr aufzuhören.

Und dann kommt der entscheidende Zeitpunkt, an dem wir das erste Kenshō erleben. Dieser Augenblick ist wirklich entscheidend, denn von nun an gibt es keinen Rückfall mehr, und wir sind sicher, dass wir bei genügender Praxis die völlige Erleuchtung, das *Satori*, erleben werden. Wenn man es sich einmal gut überlegt, was für eine bessere Alternative haben wir denn in diesem Leben als die vollkommene Erleuchtung? Wohlstand, Reichtum, einen begehrenswerten Partner oder besser noch eine ganze Reihe davon? Diese Ziele sind alle höchst vergänglich und bieten nur einen kurzen Aufschub in einer Reihe immer wiederkehrender Unzufriedenheiten; nach Erlangung dieser Ziele bricht das Leben mit der doppelten Anzahl an unbefriedigten Wünschen über uns herein. Es gibt in der relativen Welt einfach niemanden, der dauerhaftes Glück erlebt, sosehr sich die Menschen auch bemühen.

Wenn uns das klargeworden ist, dann ist es fast zwangsläufig, dass wir den Weg in Richtung *Satori* wählen; je früher wir damit beginnen, desto besser ist es. Und die erste Etappe ist geschafft, wenn wir das erste Kenshō erreicht haben. Damit haben wir gleichzeitig die absolute Wahrheit zweifelsfrei erkannt und den wichtigsten Schritt hin zum *Satori* gemacht. Mit diesem Schritt haben wir den entscheidenden Sprung geschafft und sind uns sicher, dass wir in spätestens sieben Leben die vollständige Erleuchtung erreicht haben werden. Hat man die absolute Wahrheit erkannt und ist man von dieser Form des Nichtwissens befreit, sind wir im Besitz der zwei Wahrheiten. So kann uns praktisch nichts mehr passieren, das uns vom Weg abbringt, und das ist schon Grund genug, diese Stufe unbedingt noch in diesem Leben und in diesem Körper zu erreichen.

Wir haben es geschafft, auf diesem Weg den Glauben an eine feste und unveränderliche Persönlichkeit aufzugeben, wir haben das Hängen an festen Ritualen und unverbrüchlichen Regeln endgültig hinter uns gelassen, und vor allen Dingen haben wir uns von der Zweifelsucht befreit, die bis dahin unser ständiger Begleiter gewesen ist. Wir haben den einzigen Weg beschritten und haben als unsere wahre Form die Form des Formlosen angenommen. Oder, wie es im Gesang heißt, die Gestalt des Gestaltlosen, und wir erkennen darüber hinaus, dass dies schon immer unsere wahre Natur, unsere Buddha-Natur gewesen ist. Ab diesem Moment gibt es für uns keine Geburt und keinen Tod mehr, und unser Kommen und Gehen passiert zu keiner anderen Zeit und an keinem anderen Ort als im Hier und Jetzt.

Diesen Zustand vergessen manche immer wieder, und es ist gut, wenn wir auch immer wieder daran erinnert werden.

Über die nächsten Stufen des Weges lässt sich nicht mehr viel aussagen, da sich dieses Erleben auf der absoluten Seite der Wahrheit abspielt. Aber so viel sei gesagt, dass er oder sie nicht mehr auf die gleiche Art und Weise denkt, wie wir es gewohnt sind, es wird so ausgedrückt, dass er als Denken das Denken des Nicht-Denkens annimmt. Wenn wir diese Ebene und die folgenden erlangt haben, dann brauchen wir keine weiteren Anweisungen mehr, denn dann sind, so sagt der Gesang weiter, unser Singen und auch unser Tanzen nichts anderes als die Stimme der Wahrheit. Dann, aber wirklich auch erst dann, können wir tun und lassen, was wir wollen, denn es ist alles Buddhas Stimme. Wir sollten uns jedoch davor hüten, uns so ein Maß an Freiheit zuzubilligen, bevor wir diese Stufe erlangt haben, andernfalls werden wir umgehend mit den negativen Folgen unserer Taten zu kämpfen haben.

Zu guter Letzt folgt jetzt noch einmal der Schlüssel, der uns zu diesem Grad an Freiheit verhilft, und dieser Schlüssel ist das Samādhi, das wir mittlerweile durch das Zazen, durch die Meditation, erreichen. Der Himmel, den wir durch die Meditation erlangen können, ist völlig ohne Grenzen und bietet uns die Freiheit, die wir uns gewünscht haben. Diese Unabhängigkeit haben wir uns durch langes und hartes Üben in Versenkung erworben, durch eine Übung, in der wir gelernt haben, alles überflüssige Denken über Bord zu werfen und direkt in die Wirklichkeit vor den Begriffen, den Worten und Vorstellungen einzutauchen. Diese Wirklichkeit wird auch der *Dharmakāya* genannt, er ist das wahre Wesen eines Buddha, der mit dem Wesen des Universums identisch ist. Er existiert vor jeder Zeit, er entsteht nicht und er vergeht nicht, und vor allen Dingen ist er vollkommen frei von jeder Dualität. Dies ist die erste Wirklichkeit, zu der jeder Zen-Praktizierende erwacht, und von hier aus beginnt der Zen-Weg. So ist es zu verstehen, dass Zen mit der Erleuchtung beginnt, wohingegen andere buddhistische Wege erst zur Erleuchtung hinführen. Der volle Mond der vierfachen Weisheit ist eine Anspielung Meister Hakuin's auf die vier Aspekte der Weisheit, wobei er die allumfassende Weisheit als gegeben voraussetzt. Er meint also die spiegelgleiche Weisheit, die Weisheit der Wesensgleichheit, die Weisheit der vollkommenen Beobachtung und Unterscheidung und die alles vollendende Weisheit, wenn er vom vollen Mond der vierfachen Weisheit spricht.

Wenn man das Gesagte so annimmt, dann stellt sich zwangsläufig die Frage, was denn jetzt noch fehlt, wo alle Komponenten der Erleuchtung doch vollständig vorhanden sind. Und Hakuin gibt auch gleich die Antwort auf die Frage, nämlich dass hier und jetzt das Reine Land ist und dass dieser Leib nichts anderes ist als der Leib der vollkommenen Erleuchtung, also Buddha selbst. Damit ist gesagt, was zu sagen war, und jedes weitere Wort erübrigt sich, der Chorgesang des Zen-Meisters Hakuin ist damit vollendet.

Die Unwissenheit entsteht nicht, und genauso wenig vergeht sie wieder. Sie kann nur plötzlich im Menschen zur Ruhe kommen, wenn auch seine Gedanken zur Ruhe kommen, und sie lebt wieder auf mit dem Fluss der Gedanken. Will man dauerhaft den permanenten Fluss des Nichtwissens zur Ruhe bringen, so muss man den Strom der Gedanken abschneiden, und zwar mit Hilfe der Meditation, mit Hilfe des Zazen.

Durch den Vorgang des Erwachens entsteht unter anderem die Fähigkeit, völlig frei in den drei Bereichen zu erscheinen, aber auch zu verschwinden, sowie die Gabe, jede gewünschte körperliche Erscheinung anzunehmen, den Körper beliebig zu vervielfältigen und aus einer riesigen Anzahl von Körpern einen einzigen zu machen.

Wer dieses geheimnisvolle Prinzip verstanden hat, für den gibt es nicht mehr das normale Verständnis von Geburt und Tod, und er betrachtet die Welt mit anderen Augen, mit den Augen Buddhas und der Patriarchen.

Ich selbst halte dieses Werk für ein Juwel der spirituellen Lyrik und kann es jedem Zen-Praktiker und jeder Zen-Praktikerin wärmstens ans Herz legen. Der Text eignet sich hervorragend zur täglichen Rezitation, egal ob als japanische Variante oder in deutscher Übersetzung.

Das mag vorerst genügen, um Ihnen einen kleinen Einblick in die reichlich vorhandene Rezitation des Zen-Buddhismus zu bieten. Kommen wir nun zu einem Thema, das den Werdegang eines Zen-Schülers bis zur vollständigen Meisterschaft als Inhalt hat.

18 Zehn Ochsenbilder

Erleuchtung braucht man nicht zu suchen, in dem Augenblick, in dem man die Suche danach einstellt, erscheint sie direkt. Die Suche nach Erleuchtung trennt von der ursprünglichen Wirklichkeit, die niemals verloren war, und jedes Streben nach ihr ist vergebliche Mühe. Vertrauen in diese Wirklichkeit befreit von Leiden in dieser Welt, wohingegen der Zweifel all die Probleme verursacht, die wir uns vorstellen können.

Die sieben Erleuchtungsglieder, wie sie ab Seite 112 beschrieben sind, sind der Ausdruck von Satori, der vollkommenen Erleuchtung, wie es sich in dieser Welt präsentiert. Ein anderes und für den Zen-Buddhismus enorm wichtiges System sind die sogenannten zehn Ochsenbilder. Obwohl es sich hier nicht um einen Ochsen handelt. Sondern laut meinem Meister Saidan Ōi Rōdaishi um einen nicht kastrierten Stier aus der Familie der Wasserbüffel, ein Wesen in seiner ganzen Vitalität und Kraft. Er steht als Symbol für den Geist, der sich seiner selbst bewusst wird und sich schließlich von sich selbst befreit. Die zehn Ochsenbilder werden einem chinesischen Zen-Meister des 12. Jahrhunderts zugeordnet, obwohl es schon früher verschiedene Darstellungsserien gab, die immer mit der Darstellung eines leeren Kreises endeten. Der leere Kreis steht für die Auflösung jeder Dualität, also der Vorstellung von Ich und Welt. Dieses Bild war nach Ansicht von Meister Kuòān Shīyuǎn (japanisch Kakuan Shien), dem chinesischen Zen-Meister, jedoch nicht das Ende des Zen-Weges. Er fügte der Serie zwei weitere Bilder hinzu. In dieser Form der zehn Ochsenbilder sind sie uns bis heute erhalten.

Wie auf einem weißen Blatt die gesamte Reihe der zehn Ochsenbilder entsteht, so entstehen aus einem einzigen erleuchteten Geist sämtliche Zustände des menschlichen Bewusstseins mit Höhen und Tiefen.

Das System der Ochsenbilder geht davon aus, dass wir bereits erleuchtet sind, es uns jedoch anfangs an der nötigen Achtsamkeit fehlt, diese Tatsache zu erkennen. Verstrickt in Dualitäten und Unwissenheit, beginnen wir das Abenteuer der spirituellen Reise und finden uns umgehend im ersten Bild wieder.

Im ersten Bild ist eine Person auf der Suche nach dem eigenen Geist, der stellvertretend von dem Stier symbolisiert wird. Gefangen in einer Welt aus Langeweile und unbefriedigten Gelüsten, aus enttäuschten Sehnsüchten und nicht zufriedenstellenden Beziehungen, hängt sie Gedanken nach, vom Leben enttäuscht und auf der Suche nach einer anderen Wirklichkeit.

Es ist, als ob man die eigene Heimat verloren hat und jetzt auf der Suche danach ist, ohne eine Ahnung zu haben, wo man sie suchen soll.

An dem Punkt betritt der Mensch im System der zehn Ochsenbilder den Zen-Weg und beginnt mit der Meditation.

Zu jedem der Bilder wurde ein Gedicht verfasst, das den Zustand ausdrückt, in dem sich der Zen-Praktiker oder die Zen-Praktikerin gerade befindet. Die von dem Hamburger Künstler Christian Meier gemalten Bilder drücken den besonderen Charakter des jeweiligen Zustandes in Form und Farbe aus. Die Gedichte stammen ebenfalls von dem chinesischen Meister Kakuan Shien, der sie um das Jahr 1150 verfasst hat. Die Beschreibung und das Gedicht zum ersten Ochsenbild lauten folgendermaßen:

1. Die Suche nach dem Büffel

Der Büffel ist in Wahrheit nie abhandengekommen, wozu sich also auf die Suche nach ihm machen? Aber weil der Hirte sich von seiner Wahren Natur entfernt hat, ist auch der Büffel ihm fremd geworden, er hat ihn im Schmutz der Welt aus dem Blick verloren. Weit hat er sich von seiner Heimat entfernt und sieht sich nun mit einer Unzahl an möglichen Wegen konfrontiert. Das Verlangen nach Gewinn und die Angst vor Verlust züngeln

wie heiße Flammen empor, und Gedanken von Richtig und Falsch stehen wie scharfe Speerspitzen nach oben gerichtet da.

Verlassen in endloser Wildnis, hetzt er durch wucherndes Gras
auf schier unermesslichen Wegen und sucht seinen Büffel.
Grenzenlose Wasser und weit entfernte Berge,
endlos zieht sich der Weg dahin.

Vollkommen entkräftet ist der Leib,
und das Herz vollständig verzweifelt,
wo soll er nur weiter nach ihm suchen?
In der Dämmerung des Abends lauscht er den Zikaden,
die auf einem Ahorn zirpen.

Der Mensch hat erkannt, dass er oder sie keine dringlichere Aufgabe in diesem Leben hat, als so schnell wie möglich die Erleuchtung zu erreichen, denn er weiß nicht, wie viel Zeit ihm noch in diesem Leben bleibt. So steht er unter Druck, denn wie soll er die scheinbar unlösbare Aufgabe bewältigen? Wie soll er oder sie die Erleuchtung erlangen?

Der Schmutz der Welt ist ein Symbol für die Verblendung, die sich von geistiger Zufriedenheit entfernt und zu materiellem Besitz und dem Habenwollen von Gütern hinbewegt hat. Für den Weg, der zurückführt zur wahren Natur, zu der eigenen Buddha-Natur, sind drei Eigenschaften notwendig: das große Vertrauen, der große Zweifel und die große Entschlossenheit. Auf diese drei Eigenschaften bin ich schon zu Anfang des Buches, und zwar auf Seite 22 f., näher eingegangen. Großes Vertrauen braucht der Mensch, um den Weg überhaupt erst zu beginnen und seine wahre Natur zu suchen. Der große Zweifel ist notwendig, um nicht auf halbem Weg stehenzubleiben. Der Mensch soll sich nicht mit Erklärungen zufriedengeben, sondern Dingen wirklich auf den Grund gehen. Die große Entschlossenheit schließlich bringt ihn oder sie dazu, mit allen Schwierigkeiten auf dem Weg fertigzuwerden, aus ihr erwächst die Hingabe an den Zen-Weg und auch das große Selbstvertrauen, das alle fortgeschrittenen Zen-Schüler auszeichnet.

Der Büffel ist niemals verlorengegangen, denn das, womit der Mensch seinen Geist sucht, ist der Geist selber.

Das erste Bild zeigt einen Menschen, der auf der Suche nach seinem Ochsen ist. Der Ochse ist nur eine Metapher für den eigenen Geist. Der Mensch hat aufgrund entstehender Gedankenketten den Zugang zu seinem ursprünglichen Geist verloren. Das Gefühl des Verlustes der geistigen Heimat wurzelt in der Sucht des Geistes, dem Fluss der Gedanken zu folgen, ohne diesen Einhalt zu gebieten. Meditation, und besonders die Zen-Meditation mit der allmählichen Annäherung an die Gedankenfreiheit, stellt den direkten Weg dar, dem Fluss des Denkens Einhalt zu gebieten.

Durch eine unachtsame Art des Denkens begegnen uns die fünf Hindernisse, unkontrollierte Gedankenketten in Form von Böswilligkeit, Gier, Energiemangel, als unruhige Gedanken und ständige Sucht, alles in Zweifel zu ziehen.

Schafft man es, die eigenen Gedanken unter Kontrolle zu bringen, so löst sich das Problem. Aber im Stadium des ersten Ochsenbildes müssen wir uns mit den Hindernissen auseinandersetzen.

Beschäftigt man sich weiter mit der Lehre von der Wirklichkeit und der Praxis der Meditation, so kommt man in einen Zustand, den das zweite Ochsenbild veranschaulicht.

2. Das Erblicken der Büffelspur

Durch weitergehende Beschäftigung mit Theorie und Praxis auf dem Zen-Weg ist der Hirte zu einem gewissen Verständnis der Wirklichkeit gelangt und hat die Spuren des Ochsen entdeckt. So wie verschieden geformte goldene Gegenstände doch alle aus dem gleichen Gold bestehen, hat der Mensch nun erkannt, dass das Wesen anderer Dinge nicht verschieden ist von seinem eigenen Wesen. Noch kann der Hirte nicht Gut von Böse, Wahr und Unwahr unterscheiden. Er ist noch nicht durch das Tor eingetreten, weshalb dieses Stadium »Das Erblicken der Büffelspur« heißt.

Unter den Bäumen an den Gestaden des Wassers sind
zahllose Spuren des Büffels zu finden.
Ob er sie wohl sieht im wuchernden Gras?
Auch in den tiefsten Tälern und auf den höchsten Bergen
kann der Büffel seine Nase nicht verbergen,
sie reicht schließlich bis in den weiten Himmel.

Der oder die Zen-Praktizierende befindet sich jetzt kurz vor der ersten Erleuchtungserfahrung, dem ersten Kenshō, ist aber noch nicht durch dieses Tor hindurchgegangen. Man weiß ungefähr, wie die Erleuchtung aussieht, das aber ist nur eine Vorstellung. Erleuchtung jedoch ist anders, als man sie sich vorstellen kann. Ein theoretisches Verständnis von den Lehren des Buddhismus besteht, jedoch ist der oder die Praktizierende dieser Wahrheit des Buddhismus noch nicht direkt begegnet, die größte Erfahrung steht noch bevor. Die Suche nach diesem mysteriösen Tier wird fortgesetzt, und der Hirte unternimmt weitere Anstrengungen, nachdem er nun Spuren entdeckt hat. Er wird sicher die Erleuchtung erlangen, weiß aber nicht, wie und wann.

Der Zustand, der im zweiten Ochsenbild dargestellt wird, ist ein erstes Verständnis der ersten der vier edlen Wahrheiten, der Wahrheit von der Unzufriedenheit und dem Leiden. Das heißt, es wurde erkannt, dass das menschliche Leben mit einem gewissen Maß an Unzufriedenheit verbunden ist. Die zweite der vier edlen Wahrheiten ist an diesem Punkt noch nicht einsichtig, Ursachen für unsere Unzufriedenheit werden weiterhin in der Außenwelt gesucht, und wir machen diese für unsere Probleme verantwortlich. Jedoch sind wir es, die mit unseren Gefühlen auf unsere Mitmenschen reagieren, und für unsere Gefühle sind nur wir selbst verantwortlich. Wie einer meiner Meister einmal sagte, macht es sehr unzufrieden, in der Außenwelt nach einem Schuldigen für unsere Probleme zu suchen.

Durch die Projektion der Ursachen unserer Unzufriedenheit nach außen erkennen wir die dritte der vier edlen Wahrheiten nicht vollständig. Wenn aber die Ursachen des Leidens nur unzureichend verstanden wurden, so kann auch die Beendigung der Ursachen nicht umgesetzt werden.

Wird die Zen-Übung an diesem Punkt fortgesetzt, so gelangt man sicher zur nächsten Stufe und wird den Ochsen erblicken.

Wir kommen unversehens in den Zustand, den man landläufig als die Erleuchtung bezeichnet, man hat damit allerdings erst das erste Kenshō, also die Selbstwesensschau, erreicht. Mit diesem Schritt hat man den inneren Kreis des Zen betreten, und von nun an kann man sicher sein, dass auch das letzte Ziel des Zen, das Satori, erreicht wird, wenn man nicht vorher aufhört.

3. Das Finden des Büffels

In dem Augenblick, in dem er die gewöhnlichsten Töne des Alltags hört, erblickt er den Ursprung aller Dinge und kommt zur vollständigen Erkenntnis. Die Wahrnehmung der sechs Sinne ist in keiner Weise verschieden von diesem wahren Ursprung. In jedem Tun des Hirten ist dieser Ursprung offen erkennbar. So wie das Salz im Meer oder der Leim in der Farbe des Malers ist der Büffel in all seinen Handlungen anwesend. Wenn der Hirte seine Augen weit genug aufmacht und um sich schaut, dann erblickt er überall nichts anderes als seine wahre Natur.

Plötzlich hört er die Stimme der Nachtigall oben im Baumwipfel.
Es ist warm im Sonnenschein, und ein sanfter Wind
weht durch die grünen Weiden.
Es gibt keinen Ort mehr, an dem sich der Büffel verbergen
könnte.
Schön ist das herrliche Haupt mit seinen stattlichen Hörnern,
so schön, dass es kein Maler jemals malen kann.

Der Hirte hat das vorrangigste Ziel eines Buddhisten erlangt. Von hier ab gibt es keinen Rückfall in frühere Stadien des Weges mehr. Er hat die Wirklichkeit direkt erkannt ohne Vorstellung zwischen sich und dieser Wirklichkeit, das heißt, er hat zum ersten Mal das Nachdenken über die Wirklichkeit aufgegeben. Er hat das Kenshō erlebt und weiß jetzt aus eigener Erfahrung,

was die Wirklichkeit des ZEN ist, obwohl er es noch nicht in Worte fassen kann.

Mit der Erlangung des Ziels sieht man den eigenen ursprünglichen Geist direkt vor Augen, wobei das Bild nicht ganz zutrifft, denn es gibt praktisch gar nichts anderes mehr als ursprünglichen Geist.

Allerdings ist dieser Geist alles andere als friedlich, es erfordert viel Mühe und Anstrengung, ihn gefügsam und freundlich zu machen, was als nächste Aufgabe daraus resultiert.

Es ist schon schwer, die Erleuchtung zu erlangen, Zen aber fängt erst mit der Erleuchtung an. Obschon es außergewöhnlich ist, Kenshō erreicht zu haben, sollte man mitnichten denken, dass dies schon das Ende der Fahnenstange wäre. Wir haben erst den Zustand des dritten von zehn Ochsenbildern erlangt, und es warten noch weitere sieben Bilder auf uns.

Von den drei Körpern eines Buddha hat man auf dieser Stufe den ersten erlangt, das ist der Dharmakāya, der Wirklichkeitskörper eines Buddha. Die beiden anderen Körper: Sambhogakāya, das ist der Genusskörper, und der Nirmānakāya, der fleischgewordene Körper eines Buddha, müssen noch verwirklicht werden. Dazu ist es notwendig, zu erlernen, wie man den eigenen Geist in jeder Situation beruhigt und ihm die Gier nach ständig neuen Inhalten abgewöhnt. Dauernd sucht er nach neuen Dingen, mit denen er sich beschäftigen kann, so tritt keine Stille ein, besonders nicht, wenn man sich zur Meditation hinsetzt. Hindernisse stürzen noch massiver über uns herein, zumindest scheint es so. Tatsächlich aber ist die Achtsamkeit durch das Kenshō gestiegen, und jede kleine Abweichung fällt jetzt auf.

So strengt man sich noch mehr an, geistige Ruhe zu erzeugen, aber je mehr man sich bemüht, desto aufgeregter wird der Geist, und allmählich wird klar, dass der Schlüssel zur geistigen Ruhe im Loslassen liegt. Erst wenn wir unserem Geist erlauben, entstandene Gedanken so sein zu lassen, wie sie sind, kommt er langsam zur Ruhe, und es treten immer häufiger Zustände von Gedankenfreiheit auf. Aber diese Zustände vergehen auch wieder, und durch weitere Praxis auf dem Weg des Zen gelangen wir auf die nächste Stufe.

4. Das Einfangen des Büffels

Heute hat er zum allerersten Mal den Büffel getroffen, der sich so lange in der Wildnis verborgen gehalten hat. Doch der Büffel ist noch sehr an das Leben im Dickicht gewohnt, und es ist nicht leicht, ihn zu bändigen und von seinen alten Verhaltensweisen

abzubringen. Noch vermag er es nicht, dem duftenden Gras zu widerstehen, und immer noch ist er ungehalten und wild. Will der Hirte ihn zahm machen, dann muss er unerbittlich zur Peitsche greifen.

Nach endlosen Mühen hat der Hirte endlich den Büffel gefangen,
aber der Büffel ist noch voll wilder Kraft, und der Hirte
darf das Seil nicht locker lassen.
Mal möchte der Büffel ins Gebirge rennen und mal galoppiert er tief ins neblige Tal und will sich dort verbergen.

Nun beginnt die Phase, in welcher der Hirte, das ist in diesem Fall der oder die Zen-Praktizierende, seinen unruhigen Geist unter Kontrolle zu bringen versucht. Er kann es nicht mit Gewalt machen, denn wenn er versucht, an nichts zu denken, so kommen die Gedanken nur noch gewaltsamer in den Geist. Je mehr er versucht, Ruhe zu erzeugen, umso unruhiger wird er geistig, und so muss er einen anderen Weg gehen, um seinem Geist den Frieden zu bringen, den er sich so sehnlich wünscht.

Es bedarf weiterer Anstrengung, den Geistochsen zu bezwingen. Aber schließlich kommt der Moment, in dem unser Geist friedlich wird und sich unseren Wünschen anpasst. Jetzt plötzlich ändert sich die Situation, und der Hirte bestimmt die Richtung, in die der Geistochse sich bewegt.

Jetzt, da der Geist gezähmt wurde, wird er folgsam und ist unser Freund geworden. Er folgt dem Hirten, ohne dass er überhaupt ein Seil oder die Peitsche gebrauchen müsste.

Der Zustand, der hier erreicht wurde, ist der Geist des Nicht-Denkens. Erstaunlicherweise bleibt dieser Zustand die meiste Zeit, ohne Rückfall des Abtauchens in trübe Gefilde. Solange das Bewusstsein von diesem ursprünglichen Geist nicht vorhanden ist, gibt es immer wieder Schwierigkeiten im Umgang mit Mitmenschen, denn praktisch jeder Mensch wird beurteilt. Die

Grundlage für diese Beurteilung liegt in den eigenen Gedanken; der Einteilung eines jeden Menschen danach, ob er nützlich und gut ist, ob er uns behindert oder sogar schädlich für uns ist, oder ob er in dieser Beziehung neutral ist. Wenn er scheinbar neutral bleibt oder sogar nützlich für uns ist, dann hat das Ganze keine Auswirkungen auf unsere Beziehung zu den Mitmenschen. Wenn er allerdings als schädlich oder gar gefährlich eingestuft wird, dann sollte man mit auftretenden Reaktionen äußerst vorsichtig sein. Wenn man Gedanken jetzt vertraut, besteht große Gefahr, dass sie unheilsam wirken. Und diese negative Reaktion hat im Gegenzug große Auswirkungen auf unsere sozialen Verhältnisse.

Auf verwirklichter vierter Ochsenbildebene ist man davor sicher insofern, als man verurteilende Gedanken als solche erkennt, wenn sie auftreten. Gedanken sind immer mit einem Urteil verbunden, sie treten in dieser Phase zwar noch nicht weniger auf, aber der illusorische Charakter wird bewusst.

Gedanken sind, um es mit den Worten des japanischen Zen-Meisters Dōgen (1200–1253) zu sagen, genauso real wie die Spiegelung des Mondes im Tautropfen am Schnabel einer wilden Ente. Aber jetzt bleibt diese Erkenntnis und wird durch weitere Zen-Praxis vertieft, während gleichzeitig der Drang zum ständigen Nachdenken über die Wirklichkeit abnimmt.

5. Das Bändigen des Büffels

Rührt sich nur ein einziger Gedanke, dann kommen zwangsläufig andere Gedanken hinterher in endloser Kette. Durch die Erleuchtung werden Gedanken Wirklichkeit, durch Verblendung hingegen bleiben sie unwirklich. Jeder Sachverhalt auf dieser Welt besteht nicht aus sich selbst heraus, sondern geschieht nur im eigenen Geist. Der Hirte muss das Seil sehr straff halten, um kein einziges Bedenken zuzulassen.

Die Peitsche und das Seil darf der Hirte keinen Augenblick
locker lassen,
sonst stiebt der Büffel mit rasenden Schritten in den Staub.
Ist der Büffel jedoch beharrlich gezähmt und zur Sanftmut
gebracht,
dann folgt er dem Hirten sogar ohne das Seil.

Diese Phase ist sehr anstrengend, denn das Ringen mit dem eigenen Geist ist der schwerste Kampf, den ein Mensch ausfechten kann. Noch kann man sich nicht auf den Lorbeeren ausruhen. Wenn man die Übung hier einstellen würde, dann wären die Mühen der vorangegangenen Zeiten vergeblich gewesen, und man würde wieder in die alte Welt von Gewinn und Verlust zurückfallen. Die Erkenntnis der Erleuchtung ist zwar sicher, jedoch leidet man noch unter der Angewohnheit des Geistes, mal hierhin und mal dorthin zu springen. Dieses Leiden und diese Unzufriedenheit werden verstärkt wahrgenommen, da die Achtsamkeit zugenommen hat und das Bewusstsein direkt auf die geistigen Abläufe ausgerichtet werden kann.

6. Der Heimritt auf dem Rücken des Büffels

Vorbei ist der Kampf, und auch Gegensätze wie Gewinn und Verlust haben sich erledigt. Der Hirte singt die ländlichen Melodien der Holzfäller und einfachen Dorfkinder. Er macht es sich auf dem Rücken des Büffels bequem und schaut fröhlich in den blauen Himmel über ihm. Ruft einer nach ihm, so wendet er sich nicht mal um, und will man ihn anhalten, so hält er doch nicht inne.

Der Hirte kehrt auf dem Rücken des Büffels heim,
er ist fröhlich und gelassen.
Stimmungsvoll tönt der Klang seiner Flöte im
fern dahinziehenden Abenddunst.
Der Takt seines Liedes gibt die achtsame Stimmung
des Hirten wieder.
Wer den Sinn dieses Liedes versteht, weiß,
wie es dem Hirten geht.

Die Anstrengung ist endgültig vorüber, und der oder die Zen-Praktizierende kann den unermesslichen Frieden und die Glückseligkeit des eigenen Geistes genießen. Jetzt steht man allerdings vor der Wahl, ob man sein Glück allein genießen will oder ob man die schwierige Aufgabe übernimmt, diesen Weg auch anderen zugänglich zu machen. Ein Ausstieg ist nach jedem einzelnen der zehn Stadien möglich, und tatsächlich habe ich viele Zen-Praktizierende erlebt, für die der Zen-Weg hier zu Ende war. Aber für diejenigen, für die es weitergeht, beginnt nun eine wunderbare Zeit, in der sie sich auf die Aufgabe als Zen-Meister oder Zen-Meisterin vorbereiten.

Man kommt jetzt in den Bereich, in dem das Ringen mit dem eigenen Geist vollkommen zur Ruhe gekommen ist. Inmitten des größten Trubels unserer geschäftigen Welt nimmt man den Frieden des Bewusstseins wahr. Gleichzeitig wird klar, dass der Verlust der geistigen Heimat notwendig war, um in einem durchbruchartigen Erwachen zu der Wirklichkeit vor dem Nachdenken zurückzukehren. Bevor man nicht die Qual eines Bewusstseins, das sich nur mit seinen eigenen Gedanken beschäftigt, erlebt hat, ist man nicht reif für ein Erlebnis wie ein Kenshō. Man muss erst die Welt von Geburt und Tod und das Rad der Existenz im Kreislauf der leidvollen Wiedergeburten erleben, um sich ein für alle Mal davon zu befreien. Es wird klar, dass Dinge wie Geburt und Tod, wie Leben und leidhafte Existenz nur auf der relativen Seite der Wirklichkeit Bestand haben.

Die Zeit der Auseinandersetzungen mit »unserer dunklen Seite« ist jetzt vorüber, und wir beginnen, die Schattenseiten der Existenz zu akzeptieren. Das kann sich zum Beispiel so äußern, dass man einen früheren Lebenserwerb aufgibt, um sich mit einer Tätigkeit zu beschäftigen, die sich mit den sozialen Brennpunkten unserer Gesellschaft befasst.

Gleichzeitig beginnt jetzt der Abschnitt der Übung, der für das Zen von entscheidender Bedeutung ist und der sozusagen die Spreu vom Weizen trennt. Von nun an ist weit mehr Beharrlichkeit gefordert, als sie bis jetzt notwendig war. Durch das wiederholt auftretende Kenshō merkt der oder die Praktizierende allmählich, dass es nicht den geringsten Unterschied zwischen dem alltäglichen Leben und der erleuchteten Welt der Wahrheit gibt. Diese Unterscheidung war nur ein weiteres Phantasiegebilde, das im Licht der absoluten Wirklichkeit keinerlei Beständigkeit hat. Nur wenn das ursprüngliche Selbst vollkommen mit der gewöhnlichen Welt der Erscheinungen eins geworden ist, hat man diese Stufe des spirituellen Weges erlangt. In diesem Abschnitt trennen sich die Wege eines Zen-Praktizierenden von denen eines angehenden Zen-Meisters, und das Trennende ist hier die Beharrlichkeit in der Praxis. So kommen wir jetzt zum sechsten Bild:

Auf diesem Bild sehen wir den Hirten, wie er völlig in Einklang mit seinem Ochsen heimwärts in seine Hütte reitet. Dies ist das letzte Bild, auf dem der Ochse zu sehen ist. Bis jetzt wurde der Geist als getrennt vom Hirten wahrgenommen. Es wurde unterschieden zwischen Subjekt und Objekt, zwischen Wahrnehmendem und Wahrgenommenem. Dieser Unterschied, der nur auf gedanklicher Ebene besteht, löst sich jetzt auf, und es erscheint die vollkommene Einheit, die nichts anderes ist als das Nicht-getrennt-Sein vom Objekt der Wahrnehmung. Nun hat der Hirte seine wahre Heimat wiedergefunden und den Bereich der Wirklichkeit vor dem Denken betreten. Diese Wirklichkeit, die im Text als unsere wahre Heimat bezeichnet wird, haben alle spätestens im dritten Lebensjahr verlieren müssen. Grund für diesen Verlust ist, dass wir sie gegen eine dualistische Wahrheit von Richtig und Falsch, von Wahr und Unwahr, von Gut und Böse eingetauscht haben. Einerseits ist dies eine unbedingte Notwendigkeit, um logisches und rationales Denken hervorzubringen, aber es verbannt auch in eine dualistische Weltsicht.

Die dualistische Welt wird auch als relative Wirklichkeit bezeichnet, und nur in dieser besteht ein Unterschied zwischen Erleuchtung und Verblendung, zwischen Erkenntnis und Unwissenheit. Die dualistische Wirklichkeit ist verantwortlich für alle Unzufriedenheit, die wir in diesem Leben erfahren, und gleichzeitig ist sie der wichtigste Motor, um einen Weg heraus zu finden aus der Welt der Unwissenheit und Verblendung. Nun bereitet man sich auf die Aufgabe vor, den Weg auch an andere weiterzugeben. Das funktioniert, wenn wir die Ebene der Wirklichkeit vor dem Denken erlangt haben. Zu dieser Ebene gehört unter anderem, dass man sich in jeden Menschen hineinversetzen kann und die Schwierigkeiten erkennt, mit denen er oder sie zu kämpfen hat.

7. Der Büffel ist vergessen, der Hirte bleibt

Es gibt im Dharma keinen Dualismus. Nur beispielhaft wurde der Büffel als Bild für unser wahres Wesen auserwählt – das hat der oder die Praktizierende begriffen. Eine Falle ist nicht mehr vonnöten, wenn der Hase gefangen wurde, und man braucht keine Angel mehr, wenn der Fisch gefangen ist. Jetzt ist es so, als ob das schimmernde Gold völlig von seiner unreinen Schlacke frei ist oder wie der Mond, der jetzt völlig klar am Nachthimmel zum Vorschein kommt. Es scheint das klare Licht, das von Anfang an da gewesen ist.

Nach Hause zurückgekehrt ist der Hirte auf dem Rücken
des Büffels.
Jetzt gibt es keinen Büffel mehr, und der Hirte sitzt allein,
fröhlich und still.
Hoch am Himmel steht die rote Sonne, doch der Hirte
schlummert ruhig vor sich hin.
Nutzlos liegen Peitsche und Seil unter dem Strohdach.

Hier angekommen, kann man den eigenen Geist allein genießen, ohne Einsamkeit dabei zu empfinden. Man bewegt sich in der größten Menschenmenge, ohne ein Bedürfnis nach Gesellschaft vieler Menschen zu haben. Man genießt das geschäftige

Treiben, ohne darin verwickelt zu werden. Das bedeutet, dass man das Problem von Nähe und Distanz restlos gelöst hat. Das Leben begegnet einem nun wie ein großes und interessantes

Spiel, ohne Tragik, die sonst mit unserem alltäglichen Dasein verbunden war. Inmitten der turbulenten Welt einer hektischen Betriebsamkeit kommt man jetzt in den Genuss eines spielerischen Samādhi. Diesen Erlebnisbereich kann man jederzeit betreten und wieder verlassen. Dies ist sozusagen das Sprungbrett in den Bereich des nächsten Ochsenbildes.

In früheren Bilddarstellungen wechselte der Ochse bzw. Wasserbüffel im Laufe der Bilder seine Farbe. Zu Beginn ein schmutziges dunkles Tier, wird er langsam immer weißer, bis er schließlich in strahlendem Weiß erscheint. Von dieser Malweise, die stark an die im tibetischen Buddhismus übliche Darstellung vom Elefanten und vom Affen erinnert, hat man mittlerweile Abstand genommen.

Heutzutage wird das Bild des Wasserbüffels gewählt, um den erleuchteten Geist in seinen Anfangsstadien der Bewusstwerdung darzustellen. Dieser Geist ist zu Beginn des Weges unbekannt, wird durch Hinweise auf ihn erkannt, bis man ihn schließlich, so könnte man sagen, direkt zu Gesicht bekommt, obwohl dieses Bild nicht ganz passend ist. In der Anfangszeit hat man große Schwierigkeiten damit, ihn unter Kontrolle zu bekommen, im Laufe der Zeit wird er jedoch immer vertrauter, bis wir ihn schließlich dazu nutzen, friedlich in unsere ursprüngliche Heimat, mit anderen Worten: zu unserer Buddha-Natur, zurückzureiten. Dort angekommen, braucht man so etwas wie »den eigenen Geist« nicht mehr, und so zeigt das achte Bild den leeren Kreis, ohne Hirten und auch ohne Ochsen.

8. Der Büffel und der Hirte sind vergessen

Alle weltlichen Verblendungen sind beseitigt, und gleichermaßen sind auch die Spuren der Heiligkeit vollkommen verschwunden. Bleibe nicht an einem Ort, an dem ein Buddha ist, und gehe rasch vorüber an einem Ort, an dem kein Buddha ist.

Wenn du an keinen von beiden verhaftet bist, dann kann dich niemand mehr ausspionieren, und wenn er tausend Augen hätte. Die Heiligkeit, die von Singvögeln bezeugt wird, ist nur noch eine Schande.

Die Peitsche und das Seil, der Büffel und der Hirte haben
sich in Leerheit aufgelöst.
In den endlosen blauen Himmel reicht kein Wort mehr,
um ihn zu ermessen.
Der Schnee kann nicht auf einer lodernden Flamme bestehen.
Erst wenn der Mensch diesen geistigen Zustand erreicht hat,
dann ist er wie die Meister der alten Zeit.

In diesem Stadium gibt es keinen Zen-Praktizierenden mehr, und auch der Ort der Bemühungen, der eigene Geist, ist vergessen. Es gibt keinen Buddha außerhalb zu suchen, denn der Mensch hat erkannt, dass es ausschließlich um ihn selber geht. Jede Entwicklung in Richtung Buddhaschaft war nur ein Fingerzeig auf den Mond, aber jetzt hat er sich, sinnbildlich betrachtet, selber auf die Reise zum Mond begeben.

Der Ochse, der den Geist repräsentiert hat, ist verschwunden. Der leere Kreis ist das Bild, welches in den früheren Ochsenbildern das Ende der Serie war; in der Vergangenheit bestand die Serie der Ochsenbilder nur aus acht Gemälden.

Hier beginnt der Mensch in einen Bereich einzudringen, in dem seine Erleuchtung der Noch-nicht-Erleuchtung gleich wird und er sich in keiner Weise mehr von einem Alltagsmenschen unterscheidet.

Im Stadium des achten Ochsenbildes hat der Hirte die ursprüngliche Natur erkannt, die jenseits von Körper und Geist, das heißt jenseits der Vorstellungen von Körper und Geist liegt. Wenn die wahre Natur den wahren Menschen ohne Rang offenbart hat, dann werden keine Bilder, wie zum Beispiel das des Hirten oder des Ochsen, gebraucht. Die wahre Natur bzw. der wahre Mensch, wie der Zen-Meister Rinzai ihn bezeichnet, wird am treffendsten als einfacher Mensch oder auch als leerer Kreis dargestellt im vollen Wissen, dass auch diese Darstellung nur ein Hilfsmittel ist. Damit ist der Weg bis hin zur kleinen Erleuchtung vollkommen, jetzt steht die Entscheidung an, ob der Weg weiter bis zur vollkommenen Buddhaschaft gegangen wird. Denn an dieser Stelle muss sich der oder die vollkommen Erleuchtete entschließen, ob er oder sie ein vollkommener Buddha werden will oder ob diese Stufe der Erleuchtung das Ende ist.

Der Weg der Erkenntnis ist vollendet, was in Bildern gesprochen bedeutet, dass Ochse, Hirte und Hütte verschwunden sind, nichts bleibt. Dieses Bild ist eigentlich recht düster, wäre da nicht die Tatsache, dass jetzt die ganze Fülle der Erscheinungen völlig offenbar wird und der oder die Betreffende die Welt mit all ihren Wundern genießen kann.

Der Mensch hat nun ein Verständnis für die Hindernisse gewonnen, das unvergleichlich ist, denn er hat ihren Wert erkannt, das heißt, er hat ihren Zweck verstanden, die unterschiedlichen Stufen des Samādhi hervorzubringen. Die Hindernisse, also die Nīvaranas, sind noch vorhanden, aber sie sind jetzt keine Behinderung in der Meditation, dem Zazen, mehr, sondern sind im Gegenteil ein automatischer Gradmesser für die Tiefe des Samādhi. Und darüber hinaus wandelt sich die Zweifelsucht in Weisheit um, die Müdigkeit in die Versenkung, die Gier in das Vertrauen, die Boshaftigkeit in die Achtsamkeit und die geistige Unruhe in die Willenskraft. Damit ist die eigene Meditationspraxis unumkehrbar geworden, und so kann man den Weg des Zen an andere weitergeben.

Durch die Erkenntnis der Leerheit sind die Leidenschaften endgültig zur Ruhe gekommen. Im Verhalten mag sich äußerlich nicht viel verändert haben, jedoch führt nun keine Handlung direkt oder indirekt zum eigenen Schaden oder zu einem Schaden für andere. Innerlich ist der Mensch vollkommen befreit von jeglicher Anhaftung an Leidenschaften.

Die geistige Abenteuerreise ist fast beendet. Das ist so zu verstehen, dass es jetzt keinen spirituellen Zustand mehr gibt, der unbekannt ist.

Man hat es jetzt zur geistigen Reife eines Zen-Meisters gebracht, und seit Beginn des Weges sind ca. 14 Jahre vergangen.

Wesentlich für die Weitergabe der Lehre sind die letzten Weihen, das heißt die noch ausstehende Bestätigung als Zen-Meister bzw. als Zen-Meisterin.

9. Zurückgekehrt zum Ursprung

Von Anbeginn an ist alles rein, und es gibt keinen Staub, der diese Reinheit bedecken könnte. Der Mensch betrachtet den ständigen Wechsel von Entstehen und Vergehen des Daseins in dieser Welt und verweilt doch ständig in der Ruhe des Nicht-Tuns. Er wird nicht mehr von den Trugbildern der Welt getäuscht, und er braucht nichts mehr einzuüben. Blau fließen die Ströme dahin, und grün ragen die Berge auf. Er sitzt in tiefer Stille und betrachtet den Wandel der Dinge.

Zum Ursprung zurückgekehrt, hat der Mensch alles vollbracht.
Nichts ist so gut, als auf der Stelle wie blind und taub zu sein.
Er sitzt in seiner Hütte und sieht da draußen keine Dinge mehr.
Endlos fließt der Fluss dahin, und rot blühen die Blumen,
völlig absichtslos.

Ein Pflaumenzweig, an dem Blätter in prallen Farben sprießen. Dieses Bild verdeutlicht, dass die Zeit des Übens und des Verzichts jetzt zu Ende ist und die Fülle des Daseins angenommen werden kann. Aus dem scheinbar toten Baum sprießen Zweige, und das Leben kehrt zurück, die Zeit der Askese ist vorüber, und der oder die Erleuchtete beginnt jetzt, die Lehre darzulegen und selber Schüler anzuleiten. Jeder auf seine gänzlich eigene Art, und er bedient sich aus der unerschöpflichen Werkzeugkiste der Weisheit.

Das Ende des Zen-Weges ist erreicht, und das ist gleichbedeutend mit einem neuen Anfang. Der Kreis entpuppt sich als Spirale, wenn man ihn aus einem anderen Blickwinkel betrachtet.

Was ist ein Zen-Meister oder eine Zen-Meisterin, und was unterscheidet ihn oder sie von einem Zen-Schüler? Ein Meister ist ein Schüler, der nicht aufgehört hat, dazuzulernen. Er hat begriffen, dass sich sein eigener Geist nur durch beständige und ausdauernde Praxis verändert. Das allein macht ihn oder sie zum Meister, und keine Erleuchtungserfahrung und kein tiefes

Kenshō kommt an diese Erkenntnis heran. Und mit dieser Erkenntnis beginnt gleichzeitig ein erneuter Gang durch alle Stufen der Erleuchtung, allerdings auf einer vollkommen anderen Ebene und mit dem Bewusstsein, dass sämtliche Ebenen der Erleuchtung schon in unserem Geist vorhanden sind.

Die Übertragung des Dharma-Siegels, also mit einem Fachbegriff *Inka-Shōmei*, kann man mit bestem Gewissen annehmen und in die Rolle eines Zen-Meisters schlüpfen. Man hat vom eigenen Lehrer genug gelernt und kann den Lehrer in sich selbst erkennen. Man hat eine Ahnung davon bekommen, was das größte Geheimnis auf der Welt sein könnte. Es ist so groß, dass es die ganze Welt umkrempeln kann. Diejenigen, die es entdeckt haben, können gar nicht anders, als es an andere weiterzugeben. Wer diesen Zustand nach fünfzehn langen und entbehrungsreichen Jahren erreicht hat, hat Grund, stolz auf sich zu sein. Dieser Stolz hat nichts mehr mit egoistischem Eingebildetsein zu tun, das vor der Reise durch die Zustände der zehn Ochsenbilder ein häufiger Begleiter gewesen ist.

Der Mensch ist in die Einheit zurückgekehrt, die er durch sein Denken verlassen hat und in die er nicht zurückgekommen wäre ohne Meditation. Er hat erkannt, dass das Denken ihn zwar von seiner Heimat entfernt hat, aber ohne seine Fähigkeit zum Denken wäre er gar nicht an diesen Punkt gelangt. Und genauso verhält es sich mit dem Leiden und der Unzufriedenheit, denn ohne diese Unzufriedenheit hätte er sich niemals auf den beschwerlichen Weg gemacht. Er ist von der Welt des puren Habenwollens zurückgekehrt in die Welt der Reinheit und des Friedens, und nichts ist mehr übrig geblieben von der alten Bewusstseinsweise des Gewöhnlichen. Er sieht jede Blume in ihrer ganzen Pracht und hört jeden Vogel den reinen Dharma singen. Er weiß nun um den Wert des Zazen und auch um den Sinn der Kōan-Praxis, aber ist doch gleichzeitig völlig frei und kann spielerisch damit umgehen.

10. Das Heimkommen auf den Marktplatz mit offenen Händen

Die Tür zu seiner Hütte ist fest verschlossen, und selbst der heiligste Weise kann ihn nicht mehr erkennen. Er hat sein geläutertes Wesen tief in sich vergraben und erlaubt sich, sich von den ausgetretenen Wegen der alten Meister abzuwenden. Mal kommt er mit einem ausgehöhlten Flaschenkürbis auf den Markt, und dann kehrt er wieder mit seinem Wanderstab nach Hause zurück. So, wie es gerade kommt, besucht er die Weingaststätten und Fischrestaurants, um die angetrunkenen Menschen auf dem Weg anzuleiten, ein erleuchteter Buddha zu werden.

Mit unverhüllter Brust und nackten Füßen kommt er
auf den Marktplatz.
Das Gesicht ist mit Schmutz beschmiert und sein Kopf
über und über mit Asche bestreut,
seine Wangen strahlen von einem mächtigen Lachen.
Ohne Zuflucht zu geheimen Kräften lässt er verdorrte
Bäume wieder blühen.

Im zehnten Ochsenbild sieht man den weisen Alten, der seinen jugendlichen Schüler unterrichtet. Es ist der Überlieferung nach der Buddha Maitreya, übersetzt »der Liebende«, und der Buddha der zukünftigen Zeit, der mit einem Bündel im Arm auf dem Marktplatz erscheint, um die Menschen zur Befreiung zu führen. Dafür ist ihm jedes Mittel recht, und er nimmt auch in Kauf, dass man ihn für einen gewöhnlichen Menschen erachtet, der sich nicht mal an buddhistische Regeln hält.

Der Zen-Praktizierende, der mittlerweile selber zum Meister bzw. zur Meisterin geworden ist, hat jetzt das Geheimnis des Lebens entdeckt, und dieses Geheimnis ist so großartig, dass es sämtliche anderen Mysterien einfach in den Schatten stellt.

Dieses Mysterium bewahrt er ab jetzt tief in seinem Inneren und redet nicht darüber, selbst wenn er es könnte. Der Hirte ist formell zum Meister geworden, aber der Weg des Zen bezieht sich nicht nur auf dieses Leben, vielmehr bezieht er sämtliche weiteren Leben mit ein. Mit diesem Wissen um das Mysterium im Herzen geht der Zen-Weg weiter, der Zen-Meister verliert diese Sichtweise nun nicht mehr.

Damit ist auch die Reise vom Hirten und dem Ochsen, der eigentlich ein ausgewachsener Wasserbüffel ist, durch die zehn Bilder beendet, und in der Zen-Übung sind jetzt mindestens 15 Jahre vergangen. Es war teilweise eine Zeit der harten Übung und des Durchhaltewillens, ohne den es in der Praxis des Zen keinen nennenswerten Erfolg zu verzeichnen gibt. Diese zehn Stadien sind lediglich Phasen eines einzigen geistigen Kontinuums, was zu erkennen nur demjenigen möglich ist, der alle zehn Phasen, also alle zehn Ochsenbilder, durchlaufen hat.

Mit diesem Bild bzw. mit diesem Stadium ist die Schulung im Zen abgeschlossen, und der Praktizierende hat den Stand eines ausgereiften Zen-Meisters erreicht, das heißt, er oder sie hat den Zustand eines wahren Menschen ohne Rang erlangt, wie Meister Rinzai es ausdrücken würde. Er kommt auf den Marktplatz zurück und geht dort freimütig mit seinen Gaben um, die er ohne weiteres an all jene verteilt, die etwas von ihm haben wollen. Es gibt nichts mehr zu lernen und nichts mehr zu üben, das Ende des Übungsweges ist erreicht. Er hat die vollkommene Erleuchtung eines Buddha verwirklicht und kann es sich jetzt erlauben, völlig neue Wege auszuprobieren. Nicht umsonst ist der Mensch mit einer Kürbisflasche dargestellt, in der er vielleicht den Wein des Lebens transportiert. Er muss sogar neue Pfade gehen, denn die alten Wege der Meister gehören früheren Jahrhunderten an und sind nicht geeignet, den Menschen von heute zu dienen.

Zu Beginn des Weges mag es dem Zen-Übenden vorkommen, als ob die zehn Ochsenbilder streng getrennte Phasen einer Monade sind und man sich mit viel Mühe hinaufarbeiten müsste, um schließlich alle zehn Phasen zu verwirklichen. Dies wird jedoch mit dem Erreichen des zehnten Ochsenbildes als Illusion offenbar, und die gesamte Totalität des Geistes wird in einem Moment klar: Aus dieser Geisteshaltung heraus lehrt ein Zen-Meister.

Der plötzliche Weg der Erleuchtung ist allumfassend. Schließlich werden die zwei Wahrheiten, relative und absolute, Erscheinung und Leerheit, erkannt, und obwohl es immer beider bedarf, um ein vollständiges Bild der Wirklichkeit zu malen, sind sie doch im Erleben vollkommen verschieden. Sie sind ungefähr so verschieden wie das Newton'sche und das Einstein'sche Weltbild; das Weltbild von Newton ist greifbarer, wohingegen das von Einstein doch sehr viel mehr Fähigkeit zur Abstraktion erfordert. Allerdings trifft dieser Vergleich nicht so ganz, denn während das Weltbild von Albert Einstein als deutlich aktueller gilt als das von Isaac Newton, so gelten beide Wahrheiten gleichzeitig, und Erscheinungen sind gleichwertig mit der Leerheit. Aber ohne authentische Erfahrung der Leerheit kann man nicht von einem Erlebnis sprechen, das auch nur annähernd an die Erleuchtung herankommt. Wenn dieses Erlebnis eingetreten ist, und das ist schon mit dem ersten Kenshō der Fall, dann besteht die Aufgabe darin, beide Wahrnehmungen der Wirklichkeit immer mehr auszugleichen, das eine im anderen zu sehen, wie es im Herz-Sūtra heißt: »Form ist Leerheit, Leerheit ist Form. Leerheit ist nicht verschieden von Form, noch ist Form verschieden von Leerheit.«

19 Die fünf Phasen der Erleuchtung

Vorweg möchte ich zuerst noch einige Worte sagen zum Schlagen mit dem Erweckungsstock, dem sogenannten Keisaku.

Diese Schulungsmethode gehört zu der am häufigsten missverstandenen Methode des Zen-Buddhismus und kann eigentlich von einem außenstehenden Betrachter, der den Sinn dieser Praxis nicht kennt, nur falsch verstanden werden.

Der abgeflachte Holzstab von ungefähr 1 Meter Länge mit dem Namen *Keisaku* (oder nach einer anderen Schreibweise auch *Kyōsaku*) dient nicht der Bestrafung oder zur Abhärtung im Sinne einer Samurai-Ausbildung. Im richtigen Moment von einem erfahrenen Meister angewandt, können diese Schläge dem Zen-Schüler auf seinem Weg zur Befreiung weiter helfen als das Studium vieler Bücher oder das langjährige Sitzen in schweigender Meditation.

Ich muss allerdings dazu sagen, dass ich in über 30 Jahren der Zen-Praxis nicht mehr als einer Handvoll Menschen begegnet bin, die in der Lage waren, den Stab derart zu gebrauchen.

Je nach Jahreszeit werden entweder 4 oder 8 Schläge auf zwei bestimmte Punkte der oberen Rückenpartie ausgeführt, die eine sofortige Stimulierung der beiden wichtigsten Nebenkanäle bewirken und einen Energiefluss im Körper des Schülers in Gang setzen, der für jemanden, der so etwas noch nicht erfahren hat, einfach unbeschreiblich ist. Unbedingte Voraussetzung für die Wirksamkeit dieser Methode ist jedoch neben der Erfahrung und Geschicklichkeit des Meisters die Aufnahmebereitschaft und Einwilligung des Schülers.

Ist der Schüler nicht bereit dazu, führt diese innere Ablehnung oder Angst zu einer Verspannung der oberen Schultermuskulatur, und das Ergebnis sind lediglich vier schmerzhafte Schläge. Aus diesem Grund wird mit dem Keisaku nur dann geschlagen, wenn der Schüler ausdrücklich und unmissverständlich darum bittet.

Und damit komme ich zu den fünf Ständen von Meister Tōzan Ryōkai (807–869). Diese fünf Stände, die auf Japanisch *Go-i* heißen, bilden eine der Hauptlehren des Rinzai-Zen und sind von ihm so wenig zu trennen wie vom Fußball die Regel, dass ein Foul im Strafraum mit einem Elfmeter geahndet wird. Die fünf Stände von Meister Tōzan haben eine derartige Bedeutung im japanischen Zen-Buddhismus, dass der Zen-Meister Hakuin in ihnen »das Hauptprinzip des Buddhismus und den wesentlichen Weg der Zen-Übung« sah. Obwohl sie selbst in der interessierten Öffentlichkeit nicht sehr bekannt sind, so stellen sie doch den Höhepunkt der Ausbildung mit Kōan dar, ja sie sind sozusagen deren Krönung. Diese fünf Stände, oder nach der japanischen Übersetzung auch fünf Wandlungen genannt, sind der Reihenfolge nach:

Das Relative im Absoluten	jap.: shōchūhen
Das Absolute im Relativen	henchūshō
Herauskommen aus dem Absoluten	shōchūrai
Im Relativen angekommen	henchūshi
In der Einheit angekommen	kenchūtō

Auch in diesem System geht man von der zugrundeliegenden Buddha-Natur aus, das heißt, man geht von einer vorhandenen grundlegenden Erleuchtung des menschlichen Geistes aus. Eine entscheidende Rolle spielen die beiden Begriffe *shō* und *hen*, die ich hier mit »absolut« und »relativ« übersetzt habe, die aber genauso gut mit »Leerheit« und »Erscheinung«, mit »gerade« und »gekrümmt«, mit »Einheit« und »Vielfalt« und so weiter übersetzt werden können. In der Zen-Richtung des Buddhismus wird größerer Wert auf die praktische Verwirklichung als auf das philosophische Verständnis der fünf Stufen gelegt.

Ich werde mich also mehr auf die praktische Anwendung konzentrieren und den philosophischen Hintergrund auf ein späteres Buch verschieben. Die fünf Stände sind fünf verschiedene Arten der Wahrnehmung, die alle eins gemeinsam haben: Sie stellen unterschiedliche Formen eines einzigen erleuchteten Bewusstseins aus verschiedenen Perspektiven und mit einer jeweils anderen Betonung dar.

Der erste Stand, auf Japanisch *shōchūhen*, auf Deutsch »Das Relative im Absoluten«, verkörpert unsere alltägliche Wahrnehmung. »Das Relative im Absoluten« ist eine Beschreibung für die Erscheinungen im Angesicht der Leerheit, die Vielfalt der Dinge angesichts ihrer immerwährenden grundlegenden Einheit. Sie entspricht einer normalen Welterfahrung, wie wir sie jeden Tag machen und wie wir sie eigentlich auch gar nicht in Frage stellen. Was wir allerdings in Frage stellen oder zumindest zu Beginn des spirituellen Weges nicht so ohne weiteres für möglich halten, ist eine Wahrnehmung, wie sie in den übrigen vier Ständen geschildert wird.

Wir nehmen zum Beispiel einen Baum wahr oder eine Blume oder sonst einen Gegenstand, der uns im Alltag begegnet, und gleichzeitig sehen wir darin die Erde, aus der der Baum entstanden ist, den Sonnenschein, der die Blume zum Blühen bringt, und so weiter. Das ist die normale Wahrnehmung im ersten Stand, in der wir unser Augenmerk auf die alltäglichen Erscheinungen und Dinge legen, ohne dabei ihren Ursprung zu vergessen. Wir richten unsere Beobachtung auf das Auftreten und die Form der Gegenstände und nicht so sehr auf ihren Ursprung, dies ist die konventionelle Art der Wahrnehmung. Das wird deutlich durch die Übersetzung mit »vielfältig«, »verschieden«, »Erscheinung«, »mannigfaltig« oder »phänomenal«, mit der das Wort *hen* ins Deutsche gebracht wird. Diese gewöhnliche Weise der Wahrnehmung bestimmt im Alltag unser Tun und Handeln.

Kommen wir zum zweiten Stand, dann ändert sich die Wahrnehmung um 180 Grad und kehrt sich ins Gegenteil. Jetzt ziehen wir die Aufmerksamkeit völlig von den Erscheinungen und Dingen des alltäglichen Lebens ab und wenden sie direkt auf unsere geistige Wahrnehmung im Hintergrund. Wir beobachten jetzt praktisch direkt die Leerheit hinter allen Erscheinungen, also den Urgrund, aus dem sie entstanden sind. Damit ist nicht irgendetwas Metaphysisches oder Okkultes gemeint, denn dieser Urgrund ist genauso real, wie es auch die Erscheinungen und Dinge sind. Die Leerheit gehört genauso zu den Erscheinungen, wie Erscheinungen zur Leerheit gehören, es gibt hier keinen Unterschied, obwohl sie auch nicht ein und dasselbe sind. Was also ist diese Leerheit?

Auf Sanskrit wird sie als *Shūnyatā* bezeichnet, und im Japanischen trägt sie den Namen *Kū*; sie ist einer der wichtigsten Begriffe im Buddhismus. Aber was genau ist Shūnyatā, und was ist dann dieser zweite Stand, das ist die große Frage. Man könnte es so ausdrücken, dass es die Anwendung der allgemeinen und speziellen Relativitätstheorie auf der Ebene der Erscheinungen und Sachverhalte ist, aber das bringt uns nicht wirklich weiter. Im orthodoxen Buddhismus ging man in früheren Zeiten davon aus, dass lediglich die Person und nicht die Außenwelt leer von einer inhärenten Existenz war. Später jedoch erkannte man, und das ist auch heute noch im Zen die allgemein anerkannte Sichtweise, dass sämtliche Dinge des Daseins leer sind von einer Eigennatur.

Das bedeutet also, um einmal bei dem Vergleich mit der Relativitätstheorie zu bleiben, dass die Dinge als Erscheinungen zwar auf der relativen Ebene durchaus existieren. Aber sie existieren nicht so, wie sie unserem Alltagsbewusstsein erscheinen. Sie haben keine eigenständige Selbstnatur. Wenn wir die Abwesenheit einer Selbstnatur das erste Mal akzeptieren können, haben wir den ersten Schritt in den zweiten Stand gemacht.

Die Wahrnehmung im zweiten Stand wird völlig von der Beobachtung der Leerheit bestimmt. Unsere normale Alltagswirklichkeit spielt sich zunächst einmal auf der Seite der Erscheinungen, also der Form, ab. Wenn wir unser Leben in einem spirituellen Sinn, vielleicht sogar buddhistisch geprägt, gestalten, ist, oder sollte es zumindest sein, Mitgefühl und Liebe der Hauptantrieb all unserer Bestrebungen. Wenn wir im Verlauf unseres Lebens beginnen, an der Vollkommenheit dieser Alltagswirklichkeit zu zweifeln, vielleicht sogar zu verzweifeln, fängt damit für viele der geistige Erkenntnisweg an, der den Zugang eröffnet zu einer zweiten Ebene der Wirklichkeit, und zwar der Leerheit. Meines Wissens ist die spirituelle Komponente der Liebe und des Mitgefühls Allgemeingut in allen Religionen, wohingegen die Komponente Leerheit eine Spezialität der Buddhisten ist. Hat ein Mensch durch einen geistigen Schulungsweg oder besondere Umstände, auf die ich hier nicht näher eingehen will, Kontakt zu dieser Ebene der Wirklichkeit bekommen, ist durch die große Faszination, die damit zusammenhängt, die Gefahr sehr groß, dass er oder sie in dieser Leerheit hängenbleibt.

Die Leerheit getrennt von den Erscheinungen ist eine genauso extreme und damit unzutreffende Sichtweise wie die Annahme einer Existenz von Erscheinungen getrennt von der Leerheit, obwohl Letzteres ja die »normale« menschliche Wahrnehmungsweise ist. Wären alle Dinge und sämtliche Phänomene nicht gleichzeitig zu ihrer konventionellen realistischen Erscheinungsweise von Natur aus leer und ohne feste, unzerstörbare und unveränderliche Substanz, so wäre keinerlei Veränderung möglich, keinerlei Fortschritt und letztendlich auch keine Befreiung von der Unzufriedenheit und vom Leiden. Wäre andererseits aber die Leerheit die einzige gültige Wirklichkeit und wären sämtliche Erscheinungen und Phänomene auch auf konventioneller Ebene nur Trug und Täuschung, dann würde gar nichts existieren, und das wäre die Sicht des Nihilismus. Der Zen-Buddhismus wie der gesamte Buddhismus überhaupt versteht sich aber als mittlerer Weg, das heißt als Weg zwischen den beiden Extremen des Eternalismus, also des Ewigkeitsglaubens, einerseits und andererseits des Nihilismus, des Glaubens an die vollständige Nichtexistenz. So gesehen ist der Buddhismus überhaupt kein Glaube, sondern reine Erkenntnis. Die emotionale Komponente des Glaubens, wie wir sie häufig verstehen, wird im Buddhismus vielmehr als Vertrauen bezeichnet und stellt den Beginn und das Ziel des buddhistischen Weges dar.

So komme ich auch schon zum dritten Stand, der auf Japanisch *shōchūrai* genannt wird, was so viel bedeutet wie »Herauskommen aus dem Absoluten«. Hier geht es darum, nicht in der Leerheit steckenzubleiben, was eine große Gefahr darstellt, wenn man sie bereits direkt erfahren hat. Inhalt der Überlieferung im Zen ist nicht konserviertes schriftliches Wissen, sondern die unmittelbare Weitergabe der Erkenntnis der wahren Wirklichkeit, wie sie der Buddha in der Nacht seiner Erleuchtung ebenso erlebt hat. Diese Erkenntnis oder dieses Begreifen wird aber nur denjenigen zuteil, die in der Lage und auch gewillt sind, ihr intellektuelles Wissen zu überschreiten, es hinter sich zu lassen und den nächsten Schritt hin zur direkten Erkenntnis der Wirklichkeit zu wagen. Ein möglichst ausgeprägtes Denkvermögen und die Fähigkeit zur klaren, vorurteilsfreien logischen Schlussfolgerung sind die besten Voraussetzungen dafür, an diese Grenze des menschlichen Verstandes zu gelangen. Darüber hinaus stellen jedoch die Logik und der Intellekt, vor allem mit der Angewohnheit des Nachdenkens, ein viel zu grobes Instrument dar, um diesen Bereich der unbegrenzten Wirklichkeit unmittelbar erfassen zu können.

Ein wucherndes Beet voller begrifflicher und wortreicher Vegetation sollte gründlich umgegraben werden, wenn es später reiche Früchte tragen soll. Dieses Umgraben geschieht durch Meditation, und die Art und Weise der Meditation im Zen ist von ganz besonderer Art; eigentlich trifft sogar die Bezeichnung »Meditation« in diesem Fall nicht ganz zu. Im gewöhnlichen Sinne bedeutet Meditation, über etwas zu meditieren, also etwa über ein bestimmtes Thema oder einen festgelegten Wortklang, ein Mantra, eine bildliche Vorstellung, eine Visualisierung oder auch über bestimmte göttliche Eigenschaften.

Die Meditation im Zen hat jedoch keinen Inhalt, es wird also nicht über etwas meditiert, sondern es wird sogar im wahrsten

Sinn des Wortes über »nichts« meditiert. Aus diesem Grund nennt man die Meditation im Zen auch nicht »Meditation«, sondern einfach nur »Sitzen« oder auf Japanisch *Zazen*, wobei das Verb *za* die wörtliche Übersetzung von »Sitzen« ist. Für einen Geist, der sehr mit seinen Inhalten beschäftigt ist, stellt dies die schwierigste Form der Meditation dar, da der Verstand mit seiner Eigenschaft des »Begreifens« hier völlig ins Leere greift. Es geht beim Zazen nicht einmal darum, den Geist von seinen Inhalten zu entleeren, obwohl ein derartiger Zustand vorübergehend auftreten kann, ohne jedoch das Ziel der Bemühung zu sein. Das eigentliche Ziel dieser Übung ist ein ganz anderes: nämlich den Geist von seiner größten Last zu befreien, die ihn an der Verwirklichung seines vollkommenen und unbegrenzten Potentials bis hin zur Allwissenheit hindert. Diese Last ist gleichzeitig das größte Hindernis, das vor der direkten Erkenntnis steht, es ist das Festhalten an und die Gier nach geistigen Besitztümern, oder kurz gesagt: das Anhaften. Die eigentliche Übung im Zen ist das Loslassen, das Loslassen von hauptsächlich geistigen Identifikationsobjekten, die den freien Fluss des Geistes behindern und ihn letztendlich ins Stocken geraten lassen.

Im zweiten Stand hat man die Leerheit gründlich kennengelernt, jedoch haftet man naturgemäß auch an ihr, und es ist sehr schwer, sich von diesem Haften zu befreien. Im dritten Stand, »Herauskommen aus dem Absoluten« genannt, löst man sich von der Anhaftung an die Leerheit. Zunächst hat man keine andere Möglichkeit, als die Welt mit dem gewöhnlichen Alltagsgeist zu interpretieren, der in den seltensten Fällen frei von Bewertungen und Urteilen ist. Und vor allen Dingen ist er nicht frei von der Angewohnheit, dualistisch, und das heißt: in Gegensätzen, zu denken. Allein schon die Annahme, dass es ein Ich gibt, das denkt, hat die Vorstellung zur Folge, dass andere Menschen oder das ganze restliche Universum demzufolge nicht zum Ich gehören.

Vom Standpunkt des Ich aus betrachtet wird das ganze Universum, was nicht »Ich« ist, ob belebt oder unbelebt, in drei Haufen aufgeteilt, die je nach Charakterprägung und Stimmungslage unterschiedlich groß sein können. Im ersten Bereich befindet sich alles, was uns gefällt und was wir gern haben, wenn nicht sogar lieben. Der zweite Bereich beinhaltet alles, was uns nicht gefällt und was wir nicht mögen, wenn nicht sogar hassen. Der dritte Bereich schließlich, der normalerweise der weitaus größte ist, ist alles, was uns mehr oder weniger egal ist und von dem wir eigentlich nicht mehr als unbedingt nötig erfahren wollen. Ob wir diese Haufen nun als solche akzeptieren oder nicht, so wird doch kein Mensch mit klarem Verstand die Tatsache leugnen, dass er Vorlieben oder Abneigungen hat und zumindest hin und wieder auch reines Desinteresse an irgendwelchen Personen oder sonstigen Erscheinungen.

Diese Welt der Gewohnheiten, der Vorlieben, Abneigungen und der neutralen Geisteshaltung ist unser normaler menschlicher Aufenthaltsort und wird im Zusammenhang der buddhistischen Geisteslehre als Welt der Begierde, *Kāmadhātu*, bezeichnet, wobei der Begriff »Begierde« gar nicht so negativ gemeint ist, wie er vielleicht klingen mag. Man könnte ihn mit einiger Berechtigung auch einfach durch den Begriff »Zweckmäßigkeit« ersetzen.

Für jemanden, der sich vorwiegend in Kāmadhātu aufhält, ist es nicht nachvollziehbar, weswegen man einfach nur dasitzen sollte, ohne ein bestimmtes Ziel und einen Zweck damit zu verfolgen. Dieser Mensch wird sich ganz sicher erst dann auf das Wagnis der Meditation einlassen, wenn er überzeugt ist, damit etwas für seine geistige Ausgeglichenheit, seine innere Ruhe und sein mentales Wohlbefinden zu tun, um nach erfolgter Meditation für die Anstrengungen und den Trubel der Geschäftswelt umso besser gerüstet zu sein. Und selbstverständlich hat dieser Mensch recht, und er wird durch die Methode der Meditation seine angestrebten Ziele sehr viel schneller und effizienter verwirklichen und dabei auch noch sein mentales Gleichgewicht erhalten. Früher oder später wird dieser Mensch dann aber auch die Erfahrung machen, dass seine Meditation eine ganz andere Qualität annimmt, wenn er oder sie einfach nur noch in der Meditation sitzt, ohne eine Absicht damit zu verfolgen.

Hat man sich von der Anhaftung an die Leerheit gelöst, so kann man davon sprechen, dass beim Zen-Praktizierenden Körper und Geist vollkommen abgefallen sind und er oder sie zu seiner wahren Buddha-Natur zurückgefunden hat. Man hat die Leerheit vollkommen erkannt, wie auch die Erscheinungen, und nun kommt man langsam in den vierten Stand, der auf Japanisch den Namen *henchūshi* trägt. Hin und wieder wird er auch als *kenchūshi* bezeichnet, was eine etwas andere Bedeutung hat, sie lautet dann gewissermaßen »Angekommen an der Begegnungsstätte«. Wenn die Bezeichnung *henchūshi* lautet, dann bedeutet es »Angekommen im Relativen«, und dieser Auslegung möchte ich mich nun widmen.

Der vierte Stand der Erleuchtung zeigt dem Zen-Praktizierenden, wie er sich völlig frei in der Welt der Erscheinungen, des Vielfältigen und des Alltäglichen bewegt. Jetzt tritt vielleicht die Frage auf, wie sich dieser vierte Stand vom ersten Stand, »Das Relative im Absoluten«, unterscheidet.

Im ersten Stand ist die Enttäuschung und die Frustration aus der Zeit spürbar, in der man vom Weg noch nichts wusste, während im vierten Stand diese Enttäuschung vollkommen beseitigt ist. Jetzt kann man die Vielfältigkeit des Lebens genießen, ohne sich Gedanken über die Leerheit, das Absolute oder über die Einheit zu machen. Das wird besonders im Gedichtvers deutlich, den ich im Anschluss noch bringen werde. Die Leerheit ist zwar durchaus anwesend, Form, also Erscheinung, ist Leerheit, und Leerheit ist Form, aber sie tritt hier nicht auf.

Kommen wir nun zum fünften Stand, der auf Deutsch »In der Einheit angekommen« heißt und auf Japanisch *kenchūtō*. Der Grad der Erleuchtung ist für alle derselbe, aber der Grad der

Wirksamkeit unterscheidet sich grundlegend! Bis zu diesem Stand können Anhänger des Kleinen Fahrzeugs gelangen, aber leider nicht weiter, denn ab jetzt hilft allein die Weisheit nicht mehr weiter, sondern es muss eine weitere Komponente dazukommen, die Motivation. Es ist entscheidend, ob man jetzt den Willen aufbringt, für das Wohl der Gemeinschaft weiterzuarbeiten, und das eigene Wohl zumindest als gleichwertig mit den Interessen anderer einstuft. Wenn man dazu bereit ist, dann wird man auch den letzten Stand erreichen.

Dieser Stand gehört zum Bereich des Buddha Amoghasiddhi, und er verkörpert die Weisheit der alles vollendenden Tat. Seine Farbe ist Grün, und sein zugehöriges Element ist die Luft. Sein Weisheitsaspekt zeichnet sich dadurch aus, dass man nicht mehr nachzudenken braucht, um genau das Richtige zu tun, und das ist auch das Wesensmerkmal dieses Standes. Man hat mit diesem Stand die vollständige Erleuchtung eines Buddha erlangt, und auf der spirituellen Ebene ist alles erreicht, was zu erreichen war! Der Zen-Meister Rinzai meint genau diesen Zustand, wenn er sagt:

> »Der Meister nahm den hohen Sitz in der Halle ein und sagte: ›An eurem Klumpen aus rotem Fleisch ist ein wahrer Mensch ohne Rang, der ständig durch eure Gesichter ein- und ausgeht. Diejenigen unter euch, die ihn noch nicht erkannt haben: Sucht und findet ihn.‹«

Wer diesen Stand erreicht hat, dem stehen alle fünf Stände offen:

Das Relative im Absoluten
Das Absolute im Relativen
Aus dem Absoluten kommend
Im Relativen angekommen
In der Einheit angekommen

Er oder sie zeigt sich in der Welt, wie die Situation es erfordert. So erscheint man jeweils einen Stand höher als die Person gegenüber, bis man jemandem begegnet, der oder die ebenfalls den fünften Stand erreicht hat, dann zeigt man sich als normaler Mensch, also im ersten Stand.

Man hat den Zustand erlangt, den Meister Rinzai als »wahrer Mensch ohne Rang« bezeichnet, und man hat nichts mehr zu tun, als zu essen, wenn man hungrig ist, und zu schlafen, wenn man müde ist.

Die Beschäftigung mit den fünf Go-i, mit den fünf Ständen des Tōzan, erfolgt schon nach ein paar Jahren der Kōan-Schulung, aber bis man zu einem authentischen Verständnis dieser Stände gelangt, dauert es noch ein paar Jahre. Dieser Stand ist gleichzusetzen mit dem zehnten Ochsenbild, in dem der oder die Suchende wieder mit offenen Händen und einem gefüllten Gabensack auf dem Marktplatz erscheint.

Betritt man in einem Zen-Kloster die Meditationshalle, so findet man dort nicht wie in den anderen Räumen eine große Zahl von Buddhastatuen und Bildnissen von Bodhisattvas und anderen Heiligen, sondern lediglich eine Statue des Bodhisattva Mañjushrī, der die Weisheit verkörpert. Er hält in der linken Hand ein Buch bzw. eine Schrift in Gestalt des früher gebräuchlichen Holzdruckes und in der rechten Hand ein Schwert.

Das Buch ist das Prajñāpāramitā-Sūtra, also die Lehrrede von der transzendentalen Weisheit, und hat als Inhalt die Definition der Leerheit als wichtigstes Thema der endgültigen buddhistischen Erkenntnis.

Wie schon früher erwähnt, besteht ein großer Trugschluss in der Annahme, dass es in der Meditation darum ginge, das Denken auszuschalten. Als Menschen haben wir nun einmal ein Gehirn, und eine Aufgabe dieses Gehirns ist es, Gedanken zu produzieren; wollten wir diese Produktion unterbinden, so wäre das vergleichbar mit dem Versuch, unserer Gallenblase die Produktion von Galle abzugewöhnen. Das Denken ist nur so lange ein Problem, wie es sich in dualistischen Gegensätzen ergeht und nicht in der Lage ist, die Einheit als erste Wirklichkeit anzunehmen. Dualistisches Denken in Gegensätzen von Gut und Böse, Richtig und Falsch, Wahr und Unwahr, Freund und Feind, Sieger und Verlierer und so weiter führt letztendlich immer zu einer Aufspaltung und Trennung und damit zwangsläufig auch zur Bewertung und Diskriminierung mit allen unerwünschten Folgeerscheinungen bis hin zu den aggressivsten Formen der Auseinandersetzung.

Wie lässt sich nun aber erklären, dass gerade das Sinnbild der aggressiven Auseinandersetzung, das Schwert, zum Symbol für die Weisheit geworden ist? Die Antwort ist, dass Mañjushrī derjenige ist, der den Gegner mit seiner eigenen Waffe besiegt. So wird in seiner Hand das Schwert, das normalerweise nur töten kann, zu einem Werkzeug, das in der Lage ist, Leben zu schenken.

Mañjushrī bedeutet wörtlich »der jugendliche Herr« und steht im nördlichen Buddhismus, wie das Mahāyāna hin und wieder genannt wird, sinnbildlich für die Verkörperung der Weisheit. Sie ist in diesem Sinne durchaus vergleichbar mit der Sophia des historischen Christentums. Mañjushrī gehört zu einer Gruppe von Bodhisattvas, die jeweils andere Aktivitäten und Eigenschaften der buddhistischen Lehre repräsentieren. Der Bodhisattva Avalokiteshvara zum Beispiel steht im nördlichen Buddhismus für liebende Güte und das große Mitgefühl, der Bodhisattva Samantabhadra ist der Repräsentant der buddhistischen Praxis zur Befreiung der Lebewesen. Im China der Táng-Dynastie war der Kult um den Bodhisattva Mañjushrī sehr populär und wurde hauptsächlich mit dem Wŭtái Shān, dem Fünfgipfelberg, in Verbindung gebracht, der heute immer noch ein beliebter Wallfahrtsort ist.

Mañjushrī nimmt im Zen-Buddhismus eine besondere Rolle ein, und in den japanischen Klöstern des Zen findet man in den seltensten Fällen ein Bildnis des historischen Buddha Shākyamuni in der Meditationshalle. Der Bodhisattva Mañjushrī aber wacht über den geistigen Fortschritt der Meditierenden. Ein Phänomen, das mich immer wieder fasziniert, ist die jugendliche Erscheinung der japanischen Zen-Meister und ihre geistige Beweglichkeit bis ins hohe Alter. Ich kann mich an Ausflüge mit meinem damaligen Meister Saidan Ōi Rōdaishi erinnern, als wir gemeinsam die umliegenden Tempel des Hōkō-Ji-Klosters, hauptsächlich in der Provinz Shizuoka, nahe dem Berg Fuji, besuchten. Bei diesen Gelegenheiten hat Oshō, wie der Meister vertraulich genannt wurde, ein für einen Mann in den achtziger Jahren höchst erstaunliches Tempo an den Tag gelegt. Obwohl ich durch meine dreieinhalbjährige Wanderschaft als Zimmermannsgeselle einiges gewohnt war, ist es mir nie gelungen, wirklich mit ihm Schritt zu halten. Auch heute noch, mit seinen 102 Lebensjahren, erfreut er sich einer jugendlich frischen geistigen Gesundheit.

20 Zehn Tugendempfehlungen

Wir sind jetzt fast schon am Ende dieser kleinen Abhandlung über den Zen-Buddhismus angekommen, und insgesamt kann man sagen, dass es in der Zen-Praxis nicht so sehr um die Verwirklichung bestimmter Versenkungsstufen geht. Eigentlich sind sie sogar mehr ein durchaus erwünschter, aber dennoch nicht notwendiger Nebeneffekt. Das endgültige Ziel ist die Veränderung der gesamten Person. Die Person, von der ich hier spreche, existiert dabei nicht so, wie sie erscheint. So steht die Untersuchung der Leerheit am Beginn der Praxis. Mit dieser Erfahrung von der Leerheit der eigenen Person sowie der Außenwelt taucht man aus der Leerheit auf, um das eigene »Ich« selbst zu gestalten.

Um es im Zen-Jargon auszudrücken, stirbt man den »großen Tod«, um dann zum wahren Leben zu erwachen. Diese Befreiung kann man in diesem Körper und in diesem Leben erfahren.

Wie aber erkennt man nun einen solchen Menschen, der die vollkommene Erleuchtung erreicht hat? Man erkennt ihn daran, dass er die zehn großen Tugendempfehlungen des Buddhismus einhält. Diese Tugendempfehlungen sind der Reihenfolge nach:

1. Er/Sie bemüht sich, kein lebendes Wesen zu töten oder zu verletzen, und erhält das Leben.
2. Er/Sie stiehlt nicht; nimmt nichts, was nicht gegeben wird, in seinen/ihren Besitz und ist von Natur aus freigebig.
3. Er/Sie missbraucht niemanden und achtet die Würde aller Menschen.
4. Er/Sie ist anderen und sich selbst gegenüber wahrhaftig und lügt nicht.
5. Er/Sie berauscht sich nicht und bewahrt die Klarheit des Geistes.
6. Er/Sie spricht nicht über die Fehler anderer.
7. Er/Sie lobt sich nicht durch Herabsetzung anderer.

8. Er/Sie hält die Fülle des Dharma nicht willkürlich zurück.
9. Er/Sie ergibt sich nicht Gefühlen der Wut.
10. Er/Sie beschimpft nicht die drei Kostbarkeiten Buddha, Dharma und Sangha.

Und welche Bedeutung haben jetzt diese zehn Tugendempfehlungen im Buddhismus, und was ist ihr tieferer Sinn? Das veranschaulicht eine Betrachtung im Einzelnen.

1. Kein Lebewesen töten und Leben erhalten

Ein Mensch, der das Leben bejaht und die Würde aller Lebewesen achtet, verzichtet darauf, ihnen in irgendwelcher Art zu schaden oder sie sogar zu töten. Er genießt die Fülle des Lebens und erkennt, dass er selbst diesem Leben seine Existenz verdankt. Er sieht sich ebenso wie jeden anderen Menschen als gleichberechtigten Teil der menschlichen Gesellschaft. Er erkennt sich in jedem Menschen wieder, und so bemüht er sich, anderen Menschen keinen Schaden zuzufügen, weder absichtlich durch eine boshafte Geisteshaltung noch unabsichtlich durch mangelhafte Achtsamkeit.

Diese Tugendempfehlung gilt als Grundlage der buddhistischen Weltsicht und ist gleichzeitig die Grundlage für ein harmonisches Miteinander zwischen Menschen und Lebewesen auf der Welt. Ohne die Tugend des Nichttötens und des Erhaltens des Lebens gibt es keine angstfreie Zukunft in der Welt.

2. Nicht stehlen

Hier geht es vor allem darum, das Recht anderer auf Eigentum nicht zu verletzen und darüber hinaus nicht geizig zu sein, sondern Freigebigkeit auszuüben, wo sie angebracht ist.

Auch bei dieser Empfehlung geht es darum, ein angstfreies Leben untereinander zu fördern und ein Verhältnis des Vertrauens aufzubauen und zu erhalten. Es gilt nicht nur, das Leben und die Gesundheit jedes einzelnen Wesens zu schützen, sondern darüber hinaus auch noch das Eigentum und das Vermögen der verschiedenen Geschöpfe achtsam zu behandeln. Einmal ganz abgesehen davon, dass man sich bei Nichtbeachtung dieser Regel strafbar macht, verstößt man aus buddhistischer Sicht schon gegen sie, wenn man in Gedanken einen Diebstahl begeht.

Ein Diebstahl beginnt auf geistiger Ebene, und so beginnt man auch auf geistiger Ebene, Verstöße gegen die zweite Tugendempfehlung zu bekämpfen, und beginnt umso mehr, auf auftretende Gedanken zu achten.

Die Tugendempfehlung des Nicht-Stehlens bewirkt eine ausgeglichene Geisteshaltung, in der kein Gedanke an Bereicherung aufkommen kann. In der bestehenden Gesellschaftsordnung jedoch bestimmen Gedanken an Gewinnmaximierung und Profit unser Handeln, und so klafft die Schere zwischen ganz Reichen und ganz Armen immer weiter auseinander. Das gilt besonders für das Verhältnis von reichen Industriestaaten zu den ärmeren Entwicklungsländern, bei dem seit Jahrhunderten ein Ungleichgewicht besteht. Ein achtsamerer Umgang mit den Dingen fördert einen ruhigen Geist, und genau dieser Geist bildet die Grundlage für das grenzenlose Mitgefühl, das einen Bodhisattva auszeichnet.

3. Die Würde aller Menschen achten

Bei der dritten Empfehlung, niemanden zu missbrauchen und die Würde aller Menschen zu achten, ging es in früheren Zeiten hauptsächlich um Sexualität und die damit zusammenhängenden Dinge. Das ist auch heute noch so, obwohl sich unsere Einstellung zur Sexualität durchaus verändert hat.

Diese Tugendempfehlung betrifft auch die Beziehung eines buddhistischen Lehrers zu Schülern. Ein Lehrer sollte niemals seine Stellung bzw. seine Autorität dazu benutzen, um Schülerinnen oder auch Schüler zu Handlungen zu bringen, die sie oder er nicht gewollt haben. Das Gebot, ganz auf sexuelle Handlungen zu verzichten, gibt es im Zen-Buddhismus nicht, und Zen-Mönche oder Zen-Nonnen dürfen ohne weiteres verheiratet sein bzw. in einer Beziehung leben.

Anders ist es bei den Mönchen und Nonnen des orthodoxen Buddhismus, denen jegliche Form der Sexualität streng untersagt ist. Das Gebot lautet hier »Vermeidung von unerlaubter sexueller Betätigung« und meint den Verzicht auf jegliche Art der Sexualität, zumindest für Mönche und Nonnen.

Für Zen-Mönche und Zen-Nonnen, wie auch für alle Laien, gilt die Tugendempfehlung, mit der Lust verantwortungsvoll umzugehen.

Wenn man bedenkt, dass die Tugendempfehlung, niemanden zu missbrauchen und die Würde jedes Menschen zu achten, für mindestens zwei Personengruppen Bedeutung hat: nämlich für diejenigen, die nicht missbrauchen und die Würde anderer achten sollen, sowie für diejenigen, deren Würde geachtet und die nicht missbraucht werden, dann wird das ganze Gewicht dieser Empfehlung klar.

Diese Empfehlung betont die Gleichwertigkeit aller Menschen, denn man kann nur Menschen missbrauchen, die man als minderwertig betrachtet.

So ist der Rat, die Menschen zu respektieren und sie nicht zu verführen, ein selbstverständlicher Akt des Respekts und der Hochachtung.

4. Wahrhaftig sein

Der vierte Ratschlag für eine buddhistische Lebensweise ist es, anderen und sich selbst gegenüber wahrhaftig zu sein und nicht zu lügen.

Nur äußerlich betrachtet lautet die Empfehlung, auf Lügen zu verzichten und die Wahrheit zu sprechen, was sich auf den Bereich der menschlichen Sprache bezieht.

Auf einer tiefergehenden Ebene bewahrt die Empfehlung davor, sich immer weiter in Unwissenheit zu verstricken und letztendlich gar nicht mehr zu wissen, was richtig und was falsch ist. Man sollte so sprechen, dass es für ein Gegenüber hilfreich ist, es auf dem Weg zur Erleuchtung nützt und er oder sie in Erkenntnis weiter gefördert wird. Falls das nicht möglich ist, sollte man Abstand davon nehmen, mit der Sprache fahrlässig umzugehen und jemanden zu schädigen oder zu verletzen. Man sollte Sprache nicht missbrauchen, um über jemanden herzuziehen, ihn oder sie lächerlich zu machen oder in sonst einer Art und Weise zu kränken. Dies ist der Punkt, an dem auch die fünf Tugendempfehlungen ansetzen, die bei der Laienschülerschaft gegeben werden, aber dazu später mehr.

5. Die Klarheit des Geistes bewahren

Die fünfte und letzte der äußeren Tugendempfehlungen ist der Rat, den Geist nicht zu berauschen und Klarheit zu bewahren. Dieser Punkt fällt den Praktizierenden unterschiedlich schwer, für den einen ist er eine Riesenhürde und der andere hat überhaupt keine Schwierigkeiten damit. Diese Empfehlung heißt nicht, dass man auf den Genuss von beispielsweise Wein oder Bier völlig verzichten muss. Im Gegenteil kann es sogar, zumindest für Ausübende des Vajrayana-Pfades des Buddhismus, eine

Übungsaufgabe sein, in verantwortlicher Art und Weise Alkohol zu sich zu nehmen.

So hatte ich zum Beispiel, als ich nach Japan ins Zen-Kloster gegangen bin, sieben Jahre lang abstinent gelebt und weder Fleisch noch Fisch verzehrt. Aber ich hatte mir vorgenommen, mich den Verhaltensweisen im Kloster völlig anzupassen. So wurde ich umgehend nach meiner Ankunft mit der Tatsache konfrontiert, dass die Mönche durchaus Alkohol tranken und Fleisch oder Fisch aßen. Nur nicht während der Übungszeiten der strengen Meditation, also der Sesshin. Ich hatte vorher schon mehrere Jahre meditiert und war vertraut mit dieser strikten Art der Meditation, aber ich war nicht vertraut mit dem Wechsel zwischen einem konzentrierten und achtsamen Geist und einem eher legeren geistigen Zustand. Es war genau die Übung, die ich zu der Zeit benötigt hatte.

Eine Erzählung im Buddhismus lautet wie folgt: Ein buddhistischer Mönch wurde mit der Wahl konfrontiert, unter folgenden drei Vergehen eines aussuchen zu müssen: einen Menschen zu töten, jemanden zu missbrauchen oder Alkohol zu trinken.

Er überlegte hin und her und kam zu dem Entschluss, dass die Wahl des dritten Vergehens, nämlich Alkohol zu trinken, die mit den geringsten Folgen wäre.

So betrank er sich. Als er schließlich nicht mehr Herr seiner Sinne war, fiel er über die Tochter seines Gönners her und vergewaltigte sie. Kurz darauf kam sein Gönner nach Hause, und aus lauter Angst, dieser könnte ihn bei der Polizei anzeigen, erschlug der betrunkene Mönch seinen Gönner.

Diese zwar nur erdachte Begebenheit zeigt, wie es gehen kann, wenn man sich in der Schwere der Folgen bei der Auswahl der Tugendempfehlungen hinsichtlich des eigenen karmischen Kontinuums täuscht. Dennoch gibt es nach den Regeln des orthodoxen Buddhismus durchaus eine Einteilung nach Schwere des Vergehens. Die fünf schwersten Verstöße, die direkt zu einer Wiedergeburt in den sogenannten höllischen Daseinsbereichen führen, sind Vatermord, Muttermord, die Ermordung eines Heiligen, die Verwundung eines Buddha und schließlich der Versuch, die Gemeinschaft derjenigen zu spalten, die den buddhistischen Weg gehen, also die Sangha.

Die vorangegangenen fünf Tugendempfehlungen werden gegeben, wenn ein Mensch sich entschließt, den buddhistischen Weg zu gehen und die erste Stufe der Einweihung, die Zufluchtnahme, zu nehmen. Diese Zeremonie wird in der Regel in einem öffentlichen Rahmen veranstaltet, in der der oder die Betreffende vor der Gemeinschaft seine oder ihre Verbindung zu Buddha als dem Beispiel eines erleuchteten Menschen aufnimmt. Weiter nimmt man Zuflucht zum Dharma, zur Lehre, die zu diesem Zustand hinführt, und schließlich zur Gemeinschaft derjenigen, die den Weg zur Erleuchtung gemeinsam gehen.

Die letzten fünf Tugendempfehlungen sind Teil der nächsthöheren, der zweiten buddhistischen Einweihung, der Annahme der Laienschülerschaft. In dieser Zeremonie wird er oder sie offiziell als Schüler/in eines Zen-Meisters angenommen und erhält einen buddhistischen Namen, der die Arbeitsaufgabe für die kommende Zeit darstellt. In dieser Zeremonie erhält er oder sie ein neues Kleidungsstück, das das Flickengewand des Buddha repräsentiert. Die fünf folgenden Tugendempfehlungen werden als »innere« bezeichnet und zielen im Gegensatz zu den äußeren Empfehlungen direkt auf ein Kenshō ab. Die ersten fünf Tugenden dienen dazu, auf der Leiter der Daseinsbereiche immer höher aufzusteigen, während die folgenden fünf direkt zur Erleuchtung führen, wenn man sie einhält. Die Befolgung aller zehn Tugenden führt zur sofortigen Erleuchtung.

6. Nicht über die Fehler anderer sprechen

Als insgesamt sechste und gleichzeitig erste innere Tugendempfehlung lehrt uns der Buddhismus, nicht über die Fehler anderer zu sprechen. Aber was bedeutet das? Heißt es, dass wir andere niemals kritisieren und nicht auf etwaiges Fehlverhalten ansprechen sollen? Ganz und gar nicht! Es bedeutet, dass wir nicht in ihrer Abwesenheit schlecht über sie reden und über sie herziehen, wenn sie sich nicht wehren können. Dies zielt gegen unsere Tendenz, andere und vor allem Menschen, die uns nicht so sympathisch sind, schlechtzumachen und ihnen in irgendeiner Weise Schaden zuzufügen.

Diese Empfehlung ist eine Spezifizierung der Tugend, wahrhaftig zu sein. Was ist die sogenannte »Wahrheit«, und wer legt fest, ob ein Mensch gut oder schlecht ist? Die Empfehlung betrifft wiederum zwei Personengruppen, die von den Auswirkungen direkt betroffen sind, diejenigen, die es unterlassen, schlecht über andere zu reden, und diejenigen, über die ab jetzt nicht mehr schlecht geredet wird.

Wenn wir die Empfehlung annehmen, dann wird sich unsere Meinung von anderen Menschen und besonders von denjenigen, die uns bis jetzt eher unangenehm gewesen sind, erheblich ändern, und zwar zum Guten. Wenn wir nicht mehr über die vermeintlichen Fehler der anderen sprechen, dann wird sich in kurzer Zeit auch unsere Meinung von ihnen zum Besseren wandeln, und wir werden ihnen anders begegnen, als wir es bis jetzt getan haben. Solange wir an anderen herumkritisieren, kommen wir nicht dazu, uns mit der eigenen Unvollkommenheit zu beschäftigen, und sind weit davon entfernt, an unserer Erleuchtung zu arbeiten. Es ist sehr viel leichter, im Gegenüber Mängel und Unzulänglichkeiten zu entdecken, als diese bei uns selbst zu beenden.

7. Andere nicht herabsetzen, um sich selbst zu loben

Die siebente Tugendempfehlung lautet, sich nicht zu loben, indem man andere herabsetzt. Sie wird manchmal auch so ausgelegt, dass man sich nicht durch Verunglimpfung anderer loben soll. Was bedeutet das nun, und vor allen Dingen, was ist der Unterschied zur vorangehenden Empfehlung?

Zunächst einmal sollen wir Abstand davon nehmen, andere Personen zu beschimpfen, allerdings sagt das auch die Tugendempfehlung Nummer sechs. Was wir unterlassen sollen, ist, uns auf Kosten anderer in ein gutes Licht zu rücken. Mit einfachen Worten gesagt sollen wir aufhören zu prahlen. Wenn wir aufhören, über unsere eigenen Vorzüge zu sprechen, dann geben wir unserem Gegenüber die Möglichkeit, uns so zu entdecken, wie wir wirklich sind.

Das ist besser, als ein Bild von uns erzeugen zu wollen, das wenig mit der Wirklichkeit zu tun hat. Es hilft uns, immer ehrlicher mit uns selber umzugehen, und beschützt andere Menschen davor, dass schlecht über sie gesprochen wird. So ist auch diese Tugendempfehlung hilfreich für uns selber wie auch für andere.

Nun kommen drei Ratschläge, die von überragender Wichtigkeit für den Erleuchtungsweg sind. Sie sind deswegen so wichtig, weil sie darüber entscheiden, ob man das letztendliche Ziel, die totale Befreiung bzw. die Beendigung des Leidens, tatsächlich in diesem Leben erreicht.

8. Die Fülle des Dharma nicht willkürlich zurückhalten

Die Tugendempfehlung, den Überfluss des Dharma nicht eigenmächtig zurückzuhalten.

Was ist damit gemeint? Zunächst bedeutet es, dass man nicht geizig mit materiellen Besitztümern sein sollte. Wo wir helfen können und es auch sinnvoll ist, sollte man sich nicht an eine Erhaltung des eigenen Besitzes klammern. Der materielle Wohlstand, den wir vielleicht zur Zeit unser eigen nennen, ist vergänglich. Spätestens im Tode müssen wir ihn vollständig zurücklassen.

Um vom finanziellen und materiellen Reichtum unabhängig zu werden, gibt es kein besseres Mittel, als zu lernen, vom eigenen Reichtum abzugeben. Finanzieller Besitz an sich macht nicht glücklich. Im Gegenteil kann Reichtum auch zu Sorgen führen, der Sorge, dass man ihn beschützen und für seine Sicherheit sorgen muss.

Das Bedenkliche am Reichtum ist, dass man sich sehr schnell an ihn gewöhnt. Geht er dann verloren, hat man nicht nur den materiellen Wohlstand eingebüßt, vielmehr ist das gesamte Bild von einem selber ins Wanken geraten. So stellt die Abhängigkeit von materiellen Gütern ein großes Hindernis auf dem Weg zur Freiheit dar. Wohlgemerkt, nicht materielle Güter als solche sind das Problem, sondern lediglich die Abhängigkeit von ihnen.

Aber es geht bei der Tugendempfehlung, den Überfluss des Dharma nicht eigenmächtig zurückzuhalten, mehr noch um einen weiteren Punkt. So, wie man mit materiellem Reichtum geizen kann, kann man auch geistigen Reichtum zurückhalten, das stellt das eigentliche Hindernis auf dem Weg dar. Es ist vor allem geistiger Geiz, die Unfähigkeit, Erkenntnisse zu teilen, was von der vollkommenen Freiheit trennt. Nicht gemeint ist, dass man immer und überall Menschen belehrt. Im Gegenteil sollte man zurückhaltend, wenn nicht sogar bescheiden sein, wenn es um die Weitergabe buddhistischer Lehren geht, und diese nur dann lehren, wenn man darum gebeten wird.

Wenn man jedoch darum gebeten wird und in der Lage dazu ist, über Buddhismus und Meditation zu sprechen, so ist man verpflichtet, darüber Auskunft zu geben. Das ist unter anderem ein wichtiges Kriterium, wenn es darum geht, vom Stadium der

Erleuchtung des Kleinen Fahrzeugs zum Stadium des Großen Fahrzeugs zu wechseln. Das entscheidende Merkmal im Großen Fahrzeug des Buddhismus ist, dass man auch andere Wesen zur Erleuchtung führt und nicht nur nach der eigenen Erleuchtung strebt. Dazu gehört, dass man eigene Erkenntnisse nicht zurückhält, wenn sie auf wirklicher Erfahrung in der Meditation beruhen.

In der Anfangszeit der Meditation, und das können durchaus einige Jahre sein, ist es günstig, wenn man Erlebnisse erst einmal für sich behält und nicht damit hausieren geht. Wenn aber die Zeitspanne der Vorbereitung vorüber ist – das ist in der Regel nach sieben Jahren der Fall –, dann ist es angebracht, über eigene Erfahrungen zu sprechen. Wer nach dieser Zeit den Überfluss des Dharma noch eigenmächtig für sich behält, bemerkt nicht, dass er sich nicht mehr auf dem Weg des Großen Fahrzeuges befindet. Diese Tugendempfehlung nimmt an Wichtigkeit zu, je länger man sich auf dem Weg der Erkenntnis befindet, und wird entscheidend für diejenigen, die Zen zu ihrem Lebensweg machen.

9. Sich nicht Gefühlen der Wut hingeben

Sich nicht den Gefühlen der Wut und der Aggression hingeben zu sollen, was bedeutet das genau?

Es heißt nicht, dass man nicht wütend werden darf, wenn die Situation nach intensiver Prüfung Anlass dazu bietet. Aber die Betonung liegt hier auf einer intensiven Prüfung. Auf den geringsten Anlass mit einem Wutausbruch zu reagieren ist ganz sicher ein Verstoß gegen diese Tugendempfehlung, denn das eigene Handeln soll hilfreich sein, auch für andere. Wenn die Wut nur dazu dient, sich selbst emotional zu erleichtern, ohne für irgendeinen der Beteiligten von Nutzen zu sein, dann ist Wut nicht angebracht.

Vermeiden sollte man, sich von den eigenen Gefühlen mitreißen zu lassen, was oftmals mit einem Verlust der Kontrolle über die Situation verbunden ist.

Jedes Mal, wenn man auf eine Situation mit Ärger und Erzürntheit reagiert, gewöhnt sich der Geist ein bisschen mehr an diesen Gefühlsausbruch, und der nächste fällt aus diesem Grund immer leichter. Aber auch das Gegenteil ist der Fall: Wenn man nicht mit Wut auf eine Situation oder eine Person antwortet, dann erinnert sich der Geist daran, und die Gewöhnung an die Wut nimmt von Mal zu Mal ab. So verändert sich der Charakter allmählich, man wird geduldiger und kann Gegebenheiten gelassener begegnen.

Charaktereigenschaften werden durch Wiederholung und Verstärkung ausgebildet, durch bewusstes Einüben von Mitgefühl und Empathie. Will man gefühlsmäßige Reaktionen aufkommender Wut in den Griff bekommen, das heißt, will man frei werden zu reagieren oder auch nicht zu reagieren, übt man sich darin, die aufkommende Reaktion in wohlwollendes Mitgefühl und Empathie zu verwandeln. Denn Empathie und Mitgefühl sind lernbar!

Wenn es gelingt, Gefühle der Feindschaft und der Aggression gegen Gefühle der liebevollen Güte, des Mitgefühls, der Mitfreude und des Gleichmuts zu ersetzen, befindet man sich auf dem buddhistischen Weg der Erkenntnis.

Die vier Gefühle liebende Güte, grenzenloses Mitgefühl, unbegrenzte Mitfreude und unendlicher Gleichmut werden auch als die vier himmlischen Aufenthaltsorte, als *Brahma-vihāras*, bezeichnet. Sie sind auch bekannt als *Mettā* (liebende Güte), *Karunā* (Mitgefühl), *Muditā* (Mitfreude) sowie *Upekkhā* (Gleichmut). Aber an dieser Stelle sei nur erwähnt, dass sie die Realisierung der neunten Tugendempfehlung darstellen und ein wichtiges Ziel der buddhistischen Geistesschulung sind.

10. Die drei Kostbarkeiten Buddha, Dharma und Sangha ehren

Der buddhistische Weg beginnt mit der Zufluchtnahme zu den drei Kostbarkeiten Buddha, Dharma und Sangha. Für einen Anfänger oder eine Anfängerin auf dem spirituellen Weg ist es nicht möglich, die eigene Vollkommenheit und grundlegende Glückseligkeit zusammen mit der Komponente der Universalität spontan sowie dauerhaft zu erkennen und zu verwirklichen. So bietet der Buddhismus eine geschickte Methode, und zwar dieselbe Methode, die auch in der kindlichen Entwicklung benutzt wird. Das angestrebte Ziel wird erst einmal nach außen verlagert und auf ein geeignetes Objekt projiziert. Um diesen Prozess noch effektiver zu machen, wird das angestrebte Ziel in drei einzelne Teilziele differenziert: Körper, Sprache und Geist. Die Sprache als verbales Medium des begrifflichen Denkens und der Logik findet ihre Projektionsfläche im Dharma, also der buddhistischen Lehre, die im Idealfall eine Beschreibung der universellen Wirklichkeit darstellt. Sie nimmt die zentrale Stellung ein. Der Körper wird projiziert auf die Idealfigur des erleuchteten Lehrers, in diesem Fall also den Buddha, der den gesamten Weg von einem Leben in Unzufriedenheit und Trübsinn bis hin zu vollkommener Freiheit und dauerhafter Glückseligkeit gegangen ist. Und der Geist schließlich manifestiert sich im harmonischen Zusammenleben und der gegenseitigen Unterstützung und Förderung innerhalb der Gemeinschaft, der Sangha, die diesen Weg zusammen geht.

Auf der Ebene der Projektion bleiben die drei Zufluchtsobjekte äußerlich, was bei dem Praktizierenden dem Stadium der Verehrung entspricht. Ist man durch weitere Praxis in der Lage, die projizierten Eigenschaften der eigenen Person zu erkennen, so ist es möglich, Vollkommenheit als die eigene zu erleben und zu verwirklichen. Die Grundlage hierfür ist das Vertrauen: Vertrauen in die drei Zufluchtsobjekte Buddha, Dharma und Sangha und letztendlich das Vertrauen in die eigene Vollkommenheit.

Die zehnte und letzte Tugendempfehlung lautet, »nicht die drei Kostbarkeiten Buddha, Dharma und Sangha beschimpfen«, auch: »nicht über die drei Kleinodien Buddha, Dharma und Sangha lästern«. Das Wort »beschimpfen« verdeutlicht meines Erachtens mehr den Charakter dieser Tugendempfehlung. Es geht darum, die drei Kostbarkeiten nicht zu verunglimpfen. Gegen einen humorvollen Umgang mit Buddha, Dharma und Sangha ist nichts einzuwenden.

»Witz« ist Ausdruck von Lebensfreude, und Humor hilft dabei, schwierige Sachverhalte besser zu verstehen, und der Buddhismus bietet durchaus Sachverhalte, die nicht so einfach zu verstehen sind.

Die drei Elemente Buddha, der die Erleuchtung verkörpert, Dharma, die Lehre von den hauptsächlich geistigen Aspekten der Wirklichkeit, und die Sangha, das Netzwerk derjenigen, die den Buddhismus zu ihrem Lebensweg gemacht haben, sollten aus folgenden Gründen nicht beschimpft werden: Sie bilden die Grundstruktur einer persönlichen Entwicklung, die der oder die Praktizierende durchlaufen wird. Die drei Elemente Buddha, Dharma und Sangha sind keine äußeren Personen, Lehren oder Gemeinschaften, sondern Ausdruck einer inneren Haltung, Vorbilder und zugleich Ziele mit Leben zu erfüllen.

In der Regel hat man keine oder nur geringe Schwierigkeiten, den Buddha als erleuchtetes Wesen und als Lehrer anzuerkennen. Und auch der Dharma, die Lehre von der Wirklichkeit, ist nach einiger Zeit des Studiums und der Beschäftigung damit durchaus akzeptabel.

»Dharma« ist im asiatischen Kulturraum ein Begriff mit vielfältiger Bedeutung und steht in diesem Zusammenhang im Besonderen für die buddhistische Lehre und in einem etwas allgemeineren Sinne für die Wirklichkeit überhaupt.

Da sich die Wahrheit, oder die allumfassende Wirklichkeit, in jedem kleinem Ding manifestiert, ist »Dharma« auch eine Bezeichnung für alle Dinge.

Die Erkenntnis dieser universellen Wirklichkeit ist das letztendliche Ziel des buddhistischen Weges, wobei auch der Weg hin zu dieser Erkenntnis Teil der universellen Wirklichkeit ist. Im Zen-Buddhismus erfüllt die buddhistische Lehre keinen Selbstzweck an sich, sondern ist ein äußerst nützliches Vehikel auf dem Weg in die Freiheit und Glückseligkeit. Nachdem dieses Ziel erreicht ist, hat das Fahrzeug seine Aufgabe erfüllt, man braucht es nicht mehr als Ballast herumzuschleppen, besonders nicht als geistigen Ballast. Der Weg des Zen ist eine Reise mit leichtem Gepäck!

Von den drei Zufluchtsobjekten bereitet es die größten Schwierigkeiten, sämtliche fühlenden Wesen als Teil der erleuchteten Gemeinschaft, der Sangha, zu betrachten. Und genau diese Tatsache macht die Tugendempfehlung, die drei Kostbarkeiten Buddha, Dharma und Sangha nicht zu beschimpfen, so überaus schwierig. Die Wichtigkeit dieser Empfehlung nimmt zu, je länger man sich auf dem Weg des Zen befindet.

Damit sind die zehn Tugendempfehlungen des Buddhismus komplett. Sie bilden das Rückgrat des gesamten buddhistischen Weges. Ohne die Umsetzung der Tugenden ist jeder Schritt der Entwicklung, den man auf dem Zen-Weg vollzieht, nur von kurzer Dauer und verblasst früher oder später zu einer Erinnerung.

Wenn man die Ratschläge Stück für Stück verinnerlicht und in die Tat umsetzt, erlebt der oder die Praktizierende eine Freiheit und ein großes Maß an Unabhängigkeit, so dass es sich lohnt, diese Übung zur Lebensaufgabe zu machen.

21 Weitergabe von Herzgeist zu Herzgeist

Wozu braucht man im Zen-Buddhismus überhaupt einen Lehrer? Und woran erkennt man einen guten Lehrer?

Die sehr wirkungsvolle Qualitätssicherung im Rinzai-Zen besteht darin, dass jeder bestätigte Zen-Lehrer in eine ununterbrochene Traditions- und Nachfolgerlinie eingetragen ist, die lückenlos bis zum historischen Buddha Shākyamuni zurückverfolgt werden kann. So ist zum Beispiel mein persönlicher Meister Rei Shin Bigan Rōshi der 84. Zen-Meister in dieser Traditionslinie; sein persönlicher Meister Saidan Ōi Rōdaishi wiederum ist der 83. Zen-Meister und Nachfolger des Buddha in der Tradition des Rinzai-Zen, und so fort. Eine häufig gestellte Frage lautet, wieso es dann mehrere Zen-Meister mit der gleichen Nummer in der Reihenfolge geben kann. Dies ist dadurch möglich, dass sich die Nummerierung immer auf die ganz spezielle Nachfolgerlinie des eigenen persönlichen Meisters (jap. *Honshi*) bezieht. Ein selbsternannter »Zen-Meister« jedoch ist nicht in der Lage, seine eigenen Lehrmeister oder die Nummer in der Reihenfolge der Traditionslinie anzugeben, und kann keine schriftlich erteilte Bestätigung der Anerkennung (jap. *Inka-Shōmei*) als Zen-Meister oder Zen-Meisterin vorweisen. So rate ich davon ab, sich einem Lehrer oder einer Lehrerin anzuvertrauen, die nicht alle drei Qualitätsstandards erfüllen.

Wozu aber braucht man einen Lehrer, wenn es doch, wie es im Herz-Sūtra, *Hannya Shingyō*, heißt, im Grunde nichts zu erreichen und nichts zu verwirklichen gibt? Dann wäre es doch möglich, in der Stille der Meditation, des Zazen, zu sitzen und den Geist davon abzuhalten, sich Gedanken über Erleuchtung, Verwirklichung und so weiter zu machen, und im Hier und Jetzt einfach zufrieden zu sein?

Es ist zwar mit einigem Geschick möglich, Methoden und Techniken einzuüben, die Entspannung und Gedankenruhe bewirken, Vorstellungen und gewohnheitsmäßige Gedankenmuster können Sie aber nicht ohne fremde Hilfe aufspüren und auflösen. Hierfür braucht man einen real existierenden Menschen, der diesen Prozess selber bereits erlebt und verwirklicht hat und so als Spiegel für die eigene persönliche Entwicklung dienen kann.

Der Rat eines Zen-Meisters ist, die Befreiung von Leiden und Unzufriedenheit statt in äußerlichen Dingen im eigenen Geist zu suchen.

Ich kann mich sehr gut an die Zeit erinnern, in der ich nach Abschluss meiner Lehre als Zimmermann noch im vollen Eifer der Jugend der Meinung war, dass es draußen in der großen weiten Welt Orte gibt, an denen es vor Glückseligkeit nur so strotzt.

Dass das höchste Glück nicht im Anhäufen von materiellen Schätzen oder einflussreicher Macht zu finden ist, war mir schon einigermaßen klar, aber warum sollte das große Glück nicht irgendwo anders zu finden sein. Und so habe ich mich als fremdgeschriebener Zimmermannsgeselle, wie es im Fachjargon heißt, für dreieinhalb Jahre auf die zünftige Wanderschaft begeben.

Laut den Regeln der zünftigen Gesellschaft war es mir in dieser Zeit nicht erlaubt, mich meinem Heimatort weiter als in einem Umkreis von 50 km zu nähern. Neben einigen anderen Vorschriften, deren Veröffentlichung nicht statthaft ist, war es ebenfalls nicht erlaubt, mich längere Zeit an einem Ort aufzuhalten. Abgesehen von diesen Regeln und der Verpflichtung, während der ganzen Wanderschaft keine andere als die bekannte Kleidung der zünftig wandernden Zimmerleute mit schwarzem Hut, dem Stock und den enormen Schlaghosen zu tragen, lässt sich in unserer hochtechnisierten Welt eigentlich kein Lebensstil denken, der mehr Freiheiten und Bewegungsmöglichkeiten bietet. Da es so gut wie keine familiären oder sonstigen festen Bindungen während dieser Zeit gab, stand es mir jederzeit frei, zu gehen, wohin ich wollte, außer eben nach Hause.

Die ersten zwei Jahre habe ich mich größtenteils in Deutschland und im deutschsprachigen Ausland aufgehalten, und abgesehen von kurzen Abstechern nach Frankreich und Portugal habe ich in dieser Zeit unter anderem in Saarlouis im Saarland gearbeitet, in Ludwigsburg und Fulda, am Bodensee und am Starnberger See sowie an etlichen anderen Orten zwischen Hamburg und der österreichischen Grenze. Aufgrund großzügiger spezieller Abkommen für fremdgeschriebene Zimmerleute in Bezug auf die Erteilung von Arbeitsgenehmigungen habe ich auch öfters in der Schweiz gearbeitet. So in Chur und Lenzerheide im Kanton Graubünden, in Kreuzlingen im Kanton Thurgau und in Genf. Später dann hat es mich in fernere Gegenden gezogen, und so bin ich im dritten Jahr meiner Wanderschaft an der Westküste Indiens gelandet, von wo aus es über Bombay weiterging in den Norden Indiens und schließlich in den Himalaya nach Nepal.

Auf dieser Reise hatte ich in Varanasi, einer Stadt in Nordindien, die ersten Begegnungen mit buddhistischen Mönchen. Und ich kann mich noch lebhaft daran erinnern, wie am Gazellenhain von Sarnath, wo vor über 2500 Jahren der historische Buddha Shākyamuni seine erste Lehrpredigt gehalten hat, in einem Frühling des Jahres 1985 ein Reisebus mit japanischen Zen-Mönchen hielt und die aussteigenden Mönche mich in meiner Zimmermannskluft wahrscheinlich genauso ratlos gemustert haben wie ich sie. Trotzdem hat mich dieser Ort mit seiner spirituellen Atmosphäre dermaßen fasziniert, dass ich mich noch eine ganze Woche dort aufgehalten habe. Später hatte ich an einem der zahlreichen buddhistischen Klöster im Umkreis der nepalesischen Hauptstadt Kathmandu ein ebenso beeindruckendes Erlebnis, als ich auf einer Holzflöte spielte, die ich mir kurz zuvor in der Nähe des Klosters gekauft hatte, und mich einer der tibetischen Exilmönche, die dort sehr zahlreich vertreten sind, ansprach und von mir das Spielen auf diesem Instrument erlernen wollte. Irgendwie haben diese Begegnungen so tiefe Spuren in mir hinterlassen, dass ich mich noch am selben Tag in meinem kleinen Zimmer in Kathmandu hinsetzte und das erste Mal in meinem Leben den Versuch unternahm zu meditieren. Es war wegen der völlig ungeeigneten Sitzhaltung eine ziemlich schmerzhafte Angelegenheit, doch bin ich heute noch dankbar dafür, dass das Chaos, das ich damals in meinem Geist wahrnahm, mich nicht ein für alle Mal davon abgebracht hat, weitere Versuche in diese Richtung zu unternehmen.

Einer meiner mitreisenden Zimmermannsgesellen hatte mir bei einer anderen Gelegenheit im Lauf meiner Wanderschaft ein Buch in die Hand gegeben, das mein weiteres Leben bis zum heutigen Tag stark beeinflussen sollte: Es war das schon erwähnte Buch von Daisetsu Taitaro Suzuki mit dem Titel *Die große Befreiung*, und es hat mir durch die philosophische Ausdrucksweise das Lesen nicht gerade leicht gemacht. Was mich jedoch von Anfang an begeistert hat, und diese Begeisterung ist nebenbei bemerkt im Laufe der Jahre alles andere als weniger geworden, war und ist die Möglichkeit, der Grad an persönlicher Freiheit, Erfüllung und Sicherheit, den man durch die eigentlich ziemlich simple Übung des Sitzens in Versenkung unter Anleitung eines kompetenten Meisters erlangen kann, aus eigener Kraft ohne jeglichen Hokuspokus. Von da ab war mir klar, dass ich Freiheit nicht durch weiteres Herumreisen in der Weltgeschichte erlangen kann, sondern nur durch eine Reise in mein eigenes Inneres. Obwohl ich für die Erfahrungen dankbar bin, die ich im Laufe der Hauslosigkeit meiner Wanderschaft machen konnte, sind sie eher zweitrangig im Vergleich zu den Abenteuern, die ich erlebe, seit ich den Weg in meinen eigenen Geist entdeckt habe.

Aber zurück zur Weitergabe des Zen-Weges. Im Zen-Buddhismus ist es üblich, dass ein Meister einen geeigneten Schüler oder eine geeignete Schülerin als Nachfolger oder als Nachfolgerin bestätigt, indem er ihm oder ihr das Siegel der Bestätigung erteilt, das sogenannte Dharma-Siegel, auch Inka-Siegel oder Inka-Shōmei genannt.

Durch die Verleihung dieses Siegels bestätigt der Zen-Meister, dass der oder die Schüler(in) einen gewissen Grad der spirituellen Reife erlangt hat. Nach weiterer Prüfung, in welcher der oder die neuernannte Zen-Meister(in) die Befähigung unter Beweis stellt, andere auf diesem Weg der Erkenntnis leiten zu können, wird er oder sie berechtigt, die eigene Traditionslinie zu vertreten und an eigene Nachfolger weiterzugeben. Obwohl es Ausnahmen von dieser Regel gegeben hat, geht man im Rinzai-Zen unserer Traditionslinie allgemein davon aus, dass der Erteilung dieses Siegels eine mindestens 15-jährige Ausbildung vorausgeht.

Allerdings wird im Umkehrschluss nicht jeder, der nur lange genug praktiziert, auch Träger oder Trägerin des Dharma-Siegels, geschweige denn, dass er/sie die Lehrbefugnis erhält. Voraussetzung für die Weitergabe in der Zen-Tradition ist also eine enge und äußerst vertrauensvolle Beziehung zwischen Meister und Schüler/in, in der sich beide sprichwörtlich auf Herz und Nieren prüfen. So wie an den Schüler oder die Schülerin hohe Anforderungen gestellt werden, vor allem, wenn es um die Fähigkeit und die Bereitschaft geht, Vertrauen zu entwickeln, so gibt es auch für den Meister oder die Meisterin überdurchschnittlich hohe Qualitätsansprüche in Bezug auf persönliche Integrität und die Fähigkeit, die nicht gerade leichte Kost dieser großen Angelegenheit zu vermitteln. Kompromisse bei der Aufrechterhaltung dieser Qualitätssicherung hätten verheerende Folgen für die Weitergabe der Lehre, und kein gewissenhafter Zen-Meister wird es sich erlauben, mit diesem Erbe, das über 2500 Jahre besteht, leichtfertig umzugehen. Die Weitergabe von Herzgeist zu Herzgeist wird auf Japanisch als *Ishin-Denshin* bezeichnet.

An dieser Stelle höre ich immer noch die Worte meines verehrten japanischen Lehrers Saidan Ōi Rōdaishi, der im Jahr 1990 zu mir sagte: »You must go beyond Buddha.« Das war zum damaligen Zeitpunkt, direkt nach dem überwältigenden Erlebnis eines mehrere Monate andauernden Dai-Kenshō, einer sogenannten großen Erleuchtungserfahrung, wie sie nach Aussage eines meiner anderen japanischen Lehrer heutzutage auch in Japan nur noch äußerst selten vorkommt, unvorstellbar. Was kann über den glücklichen Zustand vollkommener Erkenntnis und perfekter Zufriedenheit hinausgehen? Heute und fast dreißig Jahre später beginne ich langsam zu erahnen, warum die eigentliche Aufgabe im Zen-Buddhismus darin besteht, ein ganz normaler Mensch zu werden, ein Mensch ohne Rang, wie er im Rinzai-Zen genannt wird. Ich hatte in Zen-Büchern zwar gelesen, dass nur sehr wenige Menschen die vollständige Erleuchtung überhaupt erreichen, aber noch weniger Menschen kommen dann auch noch von dieser Erleuchtung wieder weg. Jetzt weiß ich, warum das so ist.

Es gibt kein Zen ohne einen autorisierten Zen-Meister. Wie wahrscheinlich in jedem Erleuchtungsweg, das heißt in jedem Weg, der zur letztendlich vollkommenen geistigen Freiheit führt, so gibt es auch im Zen eine äußere exoterische und eine innere esoterische Variante. Wobei zur inneren Variante noch eine dritte, und zwar verborgene Variante hinzukommt. Natürlich ist Zen der Weg der Befreiung aus eigener Kraft. Wer sonst könnte diesen Weg denn überhaupt beschreiten als man selber? Doch früher oder später kommt man an den Punkt, an dem es gilt, das Ego aufzugeben und den sicheren Hafen der Selbstidentifikation zu verlassen. Wer ab dann nicht in der Lage ist, seine gesamten Vorstellungen hinter sich zu lassen, der wird, wenn er auf Neuland stößt, diese neuen Entdeckungen weiterhin dualistisch interpretieren. Das äußere Erscheinungsbild einer Religion, zu der natürlich auch der Zen-Buddhismus gezählt werden kann, wird von einem Regelwerk mit Verhaltensvorschriften und Ritualen bestimmt.

Ein Einblick in das Geschehen hinter der Bühne bietet sich dann, wenn die oder der Praktizierende den Sinn hinter den teilweise streng anmutenden Vorschriften und Ritualen im Zen zum ersten Mal direkt erlebt. Bildlich gesprochen erblickt man den weiblichen Bodhisattva Avalokiteshvara von Angesicht zu Angesicht. In dem Augenblick hat der Bodhisattva Mañjushrī, der Bodhisattva der Weisheit, mit seinen teilweise äußerst ruppigen Methoden seine Arbeit getan, Unzufriedenheit und Unwissenheit zu vertreiben.

Anders ausgedrückt folgt auf die erste Stufe der Entsagung und strengen Übung die zweite Stufe der gelebten Nächstenliebe. Entsagung heißt nicht, auf die angenehmen und schönen Dinge des Lebens zu verzichten und einen asketischen Lebenswandel mit dem Zweck der Selbstkasteiung anzunehmen. Entsagung bedeutet, Wichtiges von Unwichtigem zu unterscheiden und dann die wertvollere Variante zu wählen, anstatt sich zum Zeitvertreib mit Nebensächlichkeiten zu beschäftigen. Entsagung bedeutet, auf geistiger Ebene die Ernährung umzustellen. Auf Nutzloses zu verzichten und von nun an hochwertige und wohlschmeckende Nahrung zu sich zu nehmen. Dazu gehört ein gewisses Maß an Information darüber, was ein geeignetes Nahrungsmittel ausmacht und in welcher Menge man es zu sich nehmen sollte.

Auf der ersten Stufe der Entsagung hat man sich daran gewöhnt, die Aufmerksamkeit und das Interesse von unheilsamen Dingen abzuwenden und sich auf die gewünschten heilsamen Ziele zu konzentrieren. In den Zeiten der formellen Meditation ist es keine Schwierigkeit mehr, über die Dauer einer Sitzrunde, die in der Regel 25 Minuten dauert, zumindest körperlich stillzusitzen. Und auch durch äußere Einflüsse wie zum Beispiel Geräusche wird man nicht mehr aus der Ruhe gebracht. Es treten häufiger Zustände auf, in denen es keinerlei akustische oder optische Wahrnehmung mehr gibt und die Außenwelt sozusagen vollkommen verschwindet. Auch das Zeitempfinden verändert sich, wenn man einfach nur in der Ruhe und Zufriedenheit des eigenen Geistes verweilt.

Wozu aber dient die meditative Ruhe und Zufriedenheit noch, außer zur Steigerung des persönlichen Wohlbefindens?

Sie ist die Grundlage für die Erkenntnis der Wirklichkeit und der praktischen Umsetzung dieser Erkenntnis im täglichen Leben. Solange der Geist nicht in der Lage ist, sich eine bestimmte Zeitlang auf ein einziges Objekt zu konzentrieren, von einem Thema zum anderen springt, ist es schwierig, mit einem derart unruhigen Geistes die Wirklichkeit zu untersuchen. Weil es eben nicht zu den natürlichen Gewohnheiten des Geistes gehört, sich längere Zeit auf eine Sache zu konzentrieren, ist die Meditation in der Anfangszeit eine eher anstrengende Übung.

Aus diesem Grunde ist es sehr empfehlenswert, die ersten Meditationen in Gemeinschaft von Gleichgesinnten zu praktizieren, um leichter über diese Anfangsschwierigkeiten hinwegzukommen. Ob es sich hierbei um eine klösterliche Gemeinschaft handelt oder einfach einen Zusammenschluss von interessierten Menschen, ist dabei nicht entscheidend. Es sollte allerdings zumindest eine Person dabei sein, die schon längere Zeit meditiert und aus eigener Erfahrung sprechen kann. Nach einiger Zeit der disziplinierten Übung stellt sich dann eine bis dahin unbekannte Tiefe des Bewusstseins und der Wahrnehmungsfähigkeit ein. Dann erlebt der oder die Meditierende plötzliche Augenblicke des direkten Erkennens, in denen die Wirklichkeit ohne jegliche Bewertung erblickt wird. Diese spontanen Erlebnisse sind die ersten Anzeichen einer sich ab dann unbegrenzt weiterentwickelnden Weisheit, die man als die Weisheit des Großen Spiegels oder auch spiegelgleiche Weisheit bezeichnet. Das untrügliche Merkmal dieses Erlebnisses ist die Abwesenheit jeglicher Bewertung und die bis dahin unbekannte Einheit von wahrnehmendem Subjekt und wahrgenommenem Objekt. Anders ausgedrückt findet die Wirklichkeit mit einer unbeschreiblichen Wucht statt.

Gleichzeitig mit der Einheitserfahrung steigt die Erkenntnis, dass es auf dieser grundlegenden Ebene der Wirklichkeit und des Geistes, der diese Wirklichkeit wahrnimmt, keinen

Unterschied in der Wertigkeit der Phänomene und Wesen gibt. Damit verschwindet auch die Vorstellung einer erleuchteten Persönlichkeit innerhalb einer unerleuchteten Umwelt oder Gesellschaft, und etwas poetischer ausgedrückt erstrahlt die ganze Welt, ja das ganze Universum im unbeschreiblichen Glanz der absoluten Wirklichkeit. Ein derartiges Bewusstsein wird als die Weisheit der Wesensgleichheit oder auch als die Weisheit der Einheit bezeichnet. In den theistischen Religionen ist dies die höchste Stufe der spirituellen Entwicklung und wird dort als Gotteserfahrung oder *Unio Mystica*, als mystische Hochzeit, bezeichnet. An diesem Punkt kann man davon sprechen, dass jegliche Vorstellung als Schleier, der sich vor die Wirklichkeit stellt, verschwunden ist. In der Regel ist der oder die Meditierende von dieser neuen und revolutionären Sicht der Wirklichkeit dermaßen fasziniert, dass diese Erfahrung der Freiheit wiederum zu einem Objekt der Anhaftung und des geistigen Festhaltens wird. Im Zen sagt man, dass ein Praktizierender auf dieser Stufe sprichwörtlich nach Erleuchtung stinkt oder in einem Bild ausgedrückt den Berg der Erleuchtung erklommen hat und sich standhaft weigert, den Abstieg zu beginnen. Ein Kōan aus der Sammlung Mumonkan (Fall Nr. 46 meines Buches *Warum scheißen die Vögel auf Buddhas Kopf?*) beschreibt die Situation eines Menschen, der einen hundert Fuß hohen Pfeiler als Gleichnis für die Erleuchtung erklommen hat.

Nachdem also eine korrekte Erkenntnis der Leerheit und der Einheit stattgefunden hat, besteht der nächste Schritt darin, auf der Basis dieser direkten unmittelbaren Erkenntnis wieder zu unterscheiden. Das Unterscheidungsvermögen auf dieser Ebene der Praxis basiert jedoch nicht mehr wie früher auf Vorstellungen und Meinungen, sondern auf einer direkten Erkenntnis der Wirklichkeit und der Einsicht. Ist zu Beginn des spirituellen Weges in der Meditation das Denken eher als Hindernis aufgetreten, so gewinnt es von nun an einen ganz anderen Stellenwert und wird zu einem extrem schnellen Fahrzeug. Hat man bis zu diesem Zeitpunkt Abstand davon genommen, Unterscheidungen vorzunehmen und sich mit gedanklichen Konstruktionen zu beschäftigen, so gilt es ab jetzt, das Unterscheidungsvermögen weiterzuentwickeln und jegliche Theorie auf Grundlage der eigenen Einheitserfahrung dahingehend zu untersuchen, ob sie als Weg hin zur Befreiung brauchbar ist oder nicht. Die Basis für eine solche Unterscheidung ist stets die eigene Erfahrung bzw. Erkenntnis der Wirklichkeit, was gleichbedeutend ist mit der Erkenntnis der Leerheit als endgültiger Wahrheit. Die Unterscheidung dieser endgültigen Wahrheit der Leerheit (Shūnyatā) vom Irrweg des Nihilismus, die sich bei oberflächlicher Betrachtung sehr ähnlich sehen, und dem Ewigkeitsglauben Eternalismus, der aus der Leerheit wieder ein goldenes Kalb zu erschaffen trachtet, ist die Spezialität der großen Meister des Mahāyāna und eine Aufgabe, die jeder ernsthaft praktizierende Buddhist bewältigen muss. In Anlehnung an diese Fähigkeit zur Unterscheidung wird ein solches Bewusstsein als wunderbar unterscheidende Weisheit bezeichnet oder auch als wunderbar beobachtende Weisheit, wobei das Attribut »wunderbar« durchaus wörtlich zu nehmen ist.

Auf die Entwicklung der unterscheidenden Weisheit folgt im nächsten Schritt die Entwicklung der alles vollendenden Weisheit, also der Handlung, die aus der Erkenntnis folgt. Und dieses Handeln geschieht ohne Nachdenken frei aus der Situation heraus. Hier bewegen wir uns im Bereich des verborgenen Zen, und alle spektakulären und verblüffenden Handlungen, für die Zen-Meister bekannt sind, erfolgen aus dieser Weisheit heraus. Um sich in diesen Gefilden bewegen zu können, die dem gewöhnlichen Menschenverstand und dem rationalen Denken nicht ohne weiteres zugänglich sind, ist es notwendig, eine Ermächtigung zu erhalten. Es gibt zwei überlieferte authentische buddhistische Wege, die einen sicheren Zugang zu dieser höchsten

Form der spirituellen Aktivität gewährleisten: Das ist der Weg des Vajrayana, der bei uns als tantrischer Buddhismus bekannt geworden ist, und der Weg des Kōan-Zen, wie er vor allem in der Rinzai-Schule des Zen-Buddhismus gelehrt wird.

Vom Standpunkt des Zen-Buddhismus aus betrachtet ist in jedem fühlenden Wesen die ursprüngliche Weisheit des Geistes schon immer in vollkommener Ausprägung vorhanden. Diese Weisheit kann als grundlegendes Bewusstsein bezeichnet werden. Jeder Mensch ist schon im Besitz dieser ursprünglichen Weisheit, und der einzige Unterschied zwischen einem erleuchteten Buddha und einem gewöhnlichen Menschen ist, dass der Erste seiner ursprünglichen Weisheit vertraut und der Letztere eben nicht. Es ist nicht so, dass der eine die Weisheit hat und der andere nicht, sondern es verhält sich so, dass der eine Vertrauen besitzt und der andere nicht. Das genau ist der Punkt: Die Dharma-Übertragung ist nicht die Weitergabe irgendeiner Erkenntnis oder irgendeiner Weisheit, sondern es ist ein gegenseitiger Vertrauensbeweis. Der Schüler vertraut dem Meister, und der Meister vertraut dem Schüler. Auf dieser Basis geschieht die Weitergabe der Lehre von Herz zu Herz und von Geist zu Geist, und kein Wissen und keine Erkenntnis kann jemals das Vertrauen ersetzen. Ich vermute einmal, dass in der christlichen Kirche mit dem Begriff »Glaube« ebenso dieses ursprüngliche Vertrauen gemeint ist. Vertrauen ist das Alpha und Omega der Buddhisten, der Beginn und das Ziel des Weges.

Nach dem Durchlauf dieses 15-jährigen Zen-Weges, den man gut mit dem Abschreiten oder der Umrundung eines Kreises vergleichen kann, landet der Zen-Praktizierende und angehende Meister genau dort, wo er seine spirituelle Reise begonnen hat: Mitten in dieser geschäftigen Welt mit all ihren Bergen und Flüssen, den Menschen und der Umgebung. Es gibt einen Ausspruch im Zen, der lautet:

»Zu Beginn des Weges ist ein Fluss ein Fluss
und ein Berg ein Berg.
In der Mitte des Weges ist ein Fluss kein Fluss
und ein Berg kein Berg mehr.
Am Ende des Weges ist ein Fluss wieder ein Fluss,
und ein Berg ist wieder ein Berg.«

Wenn dieser Kreis mit seinen 360 Grad vollendet ist, steht man wieder am Anfang und kann den Anfängergeist des Zen in jedem Moment verwirklichen. Das bedeutet, innerlich frei von Konzepten und starren Meinungen zu sein, einen Standpunkt einnehmen zu können und auch wieder zu verlassen, wenn er überholt ist oder die Situation etwas anderes erfordert. Kurz gesagt, wer diesen Kreislauf aus eigenem Erleben kennt, ist völlig frei, an jedem beliebigen Punkt des Kreises zu erscheinen und wieder zu verschwinden, spontan, frei und zum Wohle aller fühlenden Wesen. Jetzt ist er oder sie wahrhaft zum Herrscher geworden, der den wunderbaren Palast sein Eigen nennen darf, ohne die legitimen Rechte der übrigen Bewohner zu missachten.

Es kann manchmal Jahre dauern, bis man den »richtigen« Lehrer gefunden hat, obwohl dieser letztendlich nur sagen kann, dass die Wahrheit in einem selber zu finden ist. Jede buddhistische Lehre mündet darin, dass das Licht der vollkommenen Freiheit in einem selbst leuchtet. Sucht man in irgendwelchen Schriften oder den Worten und Redewendungen anderer danach, wendet man den Blick eher davon ab. Selbst wenn man der Meinung ist, dass der wahre Seelenfrieden nur in einer besonderen Gemeinschaft spirituell ausgerichteter Personen zu finden ist, so verwechselt man die Verpackung mit dem Inhalt. Schließlich gehören alle fühlenden Wesen zur großen universellen Gemeinschaft, und nicht nur die eigenen Dharma-Brüder und -Schwestern.

Die Grundlage der Zen-Praxis ist die angeborene Vollkommenheit, die Buddha-Natur, mit der jeder auf diese Welt kommt, die ständig präsent ist und die man auch im Tode nicht verliert. Was den japanischen Zen-Meister Hakuin Ekaku dazu veranlasst hat, zu sagen, dass wir in unserem tiefsten Wesen Buddha sind. Das heißt, man muss es nicht erst werden, man braucht die Buddha-Natur nicht zu entwickeln. Man braucht sie nicht zu vervollkommnen oder zu verbessern, und eigentlich braucht man sie nicht einmal zu verwirklichen. In dem Augenblick, in dem man sich selber und die gesamte Wirklichkeit so anerkennt, wie sie jetzt gerade ist, haben wir das Ziel des Weges gefunden. Ohne den Weg je verlassen zu haben, denn dieser Weg ist, wie ein bekannter Zen-Meister, Meister Nansen, es ausdrückt, so breit wie das ganze Universum. Wie könnte man diesen Weg jemals verlieren? Dann braucht man keine Lehrer mehr, die einen auf das hinweisen, was ohnehin schon Wirklichkeit ist. Dann braucht man keine Lehre, die das vermittelt, was ohnehin schon das Leben ausmacht. Und man ist auch nicht mehr auf eine Gemeinschaft von Gleichgesinnten angewiesen, welche die eigenen Bemühungen unterstützt, sondern man genießt ganz entspannt und erwartungslos die Gemeinschaft mit Freunden und Freundinnen, wenn einem danach ist.

Der Weg besteht darin, vollkommen natürlich und ungekünstelt zu sein. Man spielt keine Rolle, sondern ist vollkommen echt in dem, was man tut oder auch nicht tut. Wenn man müde ist, legt man sich hin, wenn man hungrig ist, isst man, und wenn man durstig ist, trinkt man. Wenn Zeit zur Meditation ist, meditiert man, und wenn es Zeit ist, einen Vortrag zu halten, so spricht man. Den Zen-Weg zu gehen bedeutet, nichts Besonderes zu tun, nicht zu trennen zwischen großartigen spirituellen Aktivitäten und alltäglichen Notwendigkeiten. Was brauchen wir mehr?

Der Endpunkt der spirituellen Entwicklung ist dann gekommen, wenn ein Mensch die Freiheit hat, jederzeit alle Mittel anzuwenden, die erforderlich sind, um aus der jeweiligen Situation das Beste zu machen, das Beste für alle Beteiligten.

22 Siebenhundert Kōan

Am Ende des Buches widme ich mich nun dem, was Zen-Buddhismus so besonders und faszinierend macht: das freie Spiel mit der Leerheit.

Was ist nun dieses freie Spiel mit der Leerheit? Es erfordert die Bereitschaft, jede geistige Absicherung aufzugeben und den freien Fall des Geistes zu wagen. Ich kann nur zuraten, diesen Sprung zu wagen, denn es ist gleichzeitig der Sprung in die geistige Freiheit. Es ist kein Sprung in die Tiefe, sondern im Gegenteil der Start in die absolute Freiheit, in der jedes Anhaften an Gut oder Böse und jede Art von Vorstellung über Existenz oder Nichtexistenz, Erleuchtet und Unerleuchtet aufgegeben wird.

Aus mangelndem Selbstvertrauen kann eine Suche nach Worten und Sätzen alter Meister beginnen, die fehlendes Selbstwertgefühl ausgleichen sollen. Man versucht, Antworten auf scheinbar schwerwiegende Fragen zu finden, die aber selber auch nur als Produkt im eigenen Geist entstanden sind. Dieser Vorgang hat erst ein Ende, wenn der eigene Geist keine Fragen mehr produziert, das heißt, wenn er keine Gedanken mehr erschafft, was etwas anderes ist, als nicht mehr zu denken.

Kein ernstzunehmender Zen-Lehrer lehrt, dass es das Ziel der Meditation ist, nicht mehr zu denken. Die Konzentration auf das Nicht-Denken ist eine Methode, um dem Kreislauf der Wiedergeburt endgültig zu entfliehen, und führt lediglich dazu, nicht wieder in dieser Welt geboren zu werden.

Die Gedankenleere ist wie ein tiefes, dunkles Loch, aus dem es kein Entkommen gibt. Der Meditierende hat den Eindruck, als ob sich das Leiden immer mehr auflöst, bis es schließlich ganz verschwindet, aber in Wirklichkeit nimmt lediglich die geistige Reaktion auf Außenreize ab, und das Resultat dieser Übung ist ein vollkommenes Sich-Zurückziehen von den Belangen der äußeren Welt. Die Meditation auf die Gedankenfreiheit ist lediglich eine erste Methode für Anfänger, um ihren wild umherirrenden Geist zu beruhigen.

Nicht die äußeren Zustände sind entscheidend für eine gute Meditation, sondern der Mensch, der die Gegebenheiten zur Erschaffung eines meditativen Gleichgewichts nutzt. Ob man sich in einem Zustand tiefer geistiger Ruhe und tiefen Friedens oder in der turbulentesten Diskussion befindet, das innere Gleichgewicht geht nicht mehr verloren.

Es geht in diesem Buch darum, wie man so schnell wie möglich einen Zustand der Erkenntnis und Zufriedenheit erreicht. Man kann sich das ganze Leben lang mit allen möglichen Sachen beschäftigen, geschäftlich erfolgreich sein, ein wunderbares Familienleben führen, wir können Millionen verdienen oder erfolgreiche Politiker werden. Aber früher oder später kommt der Punkt, an dem das alles nicht mehr weiterhilft. Dieser Punkt ist spätestens dann erreicht, wenn es für uns ans Sterben geht.

Möglicherweise entsteht aber auch eine Krankheit wie Depression oder ein Burn-out-Syndrom. An dieser Stelle bietet die Zen-Meditation eine Methode, den eigenen Geist zu schulen, und diese Methode ist die Meditation mit Kōan.

Kōan sind Meditationsaufgaben, die der Zen-Meister den Schülern gibt, damit sie so schnell wie möglich das dualistische Denken in Gegensätzen überwinden. Sie begleiten die Zen-Praktizierenden über Jahre in ihrer Meditation und bewirken zusammen mit den Anweisungen des Meisters, dass die Schüler und Schülerinnen immer tiefer in ihre eigentliche Buddha-Natur eintauchen können. Sie werden in fünf Gruppen eingeteilt, auf die ich in einem anderen Buch näher eingehen werde.

Es sind meistens Begebenheiten aus verschiedenen Sūtras, Episoden aus dem Leben der alten Zen-Meister oder Aussprüche, die sie getan haben.

Das Entscheidende an einem Kōan ist, dass es immer ein Paradox darstellt, das im wahrsten Sinne des Wortes das Denken transzendiert.

Während einer 15-jährigen Zen-Ausbildung arbeitet der oder die Praktizierende ungefähr 700 Kōan durch. Beispielhaft für die Arbeit mit Kōan stelle ich hier einige aus meinem Buch *Warum scheißen die Vögel auf Buddhas Kopf?* vor.

Sie stammen aus der Kōan-Sammlung Mumonkan, was übersetzt bedeutet »Das torlose Tor«.

Das Mumonkan (chin.: Wúménguān) ist das Einstiegswerk in die Kōan-Ausbildung und wurde von dem chinesischen Zen-Meister Wúmén Huìkāi, japanisch Mumon Ekai, im Jahre 1228 zum ersten Mal veröffentlicht. Es enthält 48 Kōan, die das Weisheitsauge des Zen-Schülers oder der Zen-Schülerin öffnen sollen, wenn er diese Meditationsaufgaben mit seinem Meister durcharbeitet.

Das erste Kōan dieser Sammlung:

DAS KŌAN

Ein Mönch fragte Meister Jōshū: »Hat ein Hund die Buddha-Natur?«

Jōshū antwortete: »Mu.«

MUMON'S KOMMENTAR

Um Zen zu meistern, musst du durch die Schranke der Patriarchen hindurchdringen. Um diese subtile Erkenntnis zu erlangen, musst du den Fluss der Gedanken völlig abschneiden. Wenn du die Schranke nicht durchschreitest und den Fluss der Gedanken nicht abschneidest, dann bist du wie ein Geist, der an Büschen und Gräsern hängt. Nun frage ich dich, was ist die Schranke der Patriarchen?

Warum ist es dies einzige Wort »Mu«? Das ist der Vordereingang zum Zen.

Deswegen wird es »Die torlose Schranke des Zen« genannt.

Wenn du hindurch bist, wirst du nicht nur Jōshū von Angesicht zu Angesicht erblicken, sondern du wirst Hand in Hand mit der endlosen Reihe der Patriarchen gehen, deine Augenbrauen mit ihren verbinden, mit denselben Augen sehen, mit denselben Ohren hören. Ist das nicht eine wunderbare Aussicht? Möchtest du nicht durch diese Schranke hindurch?

Erwecke deinen ganzen Körper mit seinen dreihundertsechzig Knochen und Gelenken und seinen vierundachtzigtausend Poren der Haut; rufe einen Geist des großen Zweifels hervor und konzentriere dich auf dieses Wort »Mu«. Fahre damit Tag und Nacht fort. Bilde dir kein nihilistisches Konzept von Leerheit oder ein relatives Konzept von »hat« oder »hat nicht«. Es wird genauso sein, als ob du eine heiße rote Eisenkugel verschluckt hast, die du nicht ausspucken kannst, selbst wenn du es versuchst. All die illusorischen Ideen und trügerischen Gedanken, die du bis jetzt angesammelt hast, werden vernichtet sein, und wenn die Zeit gekommen ist, werden Innen und Außen mit einem Mal eins werden. Du wirst es erkennen, aber nur für dich selber, wie ein stummer Mensch, der einen Traum gehabt hat. Dann wird plötzlich eine explosive Umwandlung stattfinden, und du wirst den Himmel erstaunen, und die Erde wird beben.

Es wird so sein, als ob du das große Schwert des tapferen Generals Kan'u an dich bringst und es in deiner Hand hältst. Wenn du den Buddha triffst, dann tötest du ihn. Wenn du die Patriarchen triffst, dann tötest du sie. An der Schwelle von Leben und Tod herrschst du völlig frei; mitten in der sechsfachen Welt und den vier Arten des Daseins genießt du ein fröhliches und spielerisches Samādhi.

Nun frage ich dich: »Wie willst du das machen?« Gebrauche jede Unze deiner Energie, um an diesem »Mu« zu arbeiten. Wenn du ohne Unterbrechung fortfährst, dann wird plötzlich mit einem Funken die heilige Kerze entzündet!

MUMON'S GEDICHT

Der Hund! Die Buddha-Natur!
Die Verkündigung, vollkommen und endgültig.
Bevor du sagst »er hat« oder »hat nicht«,
bist du auf der Stelle ein toter Mensch.

Das nächste Kōan ist der Fall Nr. 19 aus dem Mumonkan, und er beinhaltet folgende Begebenheit:

Fall 19
Nansen's »Alltäglicher Geist ist der Weg«

DAS KŌAN

Jōshū fragte Meister Nansen: »Was ist der Weg?« »Der alltägliche Geist ist der Weg«, erwiderte Nansen. »Soll ich mich zu ihm hinwenden oder nicht?«, fragte Jōshū. »Wenn du versuchst, dich ihm zuzuwenden, dann trennst du dich von ihm«, antwortete Nansen.
»Wie kann ich dann vom Weg wissen, wenn ich ihn nicht finde?«, beharrte Jōshū.
Nansen sagte: »Der Weg ist keine Angelegenheit von Wissen oder Nicht-Wissen. Wissen ist Verblendung, und Nicht-Wissen ist Verwirrung. Wenn du wirklich den wahren Weg jenseits des Zweifels erreicht hast, dann findest du ihn so riesig und grenzenlos wie das Weltall. Wie kann man darüber auf der Ebene von Richtig und Falsch sprechen?« Bei diesen Worten kam Jōshū zu einer plötzlichen Erleuchtung.

MUMON'S KOMMENTAR

Nansen löste sich auf und schmolz dahin vor Jōshū's Frage und konnte keine plausible Erklärung anbieten. Obwohl Jōshū doch zu einer Erleuchtungserfahrung kam, musste er noch weitere dreißig Jahre darin eintauchen, bevor er sie völlig verstand.

MUMON'S GEDICHT

Die Frühlingsblumen, der Herbstmond,
Sommerwind, Winterschnee.
Wenn nutzlose Dinge deinen Geist nicht mehr verwirren,
dann hast du die besten Tages deines Lebens.

Anschließend kommen wir zur zweiten Sammlung von Kōan, die den Namen Hekigan-Roku trägt, was übersetzt bedeutet »Die Aufzeichnung von der smaragdgrünen Felswand«.

Die zweite Sammlung, Hekigan-Roku (chin.: Bìyán lù), wurde von dem chinesischen Zen-Meister Yuánwù Kèqín, japanisch Engo Kokugon, rund einhundert Jahre vor dem Mumonkan veröffentlicht und enthält 100 Kōan des Meisters Xuědòu Chóngxiăn, auf Japanisch Setchō Jūken. Sie haben den Zweck, das geöffnete Weisheitsauge zu schärfen und die Einsicht in das Wesen der Wirklichkeit zu vertiefen.

Als Beispiel bringe ich den ersten Fall aus dieser Sammlung:

Fall 1
Kaiser Wŭ befragt Bodhidharma

ENGO'S EINFÜHRUNG

Rauch über dem Hügel zeigt Feuer an, Hörner über dem Zaun zeigen einen Ochsen an. Wenn du eine Ecke siehst, kannst du schon auf die drei anderen daraus schließen. Ein Blick, und du nimmst den kleinsten Unterschied wahr. Solche Schnelligkeit ist jedoch nur zu verbreitet unter den in Roben gekleideten Mönchen. Wenn du die täuschenden Aktivitäten des Bewusstseins zum Stillstand gebracht hast, dann genießt du vollkommene Freiheit im Missgeschick wie im Wohlstand, im Nehmen wie im Geben, in welcher Situation du dich auch befindest. Nun sage mir, wie wird sich diese Sorte von Person verhalten? Schau dir Setchō's verwirrende geistige Schlingpflanzen dazu an.

DAS KŌAN

Kaiser Wǔ von Liáng fragte Bodhidharma: »Was ist das erste Prinzip der heiligen Lehren?« Bodhidharma sagte: »Leerheit, nichts Heiliges.«

»Wer ist es, der da vor mir steht?«

»Kein Wissen.«

Der Kaiser konnte seine Bedeutung nicht erfassen. Daraufhin überquerte Bodhidharma den Fluss und ging ins Land Wèi.

Der Kaiser sprach später über diese Begegnung mit Shikō, der sagte: »Weißt du, wer diese Person ist?« Der Kaiser sagte: »Ich weiß es nicht.« Shikō sagte: »Dies ist der Bodhisattva Avalokiteshvara, der Träger des Herz-Siegels des Buddha.« Der Kaiser war voller Bedauern und wollte nach Bodhidharma senden, aber Shikō sagte: »Es ist nicht gut, einen Boten zu schicken, um ihn zurückzuholen. Sogar wenn das ganze Volk ginge, würde er nicht zurückkommen.«

SETCHŌ'S GEDICHT

Die Heiligen Lehren – Leerheit!
Was ist hier das Geheimnis?
Wer steht da vor mir?
»Kein Wissen!«, sagt er.
Unausweichlich sprießen die Dornen und das Gestrüpp,
heimlich bei Nacht überquert er den Fluss.
Das ganze Volk konnte ihn nicht zurückholen.
Und jetzt, so viele Jahre später,
erfüllt Bodhidharma immer noch deinen Geist – umsonst.
Höre auf, an ihn zu denken!

Eine freundliche Brise durchdringt das Universum.
Der Meister schaut sich um:
»Ist der Patriarch da?
– Ja! Bring ihn zu mir,
und er kann mir die Füße waschen.«

Das nächste Kōan ist der Fall Nr. 51 aus dem Hekigan-Roku, und der lautet folgendermaßen:

Fall 51
Seppō's »Was ist das?«

ENGO'S EINFÜHRUNG

Wenn du auch nur die kleinste Wahl hast zwischen Richtig und Falsch, dann wirst du in die Verwirrung des Geistes fallen. Wenn du nicht in Stufen gefangen bist, dann musst du auch nicht mehr im Dunkeln herumstöbern. Sage mir, was ist nun das Ratsame, das Loslassen oder das Festhalten? Wenn du dich an diesem Punkt auf Erklärungen einlässt und weiterhin am ausgeklügelten Denken festhältst, dann bist du ein Geist, der an Gräsern und Büschen hängt. Selbst wenn du frei bist von solchen Anstößigkeiten, bist du noch Tausende Meilen von deiner Heimat entfernt. Verstehst du das? Wenn nicht, dann studiere das vorliegende Kōan. Sieh her.

DAS KŌAN

Als Seppō in seiner Einsiedelei lebte, kamen zwei Mönche, um ihren Respekt zu zollen. Als Seppō sie kommen sah, öffnete er das Tor, stellte sich vor sie hin und sagte: »Was ist das?« Die Mönche sagten ebenfalls: »Was ist das?« Seppō senkte den Kopf und ging zurück in seine Hütte.

Später kamen die Mönche zu Gantō, der sagte: »Woher kommt ihr?« Die Mönche antworteten: »Wir sind von südlich der Nanrei-Berge gekommen.« Gantō sagte: »Seid ihr jemals bei Seppō gewesen?« Die Mönche sagten: »Ja, wir waren bei ihm.« Gantō sagte: »Was hat er zu euch gesagt?« Die Mönche erzählten die ganze Geschichte. Gantō sagte: »Schade! Ich bedaure, dass ich ihm nicht das letzte Wort gesagt habe, als ich mit ihm zusammen war. Wenn ich es getan hätte, dann könnte niemand auf der ganzen Welt es mit ihm aufnehmen.«
Zum Ende des Sommer-Sesshins wiederholten die Mönche die Geschichte und fragten Gantō nach seiner Unterweisung. Gantō sagte: »Warum habt ihr nicht früher gefragt?« Die Mönche sagten: »Wir hatten ein schwere Zeit, in der wir damit gekämpft haben.« Gantō sagte: »Seppō kam auf dieselbe Art ins Leben wie ich, aber er wird nicht auf dieselbe Art sterben wie ich. Wenn ihr das letzte Wort wissen wollt, dann sage ich euch einfach: Dies! Dies!«

SETCHŌ'S GEDICHT

Das letzte Wort, lasst es mich euch sagen.
Licht und Dunkelheit sind vermischt.
Wir leben alle auf dieselbe Weise, wie ihr wisst,
aber sterben alle einen anderen Tod – deutlich verschieden!
    Absolut deutlich verschieden!
Buddha und Bodhidharma nicken sich nur selber zu.
Osten, Westen, Norden und Süden, lass uns heimwärts gehen
    spät in der Nacht, siehst du den Schnee auf tausend Gipfeln.

Das nächste Kōan ist der Fall Nr. 75 aus dem Hekigan-Roku.

Fall 75

Ukyū's unfaire Schläge

ENGO'S EINFÜHRUNG

Das heilige Schwert ist immer zur Hand: Es ist todbringend und lebensspendend. Es ist da und es ist hier, gleichzeitig gebend und nehmend. Wenn du festhalten willst, dann bist du frei, festzuhalten. Wenn du loslassen willst, dann bist du frei, loszulassen. Aber sage mir, wie es ist, wenn keine Unterscheidung gemacht wird zwischen Gast und Gastgeber und es gleichgültig ist, zu welcher Rolle man neigt. Siehe das Folgende.

DAS KŌAN

Ein Mönch kam von Meister Jōshū Oshō's Versammlung zu Ukyū, der zu ihm sagte: »Was hast du in Jōshū's Lehren gefunden? Gibt es etwas, das anders wäre, als was du hier findest?« Der Mönch sagte: »Nicht anderes.« Ukyū sagte: »Wenn es nicht anderes gibt, warum gehst du nicht zurück dahin?«, und er schlug ihn mit seinem Stock. Der Mönch sagte: »Wenn dein Stock Augen hätte, um zu sehen, würdest du mich nicht so schlagen.« Ukyū sagte: »Heute habe ich einen Mönch erwischt«, und er gab ihm drei weitere Schläge. Der Mönch wandte sich zum Gehen. Ukyū rief ihm nach und sagte: »Man kann auch unfaire Schläge beziehen.« Der Mönch drehte sich um und sagte: »Zu meinem Bedauern ist der Stock in deiner Hand.« Ukyū sagte: »Wenn du ihn brauchst, dann lasse ich ihn dir.« Der Mönch ging hin zu Ukyū, ergriff den Stock und gab ihm drei Schläge damit. Ukyū sagte: »Unfaire Schläge! Unfaire Schläge!« Der Mönch sagte: »Man kann sie beziehen.« Ukyū sagte: »Ich habe diesen Mönch fahrlässig geschlagen.« Der Mönch machte eine Verbeugung. Ukyū sagte: »Oshō! Wollt Ihr so gehen?« Der Mönch lachte laut und ging fort. Ukyū sagte: »Das ist es! Das ist es!«

SETCHŌ'S GEDICHT

Es ist leicht, die Schlangen herbeizurufen, aber schwer,
sie wieder loszuwerden. Wie herrlich sie ihre
Schwerter kreuzten!
Obwohl das Meer tief ist, kann es ausgetrocknet werden.
Der Kalpa-Stein ist hart, wird aber trotzdem abgetragen.
Alter Ukyū! Alter Ukyū!
Wer ist da wie du?
Den Stock einem anderen zu geben,
das war wahrhaft gedankenlos!

Alle vorangehenden Kōan sind in meinem Buch *Warum scheißen die Vögel auf Buddhas Kopf?* zu finden.

Als drittes Beispiel für eine Kōan-Sammlung möchte ich Ihnen das Rinzai-Roku vorstellen, und im Besonderen eine Begebenheit aus den Aufzeichnungen des Zen-Meisters Rinzai:

Eines Tages, als Ōbaku die Küche betrat, fragte er den obersten Reiskoch: »Was machst du da?«
Der Koch sagte: »Ich lese den Reis für die Mönche.«
»Wie viel essen sie an einem Tag?«, fragte Ōbaku.
»Zweieinhalb Scheffel«, sagte der Koch.
»Ist das nicht zu viel?«, fragte Ōbaku.
»Ich fürchte, dass es nicht genug ist«, antwortete der Koch. Ōbaku schlug ihn.
Später erwähnte der Koch das gegenüber Rinzai. Rinzai sagte: »Ich werde den alten Burschen für dich testen.«
Sobald Rinzai zu Ōbaku kam, erzählte Ōbaku ihm die Geschichte. »Der Koch hat es nicht verstanden«, sagte Rinzai. »Ho-shang [Mönch], bitte gib ein Lösungswort anstelle des Kochs.« Woraufhin Rinzai fragte: »Ist das nicht zu viel?«

Ōbaku erwiderte: »Nun, warum sagen wir nicht: ›Wir werden morgen noch einmal eine Mahlzeit essen!‹«
»Warum denn über morgen reden?«, sagte Rinzai. »Iss es doch jetzt!« Und gab Ōbaku eine Ohrfeige ins Gesicht.
»Dieser Geisteskranke ist wieder hergekommen, um den Tiger an den Barthaaren zu ziehen«, sagte Ōbaku.
Rinzai stieß einen Schrei aus und ging hinaus.

Hier haben wir es wieder mit dem Fall zu tun, dass der oberste Reiskoch von Ōbaku anscheinend für seine Antwort bestraft wird. Er hätte auch antworten können, dass zweieinhalb Scheffel Reis wirklich eine ganze Menge für die Mönche sind, denn dieser Scheffel entspricht ungefähr 60 Liter, und zweieinhalb Scheffel sind demnach eine Menge von 150 Litern, was sicherlich nicht sehr wenig ist. Nun schlagen die Zen-Meister nicht, um zu bestrafen, und deswegen ist die Frage hier, wieso Ōbaku diesen obersten Reiskoch denn nun wirklich geschlagen hat. Dem Reiskoch ist das ebenso unverständlich, und so wendet er sich an Rinzai und klagt ihm sein Leid. Rinzai verspricht ihm, den alten Zen-Meister zu befragen, und geht zu Ōbaku, der ihm noch einmal seine Sicht der Dinge darlegt, woraufhin Rinzai zu dem Schluss kommt, dass der oberste Reiskoch »es nicht verstanden hat«, also liegt der Schwarze Peter eindeutig bei ihm.

Mit dem Lösungswort hat es eine besondere Bewandtnis. Es ist im Zen immer üblich gewesen, dass erleuchtete Meister für ihr Publikum oder für vertrauensvolle Schüler ein Wort geäußert haben, das den Geisteszustand eines Menschen, wenn es im richtigen Augenblick auf das richtige Ohr trifft, radikal ändern kann. So radikal, dass hinterher Erde und Himmel ihre Plätze vertauschen, und zwar in dem Sinne, dass der Himmel wieder oben ist und die Erde unten, was vorher ganz und gar nicht der Fall war! Damit will ich sagen, je größer die Verblendung ist, desto umwerfender ist auch die Erleuchtungserfahrung. So betrachtet ist es eigentlich ganz wünschenswert, sehr verblendet zu sein. Ein Geist, der sich schon quasi in einem erleuchteten Bewusstsein befindet, hat gar nicht mehr so etwas wie ein Kenshō oder ein Satori, und das Sitzen ist dann eine eher eintönige Angelegenheit.

Im Kōan kriegen sich auch Rinzai und Ōbaku in die Haare, wer das bessere Lösungswort spricht: Während Rinzai einfach sagt: »Ist das nicht zu viel?«, hält ihm Ōbaku entgegen: »Wir werden morgen noch einmal eine Mahlzeit essen.« Welches Lösungswort ist besser? Keines von beiden erscheint so richtig großartig. Rinzai hat das sofort erkannt und ergreift die Chance, indem er sagt: »Warum denn über morgen reden, iss es doch jetzt!«, und zu allem Überfluss gibt er seinem alten Lehrer noch eine Ohrfeige, die Umgangsformen von veritablen Zen-Meistern sind alles andere als freundlich. Auf jeden Fall quittiert Ōbaku diesen Einfall Rinzai's halb ironisch und halb anerkennend mit der Bemerkung vom Zupfen an des Tigers Barthaaren, woraufhin Rinzai einen Schrei ausstößt und hinausgeht. Wie ist damit dem obersten Reiskoch geholfen?

Zwischen ihm und dem Abt des Klosters, Ōbaku, hat es ein Missverständnis gegeben, und dieses Missverständnis hinterlässt unangenehme Spuren in allen Beteiligten. Es ist die Aufgabe des obersten Reiskochs, der natürlich auch gleichzeitig Zen-Mönch ist und in der Lage sein sollte, seinen eigenen Gefühlshaushalt wieder ins Reine zu bringen und dieses Problem für sich zu klären. Rinzai und Ōbaku machen es auf ihre Weise, sie schreien sich an und schlagen sich mit einem Stock und haben anscheinend Spaß dabei.

Ein weiteres Kōan aus diesem Werk:

Eines Tages besuchte der Ratgeber Wang den Meister. Als er den Meister direkt vor der Mönchshalle traf, fragte er ihn: »Lesen die Mönche dieses Klosters die Sūtras?«

»Nein, sie lesen die Sūtras nicht«, sagte der Meister.

»Lernen sie dann zu meditieren?«, fragte der Ratgeber.

»Nein, sie lernen nicht, wie man meditiert«, antwortete der Meister.

»Wenn sie weder die Sūtras lesen noch zu meditieren lernen, was um alles in der Welt machen sie dann hier?«, fragte der Ratgeber.

»Alles, was ich tue, ist, sie zu Buddhas und Patriarchen zu machen«, antwortete der Meister.

Der Ratgeber sagte: »Obwohl Goldstaub wertvoll ist, verursacht er im Auge eine Linsentrübung.«

»Ich dachte immer, dass du nur ein gewöhnlicher Bursche seist«, sagte der Meister.

Dieses Kōan macht klar, dass Rinzai nicht den Weg des allmählichen Fortschreitens bis hin zur letztendlichen Buddhaschaft praktiziert, sondern den Weg der plötzlichen Erleuchtung. Das bedeutet nicht, dass in seinem Kloster nicht meditiert wird und keine Sūtras rezitiert werden. Rinzai aber geht nicht davon aus, dass Meditation und Rezitation unabdingbar sind, um Buddhaschaft zu erreichen. Zur Buddhaschaft ist nichts notwendig außer der Erkenntnis, dass jeder Mensch von Natur aus schon Buddha ist, dass jeder Mensch von Natur aus erleuchtet ist. Dieser Schritt ist der letzte, der nach einer unermesslichen Zeit der Entwicklung gegangen werden muss. Und das nicht aus Überheblichkeit eines Ego, dem es auch noch gefallen würde, ein vollkommen erleuchteter Buddha zu sein, sondern in aller Bescheidenheit und Demut.

Als drittes und letztes Kōan stelle ich einen längeren Text aus dem Rinzai-Roku vor, der folgendermaßen lautet:

Als Rinzai in der Versammlung der Mönche unter Ōbaku war, war er einfach und direkt in seinem Verhalten. Der Obermönch lobte ihn sehr und sagte: »Obwohl er noch jung ist, ist er anders als die anderen Mönche.« Und so fragte er: »Shang-tso [Ehrentitel], wie lange bist du jetzt hier?«
»Drei Jahre«, erwiderte Rinzai.
»Hast du jemals um Belehrungen gebeten?«
»Nein, ich habe niemals um Belehrung gebeten. Ich weiß nicht, was ich fragen soll«, antwortete Rinzai.
»Warum gehst du nicht und fragst den obersten Ho-shang [Mönch] dieses Tempels, was das Hauptprinzip des Buddha-Dharma ist?«, sagte der Obermönch.
Rinzai ging und fragte. Aber bevor er noch mit dem Sprechen fertig war, schlug Ōbaku ihn. Rinzai kam zurück. »Wie lief es mit deiner Frage?«, wollte der Obermönch wissen.
»Noch bevor ich mit dem Sprechen fertig war, hat der Meister mich geschlagen. Ich verstehe das nicht«, sagte Rinzai.
»Dann geh und frag ihn noch mal«, sagte der Obermönch.
So ging Rinzai zurück und fragte, und wieder schlug Ōbaku ihn. Auf diese Weise fragte Rinzai dieselbe Frage drei Mal und wurde drei Mal geschlagen.
Rinzai kam zurück und sagte zum Obermönch: »Es war so nett von dir, mich zum Meister zu schicken, um ihn diese Frage zu fragen. Drei Mal habe ich ihn gefragt, und drei Mal wurde ich von ihm geschlagen. Ich bedaure, dass einige Hindernisse aus meinem früheren Karma mich davon abhalten, seine tiefgründige Bedeutung zu erfassen. Ich werde für eine Weile weggehen.«
Der Obermönch sagte: »Wenn du weggehst, dann solltest du gehen und Abschied vom Meister nehmen.« Rinzai verbeugte sich tief und zog sich zurück.

Der Obermönch ging noch vor Rinzai zu den Gemächern des Meisters und sprach zu ihm: »Der junge Mann, der dich befragt hat, ist ein Mensch des Dharma. Wenn er kommt, um seinen Abschied zu nehmen, so behandle ihn bitte passend. Mit dem entsprechenden Training wird er in der Zukunft ein großer Baum werden, der viel Schatten für die Menschen dieser Welt zur Verfügung stellen wird.«

Rinzai kam, um seinen Abschied zu nehmen. Ōbaku sagte: »Du solltest nicht irgendwo hingehen außer zu Daigu's Wohnort am Fluss in Kao-an. Er wird dir die Dinge zuverlässig erklären.«

Rinzai kam zu Daigu's Tempel, und Daigu sagte zu ihm: »Wo kommst du her?«

»Ich komme direkt von Ōbaku«, erwiderte Rinzai.

»Was hat Ōbaku dir gesagt«, wollte Daigu wissen.

»Drei Mal habe ich ihn lediglich gefragt, was das Hauptprinzip des Buddha-Dharma sei, und drei Mal schlug er mich. Jetzt weiß ich nicht mehr, ob ich einen Fehler gemacht habe oder nicht.«

»Ōbaku ist solch eine Großmutter, dass er sich vollkommen mit deinen Sorgen erschöpft hat!«, sagte Daigu. »Und jetzt kommst du hierher und fragst, ob du etwas falsch gemacht hast oder nicht!«

Bei diesen Worten erreichte Rinzai die große Erleuchtung. »Ah, da ist gar nicht so viel dran an Ōbaku's Buddha-Dharma!«, rief er aus.

Daigu ergriff Rinzai und sagte: »Du bettnässender kleiner Teufel! Du bist gerade fertig damit, zu fragen, ob du etwas falsch gemacht hast oder nicht, und jetzt sagst du, dass gar nicht so viel dran sei an Ōbaku's Buddha-Dharma. Was hast du gesehen? Los, sprich!«

Rinzai stieß Daigu drei Mal in die Seite. Ihn wegschiebend sagte Daigu: »Du hast Ōbaku als Lehrer. Das ist nicht meine Branche.

Rinzai verließ Daigu und kehrte zu Ōbaku zurück. Ōbaku sah ihn kommen und sagte: »Was für ein Bursche! Kommen und Gehen, Kommen und Gehen – wann wird das enden!«

»Das ist alles nur wegen deiner großmütterlichen Freundlichkeit«, sagte Rinzai, gab das übliche Geschenk ab und stand wartend da.

»Wo bist du gewesen?«, wollte Ōbaku wissen.

»Kürzlich hast du geruht, mir die Güte zukommen zu lassen, mich zu Daigu zu schicken«, sagte Rinzai.

»Was hat Daigu zu dir gesagt?«, fragte Ōbaku.

Rinzai berichtete jetzt, was geschehen war. Ōbaku sagte daraufhin: »Ich würde es sehr begrüßen, diesen Burschen zu fangen und ihm eine gute Tracht Prügel mit dem Stock zu geben!«

»Warum sagst du, du würdest es begrüßen? Nimm sie gleich jetzt!«, sagte Rinzai und gab Ōbaku umgehend eine Ohrfeige.

»Du Geisteskranker!«, schrie Ōbaku. »Kommst hierher und ziehst den Tiger an den Barthaaren.«

Rinzai stieß einen Schrei aus.

»Aufseher, bring diesen Geisteskranken hier raus und steck ihn in die Mönchshalle«, sagte Ōbaku.

Später berichtete Isan dem Kyōzan die Geschichte und fragte ihn: »Erhielt Rinzai bei dieser Gelegenheit Hilfe von Daigu oder von Ōbaku?«

»Er ritt nicht nur auf dem Kopf des Tigers, sondern ergriff auch noch seinen Schwanz«, erwiderte Kyōzan.

Diese Geschichte ist im Zen-Buddhismus sehr bekannt. Sie verdeutlicht gut die vollkommene Freiheit, in der sich Zen-Meister bewegen.

Die Auswahl an Kōan mag genügen, um eine ungefähre Vorstellung von der Ausbildung zu geben, die man im Zen im Laufe von 15 Jahren durchläuft.

Aber was ist nun das vollständige Unterrichtsprogramm, das man absolvieren muss, um diesen Zustand der Befreiung zu erreichen?

Für eine vollständige Ausbildung im Rinzai-Zen-Buddhismus muss man einen Zeitraum von 15 Jahren veranschlagen, und in dieser Zeitspanne trainiert man dem eigenen Geist die unnötige Eigenschaft ab, auf jeden äußeren Reiz mit einer Unmenge an Gedanken und Gefühlen zu reagieren. Übrig bleibt ein wahrer Mensch, der das pralle Leben so nehmen kann, wie es kommt. Was ist nun der Lehrstoff, der einen Menschen in diese glückliche Lage versetzt?

In der Kōan-Ausbildung behandelt man die *Hosshin*-Kōan, was übersetzt heißt die Dharmakāya-Kōan. Es folgen die *Kikan*-Kōan, in denen es um Unterscheidung geht. Wörtlich bedeutet Kikan »Hilfsmittel« oder »Werkzeug«. Als Nächstes kommen die *Gonsen*-Kōan, in denen es um den Inhalt der Aussprüche der alten Meister geht. Gonsen bedeutet »Klärung der Worte«. Darauf folgen die *Nantō*-Kōan, die am schwierigsten zu lösen sind; Nantō bedeutet »schwer zu bestehen«. Am Schluss kommen die *Go-i*, das sind die schon besprochenen fünf Grade der Erleuchtung von Meister Tōzan Ryōkai.

Neben dem Sitzen in Stille, dem Zazen, geht man der Reihenfolge nach folgende Kōan-Sammlungen durch:

Zuerst die zehn Einstiegs-Kōan, wie ich sie in dem Buch *Warum scheißen die Vögel auf Buddhas Kopf?* beschrieben und mit Kommentaren versehen habe. Mit Hilfe dieser Kōan lernt man, Achtsamkeit zu entwickeln und sich auf einen Punkt zu konzentrieren. Hat man die Fähigkeit entwickelt, widmet man sich den Haupt-Kōan des Zen-Buddhismus. Diese sind in verschiedenen Kōan-Sammlungen zusammengefasst, von denen die erste und grundlegende Sammlung das Mumonkan, »Die torlose Schranke«, ist, mit ihren 48 bekannten Kōan, von denen das Kōan »Mu« des Zen-Meisters Jōshū das wohl berühmteste ist. Japanische Mönche machen in der Regel nur diese Kōan-Sammlung durch, um dann den Gemeindetempel, im Normalfall den Tempel des eigenen Vaters, zu übernehmen. So haben sie nach einer Ausbildungszeit von drei Jahren ihre Berufsausbildung zum Zen-Priester absolviert. Die nächste Sammlung ist das Hekigan-Roku, »Die Aufzeichnung von der smaragdgrünen Felswand«, mit 100 Kōan. Diese beiden Werke bilden wie gesagt den Inhalt des Buches *Warum scheißen die Vögel auf Buddhas Kopf?* Mit diesen beiden Kōan-Sammlungen hat man die zweite Stufe des Weges erreicht und befindet sich nun auf dem direkten Pfad zur Meisterschaft. Jetzt geht es darum, die Eigenschaft eines Bodhisattva, das dritte Pāramitā der Geduld, zu trainieren. Dies ist die am schwierigsten zu entwickelnde Eigenschaft, denn sie erfordert viel Durchhaltevermögen und Ausdauer. Es ist jedoch eine Eigenschaft, die man als Zen-Meister unbedingt braucht, um eine Gruppe zu leiten. Mit diesem Schritt beginnt eine neue Phase in der Zen-Ausbildung, die nicht mehr von kurzzeitigen spirituellen Erfolgserlebnissen und Erleuchtungserfahrungen bestimmt wird, sondern in der es darum geht, das alltägliche Leben zum Weg zu machen.

Als dritte Sammlung folgt das Rinzai-Roku, »Die Aufzeichnungen der Worte des Zen-Meisters Rinzai Gigen«, mit insgesamt 49 Kōan.

Spätestens nach dieser Sammlung ist das Leiden unter unkontrollierten Gedankengängen und belastenden Gefühlen beendet oder zumindest so weit unter Kontrolle, dass es kein Hindernis mehr im alltäglichen Lebensablauf darstellt. Auch das grobe Leiden unter den offensichtlichen Zuständen wie Alter und Krankheit hat der Übende jetzt hinter sich gelassen, und er leidet lediglich noch unter den damit zusammenhängenden Ängsten und Befürchtungen.

Im Anschluss hieran kommt nun eine Sammlung mit dem Titel: »Die hundert Zen-Kōan der eisernen Flöte«, die, wie der

Name schon sagt, 100 Kōan beinhaltet. Es ist eine Sammlung aus der Sōtō-Schule des Zen, die aber auch in der Rinzai-Schule große Beachtung findet. Man wiederholt jetzt anhand dieses Werkes noch einmal den gesamten Verlauf der Kōan-Schulung, geht aber völlig frei mit den Kōan um und spielt sozusagen mit ihnen, statt an der Lösung mit übertriebenem Eifer zu »arbeiten«, die Lösung kommt häufig sogar »im Schlaf«.

Darauf folgt eine andere Umgehensweise mit den Kōan, nämlich die Arbeit mit den sogenannten *Jakugo* und einer Sammlung mit dem Namen »A Zen Forest: Sayings of the Masters«. Dies ist eine Sammlung chinesischer bzw. japanischer Lyrik, in der asiatische Meister Gedichte zu den Kōan verfasst haben. Aufgabe des Schülers ist es, herauszufinden, zu welchem Kōan das jeweilige Gedicht gehört. Dies stellt eine besondere Herausforderung dar, insbesondere weil die Gedichte eine Länge zwischen einer Zeile bis hin zu drei Zeilen haben und der Sinnzusammenhang mit dem Kōan teilweise sehr schwer zu erfassen ist.

Damit ist die grundlegende Ausbildung mit den Kōan beendet, und man widmet seine Aufmerksamkeit nun der Interpretation der spirituellen Erfahrung auf poetischer Grundlage. Dies gibt der Übung mit den Kōan eine ganz andere Richtung, und aus der Übung wird nun eine Praxis, denn man übt im Grunde nichts mehr, sondern geht vollkommen frei mit den Kōan um.

Jetzt haben die Kōan ihren Sinn. Der sich seiner selbst vollkommen bewusst gewordene erleuchtete Geist wird jetzt aufgefordert, sich selbst in fünf unterschiedlichen Phasen wahrzunehmen.

Dies ist der Beginn der Praxis mit den *Go-i*, den fünf Ständen, die von Meister Tōzan Ryōkai (chin.: Tung-shan Liang-chieh), einem Meister aus der Sōtō-Tradition des Zen, geschaffen wurden. Die Grundlage dieses Systems ist eigentlich sehr einfach, denn es beruht auf dem System der fünf Meditationsbuddhas, die auch als die fünf Dhyāni-Buddhas bezeichnet werden. Sie stellen jeweils einen Aspekt des erleuchteten Geistes dar und beleuchten eigentlich den einen erleuchteten Geist aus fünf verschiedenen Richtungen.

Diese fünf Stände oder auch Zustände des erleuchteten Geistes sind, um es noch einmal zu wiederholen, in aufsteigender Reihenfolge:

Das Relative im Absoluten	jap.: shōchūhen
Das Absolute im Relativen	henchūshō
Aus dem Absoluten kommend	shōchūrai
Im Relativen angekommen	henchūshi
In der Einheit angekommen	kenchūtō

Zu jedem Stand hat Meister Tōzan Ryōkai einen Vers verfasst.

1.

In der dritten oder ersten Nachtzeit, noch bevor
der Mond zu leuchten beginnt,
Ist es kein Wunder, wenn Begegnende sich nicht
wiedererkennen?
Verborgen noch ist ein Kummer aus vergangenen Tagen.

2.

Das Morgenrot schwindet langsam. Eine greise Frau
blickt in den alten Spiegel.
Deutlich sieht sie ihr Gesicht, es ist nirgendwo anders.
Höre auf, den Kopf zu verwirren und die Schatten zu erkennen!

3.

Mitten in der Leerheit ist ein Pfad, der aus dem Staub
herausführt.
Sprich nicht den Namen des Kaisers aus.
Es lässt dich die Wortgewaltigen von einst übertreffen,
die auf deiner Zunge saßen.

4.

Wenn zwei Schwerter die Spitzen kreuzen,
braucht es kein Ausweichen.
Ein guter Schwertkämpfer ist wie Lotus im Feuer.
Er hat einen Geist, der bis an den Himmel reicht.

5.

Weder den Erscheinungen noch der Leerheit verfallen,
wer vermag diesen Einklang?
Die Menschen wünschen alle nur, dem alltäglichen Lauf
zu entkommen.
Er aber kehrt zurück und sitzt zwischen Kohlen und Asche.

In jeder Aussage eines Kōan, das zur Ausbildung der Zen-Schüler eingesetzt wird, gibt es ein Schlüsselwort, ein sogenanntes *Watō*, ohne das sich die tiefere Bedeutung der Aussage wie auch des Kōan nicht erschließt. Zu Beginn der Beschäftigung mit den Kōan braucht man einen Meister oder eine Meisterin, der oder die einen in die Bedeutung des Kōan einführt und auf das Schlüsselwort, das Watō, hinweist. Wörtlich übersetzt bedeutet es »Wort-Kopf« und bezeichnet die »Pointe« eines Kōan. Ist man dann durch die fortgesetzte Arbeit mit den Kōan an Erfahrung gewachsen, so reicht allein die Kenntnis des Watō aus, um von diesem einzigen Wort auf den gesamten Inhalt und sämtliche Zusammenhänge schließen zu können. Die wahre Meisterschaft des Zen ist erreicht, wenn man diesen Schlüssel nicht nur in wörtlichen Beschreibungen, sondern ebenso in lebendigen Situationen des Alltags, in zwischenmenschlichen Beziehungen, kleinen Gesten und komplexen Vorgängen entdecken kann.

An dieser Stelle möchte ich zurückkehren zum Kōan »Mu«, dem ersten Kōan aus der Sammlung Mumonkan, das äußerst wichtig ist für den Zen-Weg ist.

Das Schlüsselwort, das in jeder Situation und unter allen Umständen Türen öffnen kann, ist das Wort *MU*. In der tibetisch-indischen Tradition mit dem Hauchlaut *H* versehen und anders herum betont, trägt das Schlüsselwort dem Namen *HŪM* und ist als die wichtigste Keimsilbe, das kürzeste Mantra bekannt. In diesem Kōan, das ich Ihnen ab Seite 252 vorgestellt habe, wird der Zen-Meister Jōshū von einem Mönch gefragt, ob auch ein Hund die Buddha-Natur, also die Fähigkeit zur vollkommenen Erleuchtung, besitzt. Meister Jōshū's Antwort auf diese Frage lautet schlicht und einfach *MU*. Dieses *MU* beschäftigt seit Jahrhunderten unzählige Wahrheitssucher und Zen-Schüler auf der ganzen Welt. In der chinesischen Herkunftssprache bedeutet das Wort ganz einfach »nicht« oder auch »Nichts«.

Das Schlüsselwort *MU* ist der Einstieg in die Arbeit und Wirkungsweise eines Mantra.

Im Zen gibt es eine Vielfalt von Methoden und geschickten Mitteln, die einander sehr effektiv ergänzen, die aber auch getrennt voneinander angewendet werden können, um grundlegenden Zweifel zu überwinden und in direkte Einsicht und Weisheit zu verwandeln. Die Wiederholung von längeren oder auch kurzen Mantras ist eine davon, die, vor allem in Verbindung mit der Übung des Sitzens in Versenkung, dem Zazen, in erstaunlich kurzer Zeit Wirkung zeigen kann. Die größte und erhabenste Wirkung ist die Erkenntnis und Verwirklichung der eigenen innewohnenden Buddha-Natur.

23 Wie alles weitergeht

Wahre Einsicht sollte das Bestreben aller Bodhisattvas sein.

An diesem Punkt treffen sich all die unterschiedlichen buddhistischen Traditionen, die noch das originale Erbe des historischen Gründervaters Siddhārta Gautama Shākyamuni Buddha in ihrem Familienbesitz pflegen. Ob man dieses Ziel nun durch die sanfte und allmähliche Methode des Shikantaza erreicht, des »Nur-Sitzens« in Stille, wie es in der Sōtō-Tradition des Zen favorisiert wird, die eine möglichst exakte und genaue Einhaltung der Rituale und Haltungsanweisungen erfordert, oder durch die eher energische und plötzliche Methode der spontanen Erleuchtungserfahrung Kenshō, der »Selbstwesensschau«, wie sie das Markenzeichen der Rinzai-Tradition des Zen darstellt, ist dabei eher von untergeordneter Bedeutung. Entscheidend ist, dass die wahre Einsicht Satori entsteht, eine Vereinigung des stillen Sitzens mit der Selbsterkenntnis.

Selbsterkenntnis bedeutet hier nicht nur das reflektierende Wahrnehmen und Akzeptieren der persönlichen Charaktereigenschaften, wie es beispielsweise in jeder wirksamen Therapie angestrebt wird. Mit »Selbst« ist hier die grundlegende Natur der gesamten Wirklichkeit, sozusagen das »große Eine« oder das »große Selbst«, gemeint. »Vereinigung« ist in diesem Zusammenhang durchaus das passende Wort. In tantrischen Darstellungen wird die höchste Erkenntnis häufig in lustvoll erotischer Vereinigung männlicher und weiblicher Energie dargestellt, gleichsam als Beginn des Lebens auf materieller wie auch auf geistig-spiritueller Ebene. In diesem erotischen Tanz voller sexueller Symbolik verkörpert die Frau den Aspekt der Weisheit und Erkenntnis, wohingegen der Mann, ganz im Gegensatz zu der westlichen kulturellen Prägung, für Liebe und großes Mitgefühl steht. Die Vereinigung von Liebe und Weisheit, versinnbildlicht in der lustvollen Umarmung von Mann und Frau, ist die perfekte Einheit inmitten unserer Welt der dualistischen

Gegensätze. Wie die Weisheit auf die Liebe und das Mitgefühl angewiesen ist, um nicht als kühle Besserwisserei und Weltabgewandtheit zu erscheinen, so ist die Liebe und das aktive Mitgefühl auf die präzise Klarheit der Weisheit angewiesen, um kraftvoll und wirksam zum Wohle aller Lebewesen agieren zu können. Wie die Vereinigung von Frau und Mann neues Leben erschafft, so gipfelt die höchste Einsicht in der untrennbaren Einheit von Weisheit und Liebe, in der alle Wünsche erfüllt und alle Sehnsüchte befriedigt werden.

Der Zen-buddhistische Weg ist trotz aller Anstrengungen, die er den Übenden hin und wieder abverlangt, im Resultat ein Höchstmaß an Befriedigung, Freude und letztendlicher Glückseligkeit, neben der sich alle »weltlichen« Genüsse wie schale Ersatzbefriedigung ausnehmen.

Um es noch einmal zu betonen, die Befreiung des Menschen ist die Befreiung des Geistes. Der Körper ist zwar das wichtigste Werkzeug des Geistes, und im menschlichen Bereich kann der eine ohne den anderen nicht existieren, trotzdem gehen alle entscheidenden Impulse vom Geist aus. Auch wenn sich die meisten Menschen dieser Tatsache selten bewusst sind und sehr häufig ihren Körper für die Ursache ihrer Probleme halten, sind ursächliche Heilungsprozesse erst dann möglich, wenn der Geist geheilt ist.

Die Heilung des Geistes ist das oberste Anliegen des Bodhisattva Samantabhadra, der sich der Legende nach auf einem weißen Elefanten fortbewegt. Während die Weisheit des Mañjushrī vollkommen ohne Aktivität entsteht und sich selber genügt, ist Samantabhadra erfüllt von dem Wunsch, das Leiden in der Welt vollständig zu beseitigen. Dem Bodhisattva Avalokiteshvara schließlich kommt die Aufgabe zu, diesen Wunsch zur Befreiung auch in die Tat umzusetzen. Mañjushrī, Samantabhadra und Avalokiteshvara sind die wichtigsten Bodhisattvas des Zen-Buddhismus, aber sie existieren nicht außerhalb von uns, sondern befinden sich als Persönlichkeitsanteile im Menschen: die

Fähigkeit zur Erkenntnis, der allgemeine Wunsch nach dem Glück aller sowie geistige Aktivität, um dieses Glück zu erreichen. So, wie die neuere westliche Psychologie ihre eigenen Definitionen für die unterschiedlichen Vorgänge und Phänomene unseres Geistes entwickelt hat und diese dann als Grundlage der wissenschaftlichen Studien und Therapiemodelle nutzt, so arbeitet die buddhistische Psychologie seit vielen Jahrhunderten mit personifizierten Statthaltern derselben innergeistigen Erscheinungen; allerdings mit einem entscheidenden Unterschied: Während in der westlichen Psychologie, zumindest in der theoretischen, das Hauptaugenmerk auf die Defizite und bedürftigen Anteile des Geistes gerichtet ist, konzentriert sich die buddhistische Psychologie auf die gesunden und heilenden Aspekte, um nicht zu sagen: die erleuchteten Aspekte.

Die Sūtras, und hier vor allem die großen Mahāyāna-Sūtras, die allein vom Umfang her die historisch älteren Theravāda-Sūtras bei weitem übertreffen, sollten in diesem Sinne nicht als Schilderungen objektiver äußerer Wirklichkeit gelesen und verstanden werden, sondern sind sehr fein und schmuckvoll ausgearbeitete Beschreibungen des menschlichen Geistes, vergleichbar einer sehr poetischen Landschaftsschilderung. Die Beschäftigung mit einer derartigen bildhaften Schilderung führt im Laufe der Zeit dazu, dass man ein sehr harmonisches und schlüssiges Bild der eigenen inneren Landschaft erhält.

Seit der Mensch begonnen hat, Fragen über das Wesen der Wirklichkeit und den Ursprung der Welt zu stellen, beschäftigt er sich auch damit, ob die Welt der Erscheinungen, der Formen und Gestalten, die wir so selbstverständlich als unsere Wirklichkeit akzeptieren, in Wahrheit auch so real ist, wie wir annehmen. Um die Antwort gleich vorwegzunehmen, ist die Welt genauso real wie der Geist, der sie wahrnimmt. Wer nicht in der Lage ist, sämtliche Erscheinungen und Phänomene der äußeren und inneren Welt in Frage zu stellen, dem fehlt zumeist auch der tiefe enthusiastische Forscherdrang, den Dingen wirklich auf den Grund zu gehen. Und auf jeden Fall läuft er Gefahr, ungeprüft fremde Meinungen und Sichtweisen zu übernehmen. Nichts gegen fremde Sichtweisen, aber Sicherheit und Zweifelsfreiheit entsteht erst aufgrund eigener Erkenntnis, um nicht zu sagen: Selbsterkenntnis. Solange wir keine Erkenntnis gewonnen haben, werden wir unweigerlich durch die teilweise sehr widersprüchlichen Aussagen unserer Mitmenschen hin und her getrieben, ohne jemals zweifelsfrei zu erkennen, woher wir kommen und wohin wir gehen. Durch diese grundsätzliche Unkenntnis der gegenwärtigen Situation, die das, was wir Vergangenheit und Zukunft nennen, mit beinhaltet, sind wir nicht in der Lage, Einfluss auf unser weiteres Leben zu nehmen. Es hinterlässt im Menschen ein unterschwelliges Gefühl der Bedrohung durch alle möglichen unwägbaren Schicksalsmächte.

Die einzige Möglichkeit, dieser Unsicherheit dauerhaft und endgültig zu entkommen, besteht darin, die Wirklichkeit des eigenen Geistes und der äußeren Erscheinungen mit Hilfe der Meditation zu untersuchen. Man könnte sich jetzt fragen, warum eine wissenschaftliche Untersuchung der inneren und äußeren Wirklichkeit, etwa im Bereich der Psychologie, der Philosophie und der Naturwissenschaften, nicht genauso zu einer befriedigenden Lösung der offenen Fragen führen sollte. Die Antwort auf diese Frage lautet, dass jede Wissenschaft nur auf der Basis von logischen Prämissen arbeiten kann und muss, aber die Grundlage der Logik und des logischen Denkens selber nicht untersuchen kann, und ich spreche hier nicht von biochemischen oder biophysikalischen Vorgängen. Diese Untersuchung ist nur möglich, wenn der menschliche Geist sich unmittelbar in sich selber versenkt, das heißt, sich in der Tiefe selber erkennt, und das ist nicht durch mittelbare Forschungsergebnisse im wissenschaftlichen Bereich möglich. Es ist zwar durchaus möglich, die Gehirnströme während der Meditation zu messen, die Erkenntnisse aber, die während der Meditation und danach gewonnen werden, entziehen sich jeder wissenschaftlichen Nachweisbarkeit. Niemand wird ernsthaft leugnen, dass im Traum Bilder gesehen werden, und doch kann kein Wissenschaftler der Welt auch nur eines dieser Bilder für andere sichtbar machen.

Eines der hervorragendsten Ergebnisse fortgesetzter und ernsthafter Meditation ist, dass wir durch sie jeglichen Zweifel bezüglich unserer eigenen Existenz, unserer Herkunft und unserer Zukunft beseitigen können und somit vollständige Gewissheit über unsere gesamte Wirklichkeit bekommen. Es besteht eine direkte Beziehung zwischen dem, was wir als äußere Welt wahrnehmen, und unserer eigenen inneren Wirklichkeit, unserer eigenen Person. Die äußere Welt ist in genau demselben Maß real und wirklich wie der Geist, der diese Welt und damit sich selber wahrnimmt, und Zweifel ist leider genau das Gegenteil von sicherer und eindeutiger Wahrnehmung.

Es gibt nichts auf der Welt, das nicht mit dem Stempel der Leerheit auf der Rückseite existiert, wirklich gar nichts! Und selbst die Komponenten, aus denen die Dinge zusammengesetzt sind, sind als solche leer von inhärenter Existenz. Man kann mit Fug und Recht behaupten, dass diese Welt den Anschein einer Realität erweckt, diesen Anschein aber nicht erfüllen kann. Das trifft im Übrigen auch auf alle anderen möglichen Welten zu, die man sich vorstellen kann. Nach welcher Realität also sucht man? Es gibt nichts, was von bleibendem Wert wäre, absolut nichts.

Selbst das Wort, mit dem die Leerheit beschrieben wird, ist ohne Substanz und somit nicht geeignet, um letzte Realität treffend zu beschreiben. Auf was also soll man sich dann stützen, wenn sogar die Sprache an diesem Punkt versagt? Es geht immer wieder um die eigene Erfahrung in der Meditation, im Zazen. Nur die direkte Erfahrung der Leerheit, frei von allen Worten und unabhängig von der Sprache, befreit vom Greifen nach realer Existenz und gibt einem die Möglichkeit, voll in die Wirklichkeit einzutauchen.

Je mehr im Menschen die Gewissheit wächst, dass die vollkommene Wirklichkeit sich unmittelbar in ihm selber verkörpert, ja dass man selber die vollkommene Wirklichkeit ist, umso mehr schwindet der fast suchtmäßige Drang nach Bestätigung von außen und die Abhängigkeit von den Beurteilungen anderer Menschen. Hat man diesen Zustand der vollkommenen Präsenz im »Diesseits« verwirklicht, ist man mit anderen Worten vollständig im Diesseits reinkarniert. Dann gibt es nichts mehr zu erreichen oder zu verwirklichen, man hat das Ziel allen menschlichen Strebens erreicht, und das Leben ist zu einem spielerischen Genuss der allumfassenden Wirklichkeit geworden.

Es gibt im Grunde genommen keinen Zen-Buddhismus, den man üben kann; Zen-Buddhismus ist, wenn man sitzt und meditiert. Man übt keinen Zen-Buddhismus, sondern praktiziert einfach. Würde man Zen üben, so könnten unendlich viele Dinge passieren, die falsch laufen und die unsere Übung stören oder gar zunichtemachen könnten. Wenn man aber Zen praktiziert, so gibt es nichts, das die Praxis behindert. Man sitzt und praktiziert Zen.

Wenn man aufhört, irgendetwas zu suchen, erblickt man die Wirklichkeit. Alles ist vollkommen, und niemals hat irgendetwas gefehlt. Was gäbe es da zu suchen?

Unannehmlichkeiten, Schmerz und jegliches Leiden entstehen im Geist und vergehen wieder mit ihm, wenn der Geist zur Ruhe kommt.

Dharmakāya, Sambhogakāya und Nirmānakāya, die zehn Stufen der Bodhisattvaschaft und das große Ziel des geistigen Weges, die Buddhaschaft, setzen ganze Gedankenketten in Bewegung, die nicht ohne größere Anstrengungen wieder zum Stehen gebracht werden können. Aber welchen Nutzen haben diese Begriffe in Anbetracht eines Menschen, der die endgültige Befreiung erreicht hat?

Es ist genau dieser Zustand hier und jetzt, in dem alles genauso ist, wie es ist! Jede Frage nach der Wirklichkeit zeigt, dass der oder die Fragesteller/in sich nicht mehr damit identifizieren kann, sozusagen aus dem Zustand herausgefallen und jetzt auf der Suche danach ist. Aber welche Suche kann zu einem Zustand führen, in dem sich der oder die Suchende schon längst befindet? Fragen über Fragen und Suche über Suche führen weiter in die Verwirrung, und der oder die Fragende entfernt sich weiter von der Wirklichkeit. Durch Fragen trennt man sich von der eigenen ursprünglichen Natur und macht aus einer Vollkommenheit ein Objekt, das schon nicht mehr die Einheit seines Ursprungs atmet. Deute mit der Sprache auf die Schönheit der Landschaft, und sofort ist die Landschaft schon gar nicht mehr so schön. Beschreibe den Glanz und die Erhabenheit eines Gemäldes, und sein Zauber ist schon verflogen. Wir sind durch begriffliches Denken aus dem Paradies vertrieben worden und kehren nicht, indem wir das Denken aufgeben, sondern indem wir es übersteigen, dahin zurück.

Der Buddhismus beschäftigt sich intensiv mit der Suche nach Buddha und der Praxis des Dharma, aber der Zen-Buddhismus geht weit über das hinaus. Am Ende des Weges gilt es schließlich, auch Buddha, Dharma und letztendlich den Buddhismus hinter sich zu lassen und das Leben in völliger Freiheit zu genießen. Es ist nicht so, dass die Errungenschaften der alten Meister ohne Wert wären. Sie sind nur wertlos für den eigenen Weg, den jeder ganz allein gehen muss, ohne sich dabei an den Worten und Erfahrungen der alten Meister festzuhalten.

Zen-Meditation ist nichts weiter als ein absolut notwendiger Trick, um unseren umherschweifenden Geist davon abzuhalten, nach realer Existenz zu greifen. Es ist eine Methode, um unliebsamen Ballast abzuwerfen, der einen am Weitergehen hindert.

Es liegt eine einzigartige Freiheit darin, keine höheren Ziele anzustreben als das eigene Selbst, den Menschen ohne Rang, wie Meister Rinzai ihn nennt. Alle anderen Wege sind Stufen dahin, Zen selber jedoch hat keine Stufen mehr. Es ist der Weg der plötzlichen Erleuchtung, hier und jetzt.

An nichts in der Welt hängt er mehr und kann dennoch alle Dinge dieser Welt vortrefflich handhaben. Frei spielt er mit den Umständen und ist nicht mehr von ihnen abhängig, und vor allen Dingen zweifelt er nicht mehr an seiner Erkenntnis, dass alle Dinge im Grunde leer sind. Das ist der wahre Mensch ohne Rang.

Alle anderen Wege enden mit der Erleuchtung. Der Zen-Weg aber beginnt mit ihr. Und wenn man von einem Ende sprechen kann, dann besteht es darin, ein ganz normaler Mensch, ein Mensch ohne Rang zu werden.

24 Dankesworte

Mein besonderer Dank geht an Christian Meier für seine erfrischenden Illustrationen, an meine geliebte Ehefrau Inga für ihre einzigartige Art, mich auf dem Zen-Weg zu unterstützen, und die Durchsicht des Manuskripts, an Nina Goldenbaum für ihre unnachahmliche Art, neue Aspekte in diesem Buch zu beleuchten, an Claus Herold, Dr. Johannes Pohl, Andrea Teske und Dr. Volker Warnke für ihre Mühe bei der Durchsicht des Manuskripts sowie an alle anderen Mitglieder aus der Gemeinschaft des Zen-Kreis-Kiel e.V. sowie die Zen-Praktizierenden der Ostsee Zen Gemeinschaft.

Nach der Fertigstellung dieses Buches ist mein verehrter Lehrer und Meister Saidan Ōi Rodaishi, wenige Stunden nach Vollendung seines 103. Lebensjahres, in die Verwandlung eingegangen.

Er war der oberste Abt der Hōkō-Ji-Zen-Schule in Japan.

Ich widme ihm mit seiner tiefen Liebe und seinem überfließenden Mitgefühl, das auf dieser Welt seinesgleichen sucht, dieses Buch.

Er wird für immer in meinem Herzen weiterleben.